## 《中华人民共和国民法典释义与案例评注丛书》编委会

本书系教育部人文社会科学重点研究基地重大项目
“中华人民共和国民法典评注”（18JJD820001）的研究成果

杨立新 / 主　编
和丽军 / 副主编

# 中华人民共和国
# 民法典
# 释义与案例评注

6
继承编

撰稿人
杨立新　和丽军

中国法制出版社
CHINA LEGAL PUBLISHING HOUSE

# 前　言

《中华人民共和国民法典》的诞生，标志着我国进入民事立法法典化的历史时期。从1949年开始，我国的民事立法经历了非法典化时期和类法典化时期，开启了法典化的进程。2020年5月28日，第十三届全国人民代表大会第三次会议审议通过了《中华人民共和国民法典》，标志着我国正式进入民法的法典化时代。

《中华人民共和国民法典》（以下简称《民法典》）作为新中国成立以来第一部以“法典”命名的法律，是法治思想和法治观念不断发展的结果。改革开放以来，民事主体和民事权利的地位提升，民法之于国家、民族、个体的重要作用也为众人所认识，立法机关也提高了对民事立法的重视程度。尤其是近年来，伴随着依法治国理念的不断深入，民法法典化才得以成为现实。

《民法典》是我们中国自己的民法典，是新时代“中国特色”的法治表达。不论是立法体例还是具体内容，都具有中国自己的鲜明特色。可以看到，我国《民法典》包含了我国民事法律关系调整的全部范围和基本规则，是一本具有中国特色的百科全书。

《民法典》的颁布标志着中国民事立法已经展开全新的一页。在这样一个新时期，民法学研究的重大任务是如何准确理解和适用民法典，让民法典在社会生活中发挥更为充分的调整作用。但是，《民法典》的内容博大精深，规则极其复杂，没有经过系统良好的研究和训练，难以掌握其精髓，无法准确适用其规则，以保护民事主体的民事权利、人的尊严，维护正常的民事生活秩序。

本人研究民法已有四十年，有幸参加了民法典编纂的全过程，对民法典各编条文的内涵有比较透彻的理解，在学习和理解上，算是先行了一步。在《民法典》颁布之际，我和我的研究团队对《民法典》开展深入研究，编撰了这套《中华人民共和国民法典释义与案例评注丛书》，通过条文释义和案例评注的方式，阐释民法典各个条文的深刻含义，有助于读者理解民法典的条文，掌握适用的要求，全面掌握民法典的要点。

本套丛书按照《民法典》的编纂体例分为七册，分别是总则编、物权编、合同编、人格权编、婚姻家庭编、继承编及侵权责任编。在内容方面，本套丛书对《民法典》的每一个条文进行阐释。每一条的阐释分为两部分：一是条文解读，通过理论上的探讨，揭示条文的深刻内涵；二是案例评注，通过选取与特定条文直接相关的案例，解读民法典条文的精神。应当说明的是，《民法典》刚刚通过，很多新规则并无直接适用的典型案例，只能援引已经发生的、适用原来的民法单行法裁判的案例，即用旧案阐释新法，因而恳请热心读者理解。

《民法典》博大精深，作者对民法典的理解也在深入之中。同时，编纂这样一部庞大的丛书，主编、副主编以及作者都有经验欠缺、理论准备不足、对条文理解不深等不尽人意之处。如在阐释和说明中存在不当之处，盼读者批评指正，提出宝贵意见。

中国人民大学民商事法律科学研究中心研究员
中国人民大学法学院教授、博士生导师
杨立新
2020 年 6 月 26 日

# 凡　例

为行文方便，本书中除“法院判决”外的其他部分提及法律法规和部分规范性文件时使用简称，具体对应示例如下：

| 文件名简称 | 发文号 | 文件名全称 |
|---|---|---|
| 《宪法》 | 全国人民代表大会公告第 1 号 | 《中华人民共和国宪法》 |
| 《民法通则》 | 中华人民共和国主席令第 18 号 | 《中华人民共和国民法通则》 |
| 《民法总则》 | 中华人民共和国主席令第 66 号 | 《中华人民共和国民法总则》 |
| 《民事诉讼法》 | 中华人民共和国主席令第 71 号 | 《中华人民共和国民事诉讼法》 |
| 《继承法》 | 中华人民共和国主席令第 24 号 | 《中华人民共和国继承法》 |
| 《合同法》 | 中华人民共和国主席令第 15 号 | 《中华人民共和国合同法》 |
| 《婚姻法》 | 中华人民共和国主席令第 51 号 | 《中华人民共和国婚姻法》 |
| 《老年人权益保障法》 | 中华人民共和国主席令第 24 号 | 《中华人民共和国老年人权益保障法》 |
| 《农村土地承包法》 | 中华人民共和国主席令第 17 号 | 《中华人民共和国农村土地承包法》 |
| 《信托法》 | 中华人民共和国主席令第 50 号 | 《中华人民共和国信托法》 |

# 目　录


第一章　一般规定 …………………………………………………………… 1

第一千一百一十九条　【继承编的调整范围】 …………………………… 1

第一千一百二十条　【继承权的保护】 …………………………………… 11

第一千一百二十一条　【继承的开始时间】 ……………………………… 17

第一千一百二十二条　【遗产的范围】 …………………………………… 22

第一千一百二十三条　【继承的方式】 …………………………………… 28

第一千一百二十四条　【继承和遗赠的接受和放弃】 …………………… 38

第一千一百二十五条　【继承权的丧失及恢复】 ………………………… 53

第二章　法定继承 …………………………………………………………… 66

第一千一百二十六条　【继承权男女平等原则】 ………………………… 66

第一千一百二十七条　【继承人的范围及继承顺序】 …………………… 69

第一千一百二十八条　【代位继承】 ……………………………………… 81

第一千一百二十九条　【丧偶儿媳、女婿的继承权】 …………………… 89

第一千一百三十条　【遗产分配规则】 …………………………………… 93

第一千一百三十一条　【酌情分得遗产权】 …………………………… 105

第一千一百三十二条　【继承的处理方式】 …………………………… 109

第三章　遗嘱继承和遗赠 ………………………………………………… 114

第一千一百三十三条　【遗嘱继承和遗赠的一般规定】 ……………… 114

第一千一百三十四条　【自书遗嘱】 …………………………………… 123

第一千一百三十五条　【代书遗嘱】 …………………………………… 127

第一千一百三十六条　【打印遗嘱】 …………………………………… 129

第一千一百三十七条 【录音录像遗嘱】 …… 137
第一千一百三十八条 【口头遗嘱】 …… 139
第一千一百三十九条 【公证遗嘱】 …… 143
第一千一百四十条 【作为遗嘱见证人的消极条件】 …… 147
第一千一百四十一条 【必留份规定】 …… 151
第一千一百四十二条 【遗嘱的撤回、变更及效力冲突】 …… 155
第一千一百四十三条 【遗嘱无效的情形】 …… 161
第一千一百四十四条 【附义务的遗嘱】 …… 165
**第四章 遗产的处理** …… 173
第一千一百四十五条 【遗产管理人的选任】 …… 173
第一千一百四十六条 【申请指定遗产管理人】 …… 176
第一千一百四十七条 【遗产管理人的职责】 …… 179
第一千一百四十八条 【遗产管理人的责任】 …… 182
第一千一百四十九条 【遗产管理人的报酬】 …… 186
第一千一百五十条 【继承开始的通知】 …… 190
第一千一百五十一条 【遗产的保管】 …… 193
第一千一百五十二条 【转继承】 …… 196
第一千一百五十三条 【遗产的认定】 …… 201
第一千一百五十四条 【法定继承的适用范围】 …… 206
第一千一百五十五条 【胎儿预留份】 …… 210
第一千一百五十六条 【遗产分割的规则和方法】 …… 214
第一千一百五十七条 【再婚时对所继承遗产的处分】 …… 220
第一千一百五十八条 【遗赠扶养协议】 …… 224
第一千一百五十九条 【继承遗产与清偿债务】 …… 237
第一千一百六十条 【无人继承的遗产的处理】 …… 243
第一千一百六十一条 【限定继承】 …… 247
第一千一百六十二条 【清偿债务优先于执行遗赠】 …… 252
第一千一百六十三条 【法定继承人、遗嘱继承人、受遗赠人清偿税款债务的顺序和比例】 …… 258

# 第一章　一般规定

## 第一千一百一十九条　本编调整因继承产生的民事关系。

### 【条文释义】

本条是对继承编调整范围的规定。

继承是一个多含义的概念，从最广义上说，是指对前人事业的承接和延续。这是政治学和社会学关于继承的含义。民法中的继承概念有广义与狭义之分。广义的继承，是指对死者生前权利义务的承受，不仅有财产继承，还有身份继承；[①] 或言之，继承云者，乃有法定亲属身份者之间，因法定原因而继承他方法律上地位之谓也。[②] 狭义的继承，是指对死者生前的财产权利义务的承受，又称为财产继承。日本将继承称为“相续”，就是指财产在亲属之间的相续。古代法的继承是就其广义而言的，而现代法上的继承一般是就其狭义而言的。[③]

此处的继承概念是狭义概念，即财产继承，是指继承人对死者生前的财产权利和义务的承受，即自然人死亡时，其遗留的个人合法财产归死者生前在法定范围内指定的或者法定的亲属承受的民事法律关系。在继承法律关系中，生前享有的财产因其死亡而移转给他人的死者为被继承人，被继承人死亡时遗留的个人合法财产为遗产，依法承受被继承人遗产的法定范围内的人为继承人。

继承的法律特征有：

1. 继承因自然人死亡而发生。生存的自然人为独立的民事主体，对自己所享有的财产自主地享有权利和承担义务。自然人死亡后，不再具有民事权利能力，不再是民事法律关系的主体，其原享有的财产权利和负担的义务需要由他人承受，因而产生继承问题。因此，继承是因自然人死亡而发生的法律制度。

2. 继承中的继承人与被继承人存在特定亲属身份关系。被继承人死亡后发生

---

① 陈苇：《婚姻家庭继承法学》，群众出版社 2012 年版，第 305 页。
② 李宜琛：《现行继承法论》，国立编译馆 1947 年版，第 19 页。
③ 郭明瑞等：《继承法》，法律出版社 2004 年版，第 1 页。

继承，但并非任何人都可以参加继承，只有与被继承人存在一定亲属身份关系的人才可以作为继承人参加继承。依民法典继承编规定，继承人（包括法定继承人和遗嘱继承人）都是与被继承人有密切关系的亲属，无亲属身份关系的人不能作为继承人，只能作为受遗赠人。即使是亲属，也只有一定范围内的与被继承人具有近亲属身份的人才能作为继承人。

3. 继承是处理死者遗产的法律制度。在现代法，继承的标的只能是财产，而不能是其他标的。因此，继承的发生须以死者财产的存在为前提。继承以私有财产的存在为前提，在没有任何私有财产存在的社会，不会有也不可能存在继承制度。

4. 继承是继承人概括承受被继承人财产权利和义务的法律制度。自然人死亡，其财产权的主体必定发生变更。因此，继承是财产所有权转移的一种基本方式。不过，继承中的财产转移与一般的财产转移不同，一般的财产转移是个别财产的转移，而继承则是被继承人财产权利和义务的整体概括转移。只有依法由继承人概括地承继被继承人在财产关系中的法律地位的法律现象，才属于继承。①

继承人是基于何种原因所以能承受被继承人的遗产，这便是继承的本质，也称为继承的根据。关于此，学界存在着以下学说：

1. 意思说。该说认为，继承的根据在于被继承人的意思，依被继承人的意思，财产由被继承人转移于继承人。正因为继承决定于死者的意思，所以被继承人有立遗嘱的自由，在无遗嘱时，立法者也应根据人的自然情感推测死者的意思，按照法定继承来确定。这种学说是自然法学派观念在对继承本质认识上的反映。他们认为，一切权利义务变动的根据，都应求诸个人的意思，继承权也不例外。英美法系国家的继承立法较多体现了意思说，看重个人意思，推崇遗嘱自由原则。意思说强调近现代民法的意思自治精神，寻求被继承人的意思来解释继承的本质，具有一定的合理性。但把个人意思、遗嘱绝对自由作为继承的本质，过分强调个人意思与遗嘱自由，忽视了继承制度存在的其他重要因素。20 世纪后，起初实行遗嘱绝对自由的英美法系国家也开始对遗嘱自由进行限制，体现了这种学说存在不合理之处。

2. 家族协同说。该说认为，继承是由于家族协同生活而发生的，没有一体的协同生活或协同感者，不应继承。依照该说，个人死后其财产应传于一定的家族或亲属；即使被继承人得立遗嘱，遗产的一定数额也必须留给某些法定继承人。

---

① 我国原《继承法》规定了其他一些因自然人死亡而发生财产转移的情形，如因遗赠扶养协议而发生的死者财产的转移，由于不属于概括承受，不属于继承。之所以规定在原《继承法》中，是因为涉及死者遗产的处理问题。

该学说对遗嘱自由持怀疑甚至否定态度，如黑格尔在《法哲学原理》一书中认为，遗嘱依个人意志处理财产，其中有很多偶然性、任意性、追求自私目的的企图等因素在起作用，承认有权任意订立遗嘱，很容易造成伦理关系的破坏。遗嘱自由应当受到严格限制，以免破坏家庭的基本关系和违反家庭的实体性法律。死者的遗嘱之所以得到承认，也是因为家庭对已死家庭成员的热爱和崇敬。① 还有学者认为，同时代的横的共同生活不同于纵的共同生活，人的生活不仅是生存中的共同生活，还得承继前代人的生活并传至下一代，继续自己的生活。这种纵的共同生活是继承产生的母胎，继承系人类自祖先以至乃子乃孙，维持过去、现在、未来之纵的共同生活的必然现象。该学说具有一定的合理性。家庭至今仍是社会的基本单位，人们普遍希望将自己身后的财产继续留在家庭中，以保障自己的家庭成员尤其是配偶和后代的生活。各国继承法将与死者共同生活的近亲属确定为法定继承人，设立特留份制度，即体现了家族协同说的思想。② 但家族协同说强调家庭共同生活，忽略被继承人的意思，否定遗嘱自由；而且随着社会的进步、经济的发展，人们私有财产的大量增加，男女平等观念的确立，人们的家族观念日趋衰落，仍用家族协同说来揭示继承的本质，则显捉襟见肘。

3. 死后扶养说。该说认为，继承的根据在于死者的扶养义务。对一定范围内的宗族或亲属负有扶养义务的人，不仅于生前应当扶养，即使于其死后也应继续扶养。继承人正是基于负有扶养义务的人死亡后受扶养的权利而有权继承遗产的。依照此说，受扶养权利人与继承人应是一致的，不需要扶养的家族成员或亲属，不论其与被继承人的关系如何密切，也不得有继承权，遗产继承的范围应以扶养所必要者为限。德国、瑞士等国的应继份制度以及配偶、非婚生子女对遗产的扶养请求权，即体现了这一学说。该学说强调扶养义务，尤其是在法定继承中具有合理性。我国也有学者认为对继承的本质应当以意思说为主，死后扶养说为辅。③ 但是，继承不仅仅包括法定继承，还有遗嘱继承。而且在法定继承中，有的继承人不需要扶养，也可以通过继承取得遗产。换言之，继承人从来也不限于受扶养的权利人。过于强调继承是对需要扶养的权利人的死后扶养，也同现代社会保障制度不符，因为需要扶养的人除了通过继承取得遗产，更重要的是需要社会保障制度的保护。

4. 无主财产归属说。该说认为，人的人格因死亡而消灭，人于生存中虽为财产的主体，但于死亡后其财产则成为无主的财产，该无主财产应归属何人，则属

---

① ［德］黑格尔：《法哲学原理》，范扬、张企泰译，商务印书馆 1996 年版，第 191～192 页。

② 刘文：《继承法比较研究》，中国人民公安大学出版社 2004 年版，第 7 页。

③ 冯乐坤：《继承权本质的法理透析》，载《法律科学》2004 年第 4 期。

于继承问题，全由国家的立法政策而定。现代立法把继承人限定在一定范围内的亲属，就是这种学说的体现。[①]

5. 共分说。该说认为，被继承人的财产上原本有三个所有权，即本人的所有权、亲属的所有权和国家的所有权。因为本人的财产中包含亲属和国家的帮助，所以在被继承人死亡后应属于亲属的部分归于亲属（法定继承），应属于国家的部分由国家收回（遗产税），属于本人的部分则由本人自由处分（遗嘱处分）。共分说在被继承人财产上拟制三个所有权，则与遗产的性质不符合。

6. 先占说。该说认为，死者的一切权利义务均随主体的死亡而消灭，故其财产也成为无主物，最先占有者取得其权利。而死者最近的亲属居于最先取得此无主物的地位，故各国法律皆规定死者近亲属取得遗产。先占说无法解释继承是遗产所有权的继受取得方式，因为先占是原始取得。

我国对继承本质也有不同认识。有的认为，"决定继承制度的直接根据是家庭的结构、职能和人们的愿望，而家庭的结构、职能和人们的愿望从最根本意义上是由该社会的经济基础决定的"[②]。有的认为，"财产继承作为一项法律制度是由社会的经济基础决定的，有什么样的经济基础，就有什么样的财产继承制度"[③]。这些从社会所有制或经济基础的视角分析继承的本质，难免脱离现实，因为无论是私有制社会还是公有制社会都存在基础法律制度，即使同在私有制社会，各个时期和各个国家的基础法律制度也有很大差异。所以，应当寻找新的视角探求继承的本质。

现代法上的继承根据有两个：

1. 继承人生活保障。在现代社会下，"家"中财产权利人死亡时，对此财产之储蓄有所协助者，或于过去、现在以及将来，须依靠此财产始能维持其生活者，理应有权利主张取得该死亡人所遗财产。继承即因家族共同生活体内之一成员死亡，为避免其他成员之生活陷入绝境，而使其与此共同生活曾有关系之特定生存人，承继该死亡人遗产之制度。

2. 社会交易安全保护。被继承人死亡后，如果其债务亦归于消灭，无从保护被继承人的债权人，因而不能保护交易安全。故被继承人所遗的债权、债务，均应为继承的标的，而由继承人继承，才能够保证社会交易安全。原因是，继承制度虽以继承人生活的保障为目的，但维护被继承人债权人的权益不容忽视，故为保护继承债权人利益，而可牺牲继承人权利之最大限度，宜限于继承积极财产范

---

① 史尚宽：《继承法论》，中国政法大学出版社 2000 年版，第 6 页。

② 张玉敏：《继承法律制度研究》，法律出版社 1999 年版，第 18 页。

③ 刘春茂主编：《中国民法学·财产继承》，中国人民公安大学出版社 1990 年版，第 33 页。

围之内，始可谓合情合理。①

继承的发生有其自然原因，也有其社会原因。从自然原因上说，继承决定于人类历史的无限性和人的生命的有限性。由于每个人的生命是有限的，而人的历史又是无限的，人类的生命也就具有延续性。自有法律以来，就会发生后人承受前人的权利义务问题。从社会原因上说，出于社会生产和再生产的需要，有了个人财产的存在，社会需要将这种个人财产关系维持下去，这才会发生后人承受前人权利义务的问题。人类的生产本身又有两种。一方面是生活资料即食物、衣服、住房以及为此所必需的工具的生产；另一方面是人类自身的生产，即种的繁衍。可以说，继承正是基于这两种生产的社会需要而产生的，实质上是一种社会关系的更替。②

依不同的标准，可将继承作不同的分类。继承的分类主要有：

1. 遗嘱继承与法定继承。这是根据继承人继承财产的方式为标准所作的分类。这也是对继承最基本、适用范围最广泛的分类。遗嘱继承是指于继承开始后，继承人按照被继承人的合法有效的遗嘱继承被继承人遗产的一种继承方式。在遗嘱继承中，具体的继承人、继承顺序、应继份、遗产的管理、遗嘱的执行等都由被继承人在遗嘱中指定，也就是直接决定于被继承人生前的意思。因此，遗嘱继承也被称作“指定继承”，与法定继承相对应。法定继承是指继承人范围、继承顺序、继承条件、继承份额、遗产分配原则及继承程序均由法律直接规定的继承方式。在法定继承中，有关继承的各个方面是由法律直接规定的，而不是由被继承人的意思直接确定的。就整体上说，法定继承与遗嘱继承自古代社会就一直存在，不过在不同时期、不同国家，对遗嘱自由的限制程度不同。从产生的历史上说，法定继承先于遗嘱继承。因遗嘱继承需要更高的法律技术，故以前者为旧，以后者为新，殊无疑问。③ 但从适用上说，遗嘱继承优先于法定继承。

2. 限定继承与无限继承。这是根据继承人继承被继承人财产权利义务的范围为标准所作的分类。限定继承又称有限继承，是指继承人得仅于一定的范围内继承被继承人的财产权利和义务的继承。在有限继承中，继承人继承被继承人的债务仅以遗产的实际价值总额为限度，对于被继承人生前所欠债务超过遗产的实际价值的部分，继承人可不负清偿责任。无限继承又称为不限定继承，是指继承人必须承受被继承人的全部财产权利义务的继承。在无限继承中，即使被继承人的债务超过其财产权利，继承人也须继承被继承人的遗产，而不得拒绝，继承人须

① 陈棋炎等：《民法继承新论》，三民书局 2001 年版，第 5 ~ 7 页。

② 郭明瑞等：《继承法》，法律出版社 2004 年版，第 5 页。

③ 陈棋炎等：《民法继承新论》，三民书局 2001 年版，第 8 页。

以自己的财产清偿被继承人生前所欠的全部债务。所谓的“父债子还”，就是无限继承的表现。无限继承强调的是保护被继承人的债权人利益。也有的学者根据继承人有无限制的标准来区分有限制继承与无限制继承。凡有血缘关系的人均得继承而不加限制的，为无限制继承；而将继承人限定于一定范围内有血缘关系的继承，为有限制继承。这实际上涉及法定继承人的范围问题。

3. 共同继承与单独继承。这是根据得参与继承的人数为标准所作的分类。共同继承是指依法律规定由数个继承人共同继承被继承人的遗产。共同继承人是指共同继承的数个继承人，只能是同一顺序的法定继承人。因为法定继承人的继承顺序具有排他性，若前一顺序的继承人存在，则后一顺序的继承人不得参加继承，也就不可能成为与前一顺序的继承人共同继承的共同继承人。现代法规定的继承一般为共同继承，而且由于共同继承人之间涉及遗产的分割，容易发生纠纷。考察各国继承立法例，共同继承根据继承人的应继份又可分为均等份额继承和不均等份额继承。均等份额继承也称为共同平均继承，是指同一顺序的继承人原则上应均分遗产；不均等份额继承，也称为共同不平均继承，是指共同继承人得继承的遗产份额不均等，其中特定的继承人比其他继承人的应继份多，其他继承人的应继份少。共同继承只发生在法定继承中，遗嘱继承中由于指定继承人的遗产份额已经确定，不存在遗产份额的分配问题，不区分共同继承。单独继承是指法律规定继承人仅为一人的继承，即仅由亲属中的一人继承被继承人的遗产。如仅由长子继承、幼子继承、旁系继承（如兄亡弟继）等。因单独继承中仅由一人继承被继承人的全部遗产，所以又称为独占继承。单独继承的继承人仅为一人，也是指法律规定的继承人仅为一人，而不是指实际上继承被继承人遗产的人仅为一个。单独继承是古代法上存在过的制度，现代法上已不存在单独继承。

4. 本位继承与代位继承。这是根据继承人参与继承时的地位为标准所作的分类。本位继承是指继承人基于自己的地位，在自己原来的继承顺序继承被继承人的遗产的继承。例如，依民法典继承编第 1127 条以及第 1129 条的规定，配偶、子女、父母以及对公、婆或岳父、岳母尽了主要赡养义务的丧偶儿媳或女婿为第一顺序法定继承人，由这些人参与继承时即均为本位继承。本位继承无论在法定继承还是在遗嘱继承中都存在。代位继承是指在直接应继承被继承人遗产的顺序者不能继承时，由其直系晚辈血亲代其地位继承。例如，依民法典继承编第 1128 条第 1 款的规定，被继承人的子女先于被继承人死亡的，由被继承人的子女的晚辈直系血亲代位继承。在代位继承中，代位继承人只能在被代位人原来的继承顺位上继承被代位人应继承的份额，而不论代位继承人有几人。

5. 财产继承与身份继承、祭祀继承。这是根据广义的继承的继承对象（标的）为标准所作的分类。这种分类只是在历史上具有意义，现代继承法不作这样的分类。财产继承是指继承的对象仅为财产权利义务的继承。在财产继承中，继承人只能继承被继承人的财产权利义务，而不能继承人身等方面的权利义务。在现代各国的继承法中，人们从死者承受的只能是财产权利义务，继承仅为财产继承。身份继承是指以死者生前的身份地位为继承对象的继承。在身份继承中，继承人继承的是被继承人的身份权利，如官职、爵位、户主身份等。在古代社会，财产关系依附于身份关系，财产继承也依附于身份继承，所谓的继承，首先是对身份的继承，谁继承了身份，谁也就同时继承了财产；相反，能继承被继承人财产的人不一定能继承被继承人的身份。祭祀继承是指承受祭祀宗庙资格的继承。在祭祀继承中，继承人继承的是祭祀祖先的权利义务。祭祀继承人有权继承财产，也有权继承被继承人的身份。古代社会通行的嫡长子继承制就是与祭祀继承联系在一起的。我国古代的宗祧继承制也是集祭祀继承、身份继承与财产继承合为一体的继承制度，有祭祀继承权的人既可继承被继承人的身份权，也可继承被继承人的财产权。现代继承法的继承不包括祭祀继承，祭祀继承与财产继承分离。

民法典继承编调整的就是这种因继承而发生的民事法律关系，即继承法律关系。它是民事法律关系中的一种，是由继承法律规范调整的，因自然人死亡而发生的继承人与其他人在财产继承上的民事权利义务关系。它的特征有：

1. 继承法律关系是一种民事法律关系。继承法律关系是由继承法规范调整的继承人与其他人之间的财产关系，以民事权利和民事义务为核心，完全符合民事法律关系的构成。因此，继承法律关系为民事法律关系之一种，在继承法对继承法律关系没有特殊规定时，适用民事法律关系的有关规定。

2. 继承法律关系以被继承人死亡为发生根据。任何法律关系的发生都须以一定的法律事实为根据。一般民事法律关系的发生都是因生存行为人的行为，而继承法律关系则是因被继承人的死亡而发生，被继承人不死亡，不会发生继承法律关系。人的死亡是客观现象，性质属于事件而不属于行为。继承法律关系不仅包括法定继承法律关系，还包括遗嘱继承法律关系，遗嘱继承法律关系的发生根据并不是一个单一的法律事实，而是法律事实构成，不仅要有被继承人死亡的事实，还须有被继承人生前所立的合法遗嘱。

3. 继承法律关系是绝对性财产法律关系。在继承法律关系中存在财产流转关系，不存在与人身不可分离的人身利益，所以是具有财产内容的财产法律关系，不属于人身法律关系。继承法律关系的权利主体是特定的继承人，而义务主体是不特定的继承人以外的一切人；继承人实现其权利无需借助于义务人的行为，义务人也不负有实施某种行为以使继承人实现权利的积极义务，所以继承法律关系是绝对财产法律关系，而不是相对财产法律关系。

4. 继承法律关系与亲属身份关系密切相关。继承法律关系属于财产法律关系而不属于亲属身份关系，但这种性质上的差别并不妨碍两者之间存在密切的关系。同一般财产法律关系不同，在继承法律关系中，内容与亲属身份关系密切相关，因此继承法律关系是一种与亲属身份关系相联系的财产法律关系。

5. 继承法律关系的权利主体只能是自然人。在继承法律关系中，作为权利主体的继承人只能是自然人，法人、其他组织或国家都不能作为继承人，法人、其他组织或国家获得遗产只能通过受遗赠，或者在遗产无人继承时收归国有或集体所有，但这都不是继承法律关系的内容。因此，继承法律关系只能是以自然人为权利主体一方的财产法律关系。

继承法律关系同样由主体、内容和客体这三个方面的要素构成：

1. 继承法律关系的主体。它是指参加继承法律关系，并在继承法律关系中享受权利和负担义务的人，包括权利主体和义务主体。确定继承法律关系的主体须把握以下两点：第一，必须符合一般民事法律关系主体的条件，必须具有独立的法律人格；第二，必须是参加继承法律关系，并能够在继承法律关系中享受权利承担义务。继承法律关系的主体是继承人与继承人之外的其他自然人、法人，这样能够将继承法律关系同其他相关法律关系区别开来，准确认定继承法律关系的主体只能是继承人和继承人以外的所有人（义务主体包括自然人、法人或其他组织以及国家），权利主体为继承人，义务主体是继承人以外的其他所有人。在继承法律关系的主体上，继承人只能为权利主体，而不能充当义务主体；继承人以外的人只能为义务主体，而不能充当权利主体。

2. 继承法律关系的内容。它是指继承法律关系的权利主体即继承人所享有的权利和继承法律关系的义务主体即继承人以外的其他人所负担的义务。继承人所享有的权利就是继承被继承人遗产的继承权。继承权有继承期待权与继承既得权两种含义，继承人享有选择承认或放弃继承权的权利，在承认继承权后，继承人享有遗产管理、请求分割遗产的权利等。而继承法律关系的义务主体所负担的义务是不得侵害继承人的继承权，不得妨害、干涉继承人继承权的行使。如果继承人之外的其他人侵害了继承人的继承权，继承人可以行使继承回复请求权。

3. 继承法律关系的客体。它是指继承法律关系的权利主体的权利和义务主体的义务共同指向的对象，即被继承人遗留的遗产。继承法律关系的客体只能是遗产，没有遗产也就不存在继承法律关系，而缺少遗嘱的见证，缺少继承人、受遗赠人的行为，都不会影响继承法律关系的存在。

继承法律关系必须因一定的法律事实的出现而发生。继承法律关系的发生，根据法定继承与遗嘱继承分类的不同而有差异。在法定继承中，继承法律关系因被继承人的死亡而发生。在遗嘱继承中，除了被继承人的死亡这一法律事实之外，还必须存在合法有效的遗嘱这一法律事实。在继承法律关系发生后，继承人就可以参加继承，行使继承权。继承法律关系不是固定不变的，在出现某种法律事实时会发生变更。继承法律关系的变更包括继承法律关系的主体变更、客体变更与内容变更三个方面。同理，继承法律关系在出现一定的法律事实时，有关的权利义务关系会消灭，这就是继承法律关系的消灭。继承法律关系消灭的法律事实有遗产分割完毕、遗产因不可抗力而全部灭失等。

## 【案例评注】

### 陈某某诉黄某某继承纠纷案[①]

#### 基本案情

陈某某系陈某与其前妻粟某某的婚生独女，1995 年 9 月 12 日，陈某与粟某某协议离婚并办理了离婚手续。2000 年，陈某与黄某某结婚，婚后共同居住于福利分配给职工陈某的公有住房，两人在婚姻关系存续期间内未生育子女。该诉争公有住房产权归属于单位，是单位分配给职工的福利住房。2002 年 12 月 21 日，陈某因病去世，单位将该诉争公有住房承租人变更为黄某某，后黄某某一直独自在诉争房屋内居住生活并负担相关的租赁费用。

2009 年，单位破产清算，包括诉争房屋在内的该单位公有住房按照市政规划予以拆迁。2010 年 9 月 21 日，黄某某与重庆市南岸中央商务区开发建设有限公司签订《房屋拆迁产权调换协议》，选择以产权调换的方式进行拆迁安置。2010 年 10 月 29 日，黄某某为产权调换安置房办理了产权登记。此后，黄某某实际入住该拆迁安置房并进行了装修。

原告陈某某诉称：原告的父亲陈某与被告黄某某于 2000 年结婚，婚后共同居住在福利分配给陈某的公有住房。2002 年陈某去世，原、被告双方对该公有住房承租权未进行遗产分割。后该公有住房进行拆迁，拆迁人按规定对居住使用权人进行了拆迁补偿安置。原告认为该公有住房承租权具有经济价值，可占有、使用、收益，应与其他财产一样进行继承，因此原告对该公有房屋承租权及其转化

---

① 审理法院：重庆市南岸区人民法院；案号：（2010）南法民初字第 03056 号。

得到的经济利益享有继承和分割的权利。故原告起诉，请求法院确认原告就诉争房屋的拆迁补偿款享有遗产继承权。

被告黄某某辩称：被告与陈某于2000年12月26日结婚，婚后一直居住在福利分配给陈某的公有住房里。2002年12月21日，陈某因病死亡，房管办将该公有住房的承租人变更为被告黄某某，电表、水表、气表、闭路等所有的用户名都变更为被告的名字，被告继续居住在该单位公有住房。直至2009年11月，因诉争的该公有住房拆迁，被告被拆迁安置。由于公有住房不属于私有财产，其产权归属原单位，因此公有住房承租权不能作为遗产分割。故被告请求法院依法驳回原告的诉讼请求。

### 法院判决

法院审理后认为，法律和政策对公有住房的差价交换和转租并无明确限制，公有住房承租权人以公有住房租赁权获得的财产利益，应当可以被继承。故判决：一、安置房归被告黄某某所有；二、被告黄某某于本判决生效之日起十日内支付原告陈某某房屋折价款8万元；三、驳回原告陈某某的其他诉讼请求。宣判后，原、被告双方均未提起上诉，现一审判决书已生效。

### 专家点评

本案中被告黄某某与陈某再婚后，与陈某共同居住在公有住房内。陈某死亡后，被告黄某某以共同居住人的身份取得了诉争房屋承租权，后在诉争房屋拆迁时获得了拆迁安置房的所有权。公有住房承租权产生于计划经济时期，目的在于使在社会主义公有制下的每个人都居有其所，具有公益保障性质。但随着市场经济的快速发展和房产制度的改革，传统意义上的公有住房性质发生了巨大的变化。公有住房的差价交换和公有住房的转租并无明确的法律和政策限制，公有住房承租权人能以公有住房租赁权获得财产利益，使得公有住房租赁权成为带有财产性质的权利，故应当可以被继承，本案属于因继承而产生的民事法律关系纠纷，自然属于继承法律规范调整的范围。本案中，陈某死亡后，该公有住房承租权应当以遗产方式进行分割，故在原告未明示放弃继承的情况下，其继承利益依然凝聚在该公有住房承租权上，虽然后来该公有住房进行了拆迁和产权调换，但原告并未丧失对该承租权及其转化的利益的继承权，故原告依然可对拆迁安置房屋进行分割。法院根据拆迁安置房约定价值、产权调换时的价值以及黄某某补交房屋安置时的差价等情况，判决拆迁安置房屋归被告黄某某所有，由被告黄某某支付原告陈某某相应房屋折价款适当。

## 第一千一百二十条　国家保护自然人的继承权。

### 【条文释义】

本条是对国家保护自然人继承权原则的规定。

对于继承权的界定，学者众说纷纭，可以分为权利说与法律地位说两种主要主张。

权利说认为，继承权是继承人继承被继承人遗产的权利。认为“继承权者，存在于为继承人地位上之权利也”①，或者认为“继承权，是指公民依照法律的规定或者被继承人生前立下的合法有效的遗嘱承受被继承人遗产的权利。”② 或者认为，“继承权是指公民依照法律的规定或者被继承人生前立下的合法有效的遗嘱而承受被继承人遗产的权利”③。“继承权是继承人依法享有的继承被继承人遗产的权利。”④ 或者认为，“继承权是指自然人依照法律的直接规定或者被继承人所立的合法有效的遗嘱享有的继承被继承人遗产的权利”⑤。

法律地位说认为，继承权所表示的是继承人的一种法律地位，“继承权是指继承人所享有的继承被继承人遗产的权利。它体现为继承人的继承地位”⑥。或者认为，“继承权是继承人依法承受被继承人的财产法律地位权利。继承权所表示的是继承人的一种法律地位”⑦。

继承权为权利还是法律地位的分歧，反映了继承权的历史发展。古罗马人对继承权所下的定义是：“继承权是对于一个死亡者全部法律地位的一种继承。”⑧ 在当时，继承制度不仅包括财产继承，还包括身份继承，而且更看重身份继承，故这一定义同这一历史条件相关联。现代社会，继承已经转变成单纯的财产继承，继承权也表现为对被继承人遗产的权利。无论是继承人在被继承人生前所享有的继承期待权，还是在被继承人死后享有的继承既得权，都不再仅仅是一种法律地位，而是直接地表现为继承人的权利。

---

① 招汉明：《民法继承论》，万公法律事务所 1939 年版，第 27 页。
② 佟柔主编：《继承法学》，法律出版社 1986 年版，第 62 页。
③ 刘素萍主编：《继承法》，中国人民大学出版社 1988 年版，第 135 页。
④ 巫昌祯主编：《婚姻与继承法学》，中国政法大学出版社 1997 年版，第 284 页。
⑤ 郭明瑞等：《继承法》，法律出版社 2004 年版，第 55 页。
⑥ 刘春茂主编：《中国民法学·财产继承》，中国人民公安大学出版社 1990 年版，第 123 页。
⑦ 张玉敏：《继承法律制度研究》，法律出版社 1999 年版，第 50 页。
⑧ ［英］梅因：《古代法》，沈景一译，商务印书馆 1997 年版，第 104 页。

继承权的权利说更能反映继承权的本质。继承权是指自然人按照被继承人所立的合法有效遗嘱或法律的直接规定而享有的继承被继承人财产的权利。其法律特征是：

第一，在继承权的主体方面，继承权只能是自然人享有的权利。继承权的主体，只能是自然人，而不能是法人、其他社会组织和国家。

第二，在取得根据方面，继承权是自然人依照合法有效的遗嘱或者法律的直接规定而享有的权利。继承权的发生根据有两种：或者是法律的直接规定，或者是合法有效的遗嘱的指定。

第三，继承权的客体是被继承人生前的财产权利。有的学者认为继承权的客体是被继承人的遗产，不太准确，因为在继承期待权中，被继承人尚未死亡，遗产也就无从确定，只能是对其财产享有的期待权。正因为继承权是继承被继承人财产的权利，所以继承权具有财产性。继承权的客体只能是财产，而不能是被继承人的身份或者其他人身利益。继承权的本质是独立的民事权利。

对继承权的性质，学界存在分歧。主要有以下几种学说：

物权说认为，继承权为一种物权，具有排他性，当继承人继承被继承人遗产的权利受到他人侵害时，享有类似物权请求权性质的继承回复请求权。但是排他性并非物权所独具，人格权、知识产权等绝对权也具有排他性，所以不能根据排他性就认定继承权为物权的一种。此外，继承回复请求权同物权请求权也不同，继承回复请求权以继承权为基础，目的在于恢复到继承开始时财产继承关系的最初状态。物权说为大多数国家所不取。

财产取得方式说，法国法将继承编与生前赠与、契约等编并列，放入财产取得卷。还有国家将继承和遗嘱作为所有权的取得方式加以规定，列入物权编，如阿尔及利亚民法典。将继承仅仅界定为财产的取得方式之一，并将其列入债权或物权，都不妥当。因为继承权是一项独立的权利，不仅仅是财产的转移，还涉及身份关系等。

选择权利说主张，继承权是一种选择权，即基于继承权，可以选择接受继承、放弃继承、无条件接受继承或限定接受继承的权利。这种意见说明了继承权的一些特点，但继承权的目的不在于这些选择，而最终在于对被继承人财产权利的承受。

法律地位说认为，继承权的性质是继承人得接替被继承人财产法上的权利义务的一种资格或法律地位。[1] 这种资格或地位的具体内容是在继承开始后，在法

① 张玉敏：《继承法律制度研究》，法律出版社 1999 年版，第 54 页。

定期间内享有继承选择权，继承人基于自己的法律地位得选择接受或放弃继承。并且基于继承人的选择，确定继承人的法律地位。继承权作为一项权利，并不主要体现在资格或地位上，关键在于权利。

独立权利说将继承权视为一项独立的民事权利。德国、日本、瑞士等国均采此说，将继承作为民法典中的独立一编。我国原《继承法》也是如此，把继承权作为一项独立的民事权利。

我们赞同将继承权的本质归为独立民事权利的学说。因为从权利和义务的分类上，继承权当然是一种权利，继承权人可以基于自身的权利请求为某项事项，如接受或放弃继承，请求遗产分割，享有继承回复请求权等。继承权不同于物权、债权，是一项独立的民事权利，因为继承权具有自身的特性，无法为其他性质的权利所包容。

继承权在不同的场合具有两种不同含义，有学者称为客观意义上的继承权与主观意义上的继承权，[①] 也有学者称为继承期待权与继承既得权。[②] 从权利的分类来看，根据权利的成立要件是否全部实现，可以分为既得权和期待权。既得权是指成立要件已全部实现的权利，而期待权是指成立要件尚未全部实现，将来有可能实现的权利。对继承权进行分析，可以发现，在被继承人死亡前，继承人所享有的继承权，由于被继承人死亡的法律事实尚未发生，只是一种期待权，而在继承人死亡后，继承人所享有的继承权为一种既得权，成为一种现实的权利。将继承权蕴含的两种含义称为继承期待权与继承既得权比较准确，且通俗易懂。

继承期待权是指继承开始前继承人的法律地位，指的是自然人依照法律的规定或者遗嘱的指定，继承被继承人遗产的资格。继承期待权虽然不是一种现实的权利，但非常重要，是继承既得权的基础和前提。因为只有享有继承期待权的继承人，在被继承人死亡后，才可能享有继承既得权，不享有继承期待权的人，即使在被继承人死亡后也不能享有继承既得权。继承期待权是基于法律的规定或者遗嘱的指定发生的，是不依继承人的主观意志为转移的。法定继承人的继承期待权来自法律规定的特定亲属身份关系，如子女自出生时起取得对父母的继承期待权，妻子自结婚时起取得对丈夫的继承期待权。遗嘱继承人的继承期待权来自有效遗嘱的指定，遗嘱指定的继承人也只能是法定继承人范围之内的人。因此，继承人都是由法律规定的。法律对法定继承人范围的规定是以继承人与被继承人之

---

① 参见刘素萍主编：《继承法》，中国人民大学出版社 1988 年版，第 135～136 页；郭明瑞、房绍坤：《继承法》，法律出版社 2004 年版，第 56～61 页。

② 参见张玉敏：《继承法律制度研究》，法律出版社 1999 年版，第 50～53 页；刘文：《继承法比较研究》，中国人民公安大学出版社 2004 年版，第 26～29 页。

间存在的一定的亲属身份关系为根据的，继承期待权是法律基于自然人的一定身份（如配偶、子女、父母等）而赋予自然人的。可见，继承人之所以具有继承人的资格，是以其与被继承人的亲属身份关系为前提的，是基于其与被继承人之间的身份关系而当然发生的。继承期待权的意义也仅在于赋予继承人取得被继承人遗产的资格，保障继承人可以取得被继承人的遗产，而不是让继承人取得被继承人的某种人身利益。它也并非只要具备特定的身份（如子女）就必然享有、不会丧失的权利，也可能被剥夺（丧失）。继承期待权实际上只是继承人将来可参与遗产继承的客观的、现实的可能性。继承期待权的主体即继承人对于被继承人的财产并不享有任何权利。继承人的继承期待权因继承人顺序不同，而对继承期待权的效力强弱不同，而且该效力会因先顺序或同一顺序的继承人的出现而全部或一部分消失。比如，当被继承人没有第一顺序继承人时，其兄弟姐妹、祖父母、外祖父母都有继承权，但如果被继承人死亡前收养一子的，则其兄弟姐妹、祖父母、外祖父母的继承权落空。这种因为收养、结婚等使继承人的期待地位下降，不能认为是对继承权的侵害。[①]

继承既得权是指继承人在继承法律关系中实际享有的继承被继承人遗产的具体权利，是一项现实的权利。只有被继承人死亡并留有遗产，继承人具有参与继承的权利，继承人才能参与继承法律关系而享有继承既得权，所以，继承期待权转化为继承既得权，必须具备三个条件：第一，被继承人死亡；第二，被继承人留有遗产；第三，继承人未丧失继承权。缺少其中任何一个条件，继承期待权就不能转化为继承既得权。与继承期待权相比，继承既得权的最大不同在于其是一项现实的权利，具有权利的完整性：（1）继承既得权是继承人对遗产的权利，继承人享有请求分割遗产的权利，可以参与遗产的管理等活动，而继承期待权的继承人对被继承人的财产则不享有权利，不能请求分割；（2）继承人在取得继承既得权后，可以选择接受或放弃，行使自己的权利，而继承期待权的继承人不能放弃继承期待权，即使表示放弃也无效；（3）继承既得权的继承人，实际参加继承，在继承法律关系中享受权利，承担一定的义务，而继承期待权的继承人，仅仅是一种期待，被推定为将来有继承被继承人财产的希望。当然，继承既得权与继承期待权虽然存在一些区别，但是都属于继承权的范畴，只不过是继承权的两种含义而已。关于继承既得权的性质，有学者认为是身份权而非财产权，[②] 有的学者认为继承既得权也有社员权的性质。[③] 继承既得权虽然专属于一定身份的人，

---

① 参见郭明瑞等：《继承法研究》，中国人民大学出版社 2003 年版，第 16～17 页。

② 参见杨与龄：《民法概要》，中国政法大学出版社 2002 年版，第 369 页。

③ 参见郭明瑞等：《继承法研究》，中国人民大学出版社 2003 年版，第 20 页。

但这不能代表继承既得权就是身份权，继承既得权以对遗产的取得为核心，其财产权属性甚为明显。在我国没有确立社员权的立法现状下，认为其为社员权缺乏基础，并且诸如参与遗产管理、参与遗嘱执行等权利，也并非继承人一定享有的，在有遗嘱执行人的情况下，则继承人并不实际参与这些活动。

保护自然人继承权原则的法律依据是《宪法》第13条关于“国家依照法律规定保护公民的私有财产权和继承权”的规定。这一规定确立了宪法保护公民继承权的基本原则，并把继承权与私有财产权并列。保护公民的继承权是我国《宪法》确立的，民法典继承编具体体现的基本原则，是我国继承立法的基础和根据，也是民法典继承编的立法目的和任务，它自始至终贯穿了保护公民继承权这一宪法规定的原则。这一基本原则包含两方面的含义：一是法律保护自然人享有依法继承遗产的权利，任何人不得干涉；二是自然人的继承权受到他人非法侵害时，有权依照法律规定请求予以救济，国家以其强制力予以保护。保护自然人继承权原则贯穿于我国继承法的始终，该原则具体表现在以下方面：

1. 确立遗产范围，依法进行保护。凡自然人死亡时遗留的个人合法财产，均为遗产，都得由继承人依法继承。遗产是公民死亡时遗留的个人合法财产，既包括公民的生活资料，也包括公民的生产资料；既包括公民的有形财产，也包括公民的无形财产。

2. 保障被继承人的遗产尽量由继承人或受遗赠人取得。被继承人的遗产一般不收归国家所有，尽可能地由继承人或受遗赠人取得。本编也规定，对继承人以外的依靠被继承人扶养的缺乏劳动能力又没有生活来源的人，或者继承人以外的对被继承人扶养较多的人，可以分给适当的遗产。无人继承又无人受遗赠的遗产，死者生前是集体所有制组织成员的，应归所在集体所有制组织所有，而不是收归国家所有。

3. 继承人的继承权不得非法剥夺。本编明确规定了继承人丧失继承权的法定事由。除法律规定的丧失继承权的法定情形外，继承人的继承权不能丧失，任何单位或个人也不得非法剥夺继承人的继承权。继承开始后，继承人没有明确表示放弃继承权的，视为接受继承，而不能作为放弃继承权处理。

4. 保障继承人、受遗赠人的继承权、受遗赠权的行使。继承人、受遗赠人可以选择接受继承或受遗赠，也有权选择拒绝继承或受遗赠。

5. 继承人享有继承权回复请求权。在继承权受到他人非法侵害时，继承人可以向侵害人请求恢复，亦得于法律规定的期间内通过诉讼程序请求人民法院依法给予法律保护，这就是继承回复请求权。

## 【案例评注】

### 徐某甲诉徐某乙等法定继承纠纷案①

#### 基本案情

2008年10月31日，原告徐某甲代被继承人徐某生与征迁安置房建设项目管理部签订了一份《白鹤家园安置房购买协议》。协议约定：被继承人徐某生回迁安置8号，自愿选择20栋405室住宅面积88.15㎡、储藏室17.16㎡；具体为政策规定安置面积65㎡价格为400元/㎡，超出政策规定按照面积10㎡价格为680元/㎡，13.15㎡价格为1200元/㎡。合同签订后，徐某甲交了房款55444元，其中代被继承人交了65㎡的房款26000元。2010年3月7日，被继承人徐某生去世。

被继承人徐某生有五个子女，即长子徐某根（于1999年因病去世，生前生育两女：徐某乙、徐某丙）、长女徐某丁、次女徐某枝（于2016年11月8日去世，生前生育一子章某）、次子徐某甲、三子徐某戊。

原告徐某甲诉称：原告的父亲生前回迁了白鹤家园20栋405室及储藏室，此房所有的费用都是由原告支付，回迁安置协议都是由原告代签。原告大哥的小孩及姐姐等人在2010年因继承白鹤家园20栋405室及储藏室向法院起诉原告，法院（2010）郊民一初第00149号民事调解书中，法院查明的事实中有白鹤家园20栋405室的面积及储藏室17.16$m^2$的面积，后双方调解此白鹤家园20栋405室归原告所有，但是调解协议中漏掉了此房的储藏室，此房的房产证在2017年办到了原告的名下。根据从物随主物的相关规定，此储藏室应当属于原告所有。第一、第二被告系原告大哥的子女，第四被告系原告二姐的子女。原告为了维护自己的合法权益，特提起诉讼，请求：1. 判决白鹤家园20栋405室的储藏室由原告继承；2. 本案诉讼费用由被告承担。

被告徐某乙、徐某丙、徐某丁、章某、徐某戊未作答辩。

法院查明，（2010）郊民一初字第00149号法定继承纠纷案件审理过程中，徐某丁、徐某丙已经放弃继承权，2011年4月15日，经法院主持调解，双方当事人自愿达成协议：白鹤家园20栋405室归徐某甲所有。2017年，不动产登记中心颁发不动产权证书，载明：白鹤家园20栋405室（房屋建筑面积88.15㎡）权利人为徐某甲，共有情况为单独共有。

---

① 审理法院：安徽省铜陵市郊区人民法院；案号：（2018）皖0711民初119号。

**法院判决**

法院审理后认为：自然人的继承权应当受到法律保护。根据《白鹤家园安置房购买协议》，白鹤家园 20 栋 405 室的储藏室（面积 17. 16㎡）系被继承人徐某生私有的合法财产，各继承人有权依法继承。被告徐某丁、徐某丙在继承开始后即放弃继承权，其他被告经本院传票传唤未作答辩，视为放弃相关权利。故，徐某甲作为被继承人徐某生的法定继承人之一，有权继承白鹤家园 20 栋 405 室的储藏室（面积 17. 16㎡）的全部份额。

综上，徐某甲的诉讼请求，有事实基础且于法有据，依法予以支持。判决如下：白鹤家园 20 栋 405 室的储藏室（面积 17. 16㎡）由徐某甲继承。

**专家点评**

本案中，原告徐某甲代被继承人徐某生与征迁安置房建设项目管理部签订了一份《白鹤家园安置房购买协议》，并代其交了部分房款后被继承人徐某生去世。所购房屋应为被继承人徐某生私有的合法财产，各继承人依法享有继承权，有权依继承规则分得其各自所应得的遗产份额，当然，各继承人也有权放弃其继承权。依原《继承法》第 1 条的规定，只要继承人不主动放弃继承权，国家对各继承人的继承权都予以平等保护。案中被告徐某丁、徐某丙在继承开始后即放弃继承权，其他被告经法院传票传唤后未作答辩，也视为其放弃了相关权利，仅剩徐某甲未放弃继承权，故法院对其享有的继承权予以支持正确，其自当有有权继承被继承人的全部遗产。

**第一千一百二十一条**　继承从被继承人死亡时开始。

相互有继承关系的数人在同一事件中死亡，难以确定死亡时间的，推定没有其他继承人的人先死亡。都有其他继承人，辈份不同的，推定长辈先死亡；辈份相同的，推定同时死亡，相互不发生继承。

## 【条文释义】

本条是对继承开始时间的规定。

继承开始的时间，就是被继承人死亡的时间。对于继承开始时间的确定是对被继承人死亡时间的确定。对被继承人死亡时间的确定，包括自然死亡和宣告死亡两种死亡情形。

1. 自然死亡时间的确定。自然死亡又称生理死亡，是指自然人的生命的终结。如何认定生理死亡时间，历来有种种学说，如脉搏停止说、心脏搏动停止说、呼吸停止说等。随着现代医学的发展，移植器官手术的成功和完善，各国又普遍提出了脑死亡说。当前在我国司法实践中，还是以呼吸停止和心脏搏动停止为生理死亡的时间。对自然死亡，具体的继承开始时间可按下列情况确定：一是医院死亡证书中记载自然人死亡时间的，以死亡证书中的记载为准。二是户籍登记册中记载自然人死亡时间的，应当以户籍登记的为准。三是死亡证书与户籍登记册的记载不一致的，应当以死亡证书为准。四是继承人对被继承人的死亡时间有争议的，应当以人民法院查证的时间为准。

2. 宣告死亡时间的确定：失踪人被宣告死亡，依照民法典总则编第 48 条规定，人民法院宣告死亡的判决作出之日视为其死亡的日期；因意外事件下落不明宣告死亡的，意外事件发生之日视为其死亡的日期。

两个以上互有继承权的人在同一事故中死亡，如果不能确定死亡先后时间的，各死亡人的死亡时间如何确定，直接影响到继承人的利益。为解决这一问题，各国立法所采取的方法不尽相同，主要有三种立法例：

1. 死亡在后和死亡在先相结合的推定制。罗马法规定，数人同时遇难而不能确定死亡先后的，推定成熟子女后于父母而死亡，未成熟子女先于父母而死亡。

2. 同时死亡推定制。日本、瑞士、德国和我国台湾地区等采取这种立法例。《日本民法典》第 32 条之二规定："死亡的数人中，某一人是否于他人死亡后尚生存事不明时，推定该数人同时死亡。"《瑞士民法典》第 32 条第 2 项规定："如不能证明多数人死亡的先后顺序时，得推定其为同时死亡。"

3. 死亡在后推定制（生存推定制）。英国、法国采取这种立法例。英国 1925 年《财产法法案》第 184 条规定：两人同时遇难，不能确定谁先死亡的，年轻者视作较年长者后死亡。法国是采取死亡在后推定制的典范。《法国民法典》第 720 条规定："如相互有继承权的数人在同一事件中死亡，无从了解何人死亡在先时，对后死亡推定，依具体的实际情形确定；在无此种情形时，依年龄与性别确定。"第 721 条规定："在同一事件中死亡的数人均不满 15 岁，推定其中年龄最大的最后死去。同一事件中死亡的数人年龄均在 60 岁以上，推定其中年龄最小的最后死去。同一事件中死亡的数人有的年龄不满 15 岁，有的年龄在 60 岁以上，推定年幼者后死去。"第 722 条规定："同一事件中死亡的数人年龄在 15 岁以上、60 岁以下而且年龄相同，或者年龄相差不到 1 岁，推定男性为后死者。同一事件中死去的数人性别相同，应当采用能够使继承按照自然顺序开始的推定，以此确定后死亡者：依此类推，推定年轻者后死于年长者。”在同死亡者之中，有的属于15岁以下，其他属于15岁以上、60岁以下，或者有的属于15岁以上、60岁以下，其他属于60岁以上的，应当如何推定，《法国民法典》没有明文规定。判例认为，应当推定15岁以上、60岁以下的人后死亡。[①]

对此，本条确定：

1. 相互有继承关系的数人在同一事件中死亡，难以确定死亡时间的，推定没有其他继承人的人先死亡。

2. 都有其他继承人，辈分不同的，推定长辈先死亡；辈分相同的，推定同时死亡，相互不发生继承。

继承人于继承开始时应为生存之人，这一原则被称为“同时存在”原则。同时存在，是指继承开始时继承人已经出生且尚生存。不论法定继承还是遗嘱继承，继承开始时生存者才有继承能力，只有有继承能力的继承人才得实际享有继承权。这一原则为现代各国的立法所接受。于继承开始时已死亡的继承人不具有继承能力，不能实际享有继承权。这里的死亡也包括自然死亡和宣告死亡。应当注意的是，宣告失踪不同于宣告死亡，于继承开始时被宣告失踪的继承人也具有继承能力，不得否认其继承权的享有。

## 【案例评注】

### 谢某某、郑某某诉陈某甲等继承纠纷案[②]

#### 基本案情

原告谢某某、郑某某分别系被继承人郑某的父母。被告陈某甲、陈某乙、陈某丙、陈某丁分别系被继承人陈某杰的兄姐。郑某、陈某杰从1987年1月起，即以夫妻名义公开同居生活，并购置生活用具。上述事实，有证人证言、陈某杰生前信件等书证证明。1989年4月11日夜，郑某、陈某杰在家中被害死亡。郑某、陈某杰死亡后，遗有存款及现金12810元，债权10000元，彩电2台，冰箱、洗衣机、收录机、电视投影机、电风扇各1台，金项链1条及家具、生活日用品等。以上遗产，经西安市公安局核查后，由被告保管。

---

① 参见史尚宽：《民法总论》，中国政法大学出版社2000年版，第91页。

② 《最高人民法院公报》1992年第3期（总第31期）。

郑某生前系单位会计，1964 年 4 月 20 日出生，与陈某杰同居生活时已年满 23 周岁，无配偶。陈某杰生前系个体工商户，1961 年 6 月 22 日出生，与郑某同居生活时已年满 26 周岁，无配偶。郑某与陈某杰共同生活期间，未生育子女。陈某杰的父亲陈某民、母亲吴某花已分别于 1977 年、1982 年去世。

原告谢某某、郑某某诉称：女儿郑某 1985 年经朋友介绍与被告之弟陈某杰相识，不久相爱，感情很好。郑某从 1987 年 1 月起就帮助陈某杰料理家务并同居，至 1989 年 4 月 11 日 2 人被害死亡，已形成事实上的夫妻关系。在此期间，两人共同劳动，先后购置了彩电、冰箱、录音机、洗衣机等日常生活用品。请求法院判令原告依法继承女儿郑某的遗产。

被告陈某甲、陈某乙、陈某丙、陈某丁辩称：原告之女与其弟陈某杰生前未进行结婚登记，不是合法的夫妻关系，其同居是非法的。现 2 人不幸被害死亡，所遗财产是陈某杰的个人财产，不属夫妻共同财产。陈某杰的遗产原告无权继承。

## 法院判决

一审法院认为：《最高人民法院关于人民法院审理未办结婚登记而以夫妻名义同居生活案件的若干意见》第二条规定，1986 年 3 月 15 日《婚姻登记办法》施行之后，未办结婚登记手续即以夫妻名义同居生活，如同居时双方均符合结婚的法定条件，可认定为事实婚姻。郑某与陈某杰未进行结婚登记即以夫妻名义同居生活已达两年之久，且符合结婚的法定条件，其婚姻关系应认定为事实婚姻。根据上述规定，郑某、陈某杰在同居期间的财产，应视为夫妻共同财产。原告谢某某、郑某某系被继承人郑某的继承人，依照《中华人民共和国继承法》第十条第一款[①]的规定，有权继承郑某的那部分遗产。被继承人陈某杰的父母均已死亡，无子女，依照上述规定，其遗产应由第二顺序继承人陈某甲、陈某乙、陈某丙、陈某丁继承。被告陈某甲、陈某乙、陈某丙、陈某丁辩称，郑某、陈某杰家中财产全部属陈某杰个人所有，证据不足，不予认定。郑某与陈某杰同居生活时间短，共同财产中较多系其与郑某同居前所有，故其继承人应适当多分。据此，法院判决：一、原告谢某某、郑某某继承被继承人郑某遗产债权人民币 6000 元，20 英寸彩电 1 台，被面 4 条、毛巾被 1 条。二、被告陈某甲、陈某乙、陈某丙、陈某丁继承被继承人陈某杰遗产人民币 16810 元、彩电、电冰箱、洗衣机、电风扇、

① 为了体现法院裁判说理的准确性，全书“法院判决”部分引用法律文件的格式与书中其他部分有所区别，保留法院在裁判文书中使用的表述。

收录机、电视投影机、金项链及生活用具等共 30 余件。

一审宣判后，原告谢某某、郑某某以原审判决分割郑某、陈某杰遗产不合理，未体现权利义务相一致的原则为由，提起上诉。

二审法院在审理中，除第一审查明的事实外，又查明，据公安机关对郑某、陈某杰被杀害时间出具的法医鉴定结论证实，陈某杰的死亡时间先于郑某 20 分钟左右。还查明，郑某、陈某杰被害后，上诉人谢某某、郑某某与被上诉人陈某甲等 4 人共同出资并主持了丧事，被上诉人送的花圈上称被害人郑某为“弟媳”。陈某杰生前借被上诉人陈某丙人民币 1000 元未还。

二审法院认为：郑某、陈某杰生前以夫妻名义公开生活，已形成事实婚姻，应视为夫妻关系，其财产应为夫妻共同财产。《中华人民共和国继承法》第二条规定，继承从被继承人死亡时开始。第十条第二款规定，“继承开始后，由第一顺序继承人继承，第二顺序继承人不继承。没有第一顺序继承人继承时，由第二顺序继承人继承”。陈某杰死亡在郑某之前约 20 分钟，依照《中华人民共和国继承法》的规定，陈某杰死亡后，其遗产应由第一顺序继承人郑某继承。郑某死亡后，其遗产应由第一顺序继承人即本案上诉人谢某某、郑某某继承。陈某杰所遗债务，由谢某某、郑某某用所得遗产清偿。陈某甲、陈某乙、陈某丙、陈某丁系陈某杰的第二顺序法定继承人，无权继承陈某杰的遗产。但是，陈某甲等 4 被上诉人，对陈某杰生前有一定扶助，陈某杰、郑某死亡后，与上诉人共同办理了丧事，依照《中华人民共和国继承法》第十四条的规定，可以分给他们适当的遗产。原审判决认定事实不清，适用法律不当，依法应予改判。

二审法院判决：一、撤销第一审判决；二、分给陈某甲、陈某乙、陈某丙、陈某丁每人 2000 元；三、谢某某、郑某某继承其余全部遗产；四、谢某某、郑某某在本判决生效后一个月内一次性给付陈某杰欠陈某丙债务 1000 元。

## 专家点评

本案中，已死亡的两位被继承人之间的关系满足事实婚姻的构成要件且符合当时的法律规定，故两人间的关系将按夫妻关系的继承规则来处理。根据原《继承法》第 2 条规定，继承从被继承人死亡时开始，被继承人的遗产自继承开始时当然移转于继承人。因此，只有于被继承人死亡时即继承开始时生存的自然人，才能享有继承权，继承被继承人的遗产。在继承开始时已经死亡的人，其法律人格消灭，继承能力不复存在，因而不能成为继承人，不得享有继承权。一审法院认定陈某杰、郑某同时被害死亡，依规定二人间不发生继承，他们的遗产由他们各自的继承人分别继承。然而，二审法院根据公安机关对陈某杰、郑某死亡先后时间作出的法医学鉴定结论，认定陈某杰先于郑某20分钟左右死亡，依规定，陈某杰的遗产应由郑某继承。郑某死亡后，其遗产由谢某某、郑某某继承。陈某甲、陈某丁、陈某乙、陈某丙均为被继承人陈某杰的第二顺序法定继承人，由于陈某杰、郑某死亡先后时间的确定，陈某杰死亡后其遗产只能由其第一顺序法定继承人郑某继承，第二顺序继承人均不再享有继承权。鉴于陈某甲、陈某丁、陈某乙、陈某丙在其父母死亡后对陈某杰有一定扶助，陈某杰、郑某死亡后他们亦尽了安葬义务，二审法院依据原《继承法》第14条的规定，判决从陈某杰、郑某的遗产中适当分给他们部分遗产是正确的。

**第一千一百二十二条** 遗产是自然人死亡时遗留的个人合法财产。

依照法律规定或者根据其性质不得继承的遗产，不得继承。

## 【条文释义】

本条是对遗产范围的规定。

遗产，是公民死亡时遗留的个人合法财产。它是继承法律关系的要素之一，是继承法律关系的客体，是继承人享有的继承权的标的。没有遗产也就不能存在继承法律关系。遗产范围，是指被继承人在其死亡时遗留的可以作为遗产被继承人继承的财产范围。

对遗产范围的界定有不同的立法例：一是排除式，仅规定何种权利义务不能继承，将不能继承的权利义务排除在遗产范围之外，未被排除的权利义务可为遗产；二是列举式，规定何种权利义务可以继承，列举出遗产包括的权利义务的范围，未被列举为遗产的权利义务不属于遗产；三是列举式与排除式相结合，既列举可为遗产的财产范围，又规定不能列入遗产的权利义务。原《继承法》采取的是第三种立法例，本条规定改用第一种立法例，为排除式，即依照法律规定或者按照其性质不得继承以外的自然人死亡时遗留的个人合法财产，都属于遗产。

遗产的法律特征包括：

1. 时间上的限定性。被继承人死亡的时间是划定遗产的特定时间界限。在被继承人死亡之前，该自然人具有民事权利能力，依法享有各种权利和承担各种义务，得对自己的财产占有、使用、收益和处分，其他任何单位和个人均不得非法干涉。自然人死亡，不再有民事权利能力，不能享有权利和负担义务，所以于该自然人死亡时，其财产即转变为遗产。

2. 内容上的财产性。遗产只能是自然人死亡时遗留的个人财产，因而具有财产性。虽然在学说上对遗产的范围存在分歧，但是根据原《继承法》的规定，遗产的范围仅仅包括被继承人遗留的财产和财产权利，而不包括诸如被继承人的姓名权、肖像权、名誉权、生命权、健康权等人身权利。因侵害自然人的人身权利致其死亡而应负损害赔偿责任的，死者的继承人得请求侵权人负责赔偿，所得到的损害赔偿金可属于遗产（如死亡赔偿金等）。在某些人身权利上，在被继承人死亡后还会存在一定的财产利益，如肖像、隐私等人格利益利用而产生的财产利益，对此，其近亲属作为保护人予以保护，但不能继承。

3. 范围上的限定性。遗产必须为自然人死亡时遗留的个人财产，只有在被继承人生前属于被继承人个人所有的财产，才能为遗产。虽于被继承人生前为被继承人占有，但不为其所有的他人的财产，如被继承人生前租赁、借用而于死亡时尚未返还的财产，不属于遗产；被继承人占有的但为其与他人共有的财产，不属于被继承人的部分，也不属于遗产。自然人与他人共有财产的，如为按份共有，则于该人死亡时，应将其份额从共有财产中分出作为遗产；如为共同共有，则原则上应按其潜在应有份额从共有财产中分出作为遗产。

4. 性质上的合法性。自然人死亡时遗留下的财产，无论是积极财产还是消极财产，并非都为遗产，只有依法可以由自然人拥有的，并且被继承人有合法取得根据的财产，才为遗产。自然人没有合法根据而取得的财产，如非法侵占国家的、集体的或者其他个人的财产，不能作为遗产；依照法律规定不允许自然人个人所有的财产，也不能为遗产。

5. 处理上的流转性。遗产是要转由他人承受的被继承人死亡时遗留的财产，因而必须具有流转性。反言之，虽为被继承人生前享有的财产权利和负担的财产义务，但因具有专属性而不能转由他人承受的，也不能列入遗产的范围。例如，以人身关系为基础的财产权利义务，以当事人的相互信任为前提的财产权利义务，一般都不能转让，不能作为遗产。

依原《继承法》列举式的规定，可以作为自然人遗产的主要有：一是自然人的收入；二是自然人个人的房屋、储蓄和生活用品；三是自然人的林木、牲畜和家禽；四是自然人的文物、图书资料；五是法律允许自然人所有的生产资料；六是自然人的著作权、专利权中的财产权利；七是自然人的其他合法财产。而依据本条所采取的立法模式，被排除不属于遗产的财产性权利主要包括：

1. 依照法律规定不能继承的财产，如国有资源的使用权。自然人可以依法取得和享有某些国有资源的使用权，如采矿权、海域使用权等。这些权利虽从性质上说是用益物权，但因其取得须经特别程序，权利人不仅有使用、收益的权利，同时也有管理、保护和合理利用的义务。国有资源使用权是由特定人享有的，不得随意转让，不得作为遗产。享有国有资源使用权的自然人死亡后，继承人要从事被继承人原来从事的事业，须取得国有资源使用权的，应当重新申请并经主管部门核准，而不能基于继承权而当然取得。

2. 根据其性质不得继承的财产，即具有抚恤、救济性质的财产权利。一些与自然人人身不可分离的具有抚恤、救济性质的财产权利，如抚恤金、补助金、残疾补助金、救济金、最低生活保障金等。这些财产权利专属于自然人个人，随着符合救济条件而享有该财产权利的自然人死亡而终止，不能转移，不能作为遗产由其继承人继承。不过该自然人生前已经根据此种权利而取得或应取得的部分，可以作为遗产继承。值得注意的是，在因侵权而导致自然人死亡的，虽然损害赔偿金作为遗产可以由其继承人予以继承，但损害赔偿中具有专属于特定人的具有救济性质的部分不得作为遗产，如被扶养人生活费赔偿部分，应当作为个人财产直接给予需要扶养的未成年人或者丧失劳动能力又无其他生活来源的成年近亲属。

3. 自留山、自留地。自留山和自留地是指农村集体经济组织分配给农民个人使用的少量的土地和山坡地或山岭地，农民个人具有使用权。农民个人对自留山、自留地的使用权具有专属性，农民个人死亡的，农村集体经济组织应当收回。在现实农村生活中，农村集体经济组织对自留山、自留地都是按家庭人口、劳动能力，以农户为单位分配的，一般不作过多调整，以保持其稳定性。家庭个别成员死亡，并不妨碍农户其他成员对自留山、自留地的继续经营权和使用权。但这并不是继承，自留山、自留地的使用权也不是遗产，只是由家庭共同生活人继续经营和使用。

在现实生活中，被继承人生前基于家庭生活需要或其他经济目的，会与配偶、家庭成员或其他社会成员发生财产共有关系。被继承人死亡后，其遗产也就与他人的财产混在一起。只有将遗产与他人的财产区分开，才能保证遗产分割的正确性，保护继承人和其他财产所有人的合法权益。这就涉及遗产的确定，其主要包括：

1. 遗产同夫妻共有财产的区分。即在存在夫妻共有财产的情况下，确定遗产时，须首先分出一半归生存的配偶所有，另外一半才能作为被继承人的遗产。属于夫或妻一方的个人财产，在夫妻一方死亡时，应当作为死者的遗产，不得作为共同财产分割后再作为遗产。

2. 遗产同家庭共有财产的区分。在确定家庭共有财产时，不能将家庭成员的个人财产当作家庭共同财产。家庭成员的个人财产主要包括：家庭成员没有投入家庭共同生活的财产；约定家庭成员个人所有的财产；基于家庭成员的赠与而获得的财产；未成年子女于继承、受赠与、知识产权所获得的财产等。这些财产都属于个人财产，当所有人死亡时，可以作为遗产。

3. 遗产同其他共有财产的区分。财产共有关系，除夫妻共有财产、家庭共有财产外，还存在着其他形式的财产共有，如合伙共有财产等。当合伙人之一死亡时，应当将被继承人在合伙中的财产份额分出，列入其遗产范围。被继承人在合伙财产中的份额，应当按出资比例或者协议约定的比例确定。如果继承人愿意加入合伙，其他合伙人亦同意继承人加入的，不必对合伙财产进行分割，只需确定继承人作为新合伙人享有的合伙财产份额即可。被宣告无效或被撤销的婚姻，在当事人同居期间所得的财产亦属于共有财产。在一方死亡时，应当将生存一方的份额分出，其余为死者的遗产。

## 【案例评注】

### 李某甲诉李某乙土地承包经营权继承纠纷案①

#### 基本案情

李某乙与李某甲系姐弟关系。农村土地实行第一轮家庭承包经营时，李某乙、李某甲及其父李某云、母周某香共同生活。当时，李某云家庭取得了6.68亩土地的承包经营权。此后李某乙、李某甲相继结婚并各自组建家庭。至1995年农村土地实行第二轮家庭承包经营时，当地农村集体经济组织对李某云家庭原有6.68亩土地的承包经营权进行了重新划分，李某甲家庭取得了1.8亩土地的承包经营权，李某乙家庭取得了3.34亩土地的承包经营权，李某云家庭取得了1.54亩土地的承包经营权，三个家庭均取得了相应的承包经营权证书。1998年2月，李某云将其承包的1.54亩土地流转给本村村民芮某某经营，流转协议由李某乙代签。2004年11月3日和2005年4月4日，李某云、周某香夫妇相继去世。此后，李某云家庭原承包的1.54亩土地的流转收益被李某乙占有。李某甲因遗产继承纠纷，以李某乙为被告向法院提起诉讼。

原告李某甲诉称：原告与被告李某乙系姐弟关系。1998年2月13日，原告父亲李某云将其承包的农田3.08亩转包给同村村民芮某宁经营，因李某云不识字，转包合同由李某乙代签。后李某云于2004年去世，去世前将上述3.08亩农地的承包证交给原告，并言明该3.08亩土地由本人和李某乙共同继承，每人一

---

① 《最高人民法院公报》2009年第12期（总第158期）。

半。但李某乙一直将该3.08亩土地全部据为已有。原告曾多次与李某乙协商，李某乙均不同意返还。请求判令原告对该3.08亩土地中的1.54亩土地享有继承权，判令被告向原告交付该部分土地。

被告李某乙辩称：讼争土地应全部由被告承包经营，理由为：1. 原告李某甲系非农业户口，不应享有农村土地的承包经营权；2. 原、被告的父母去世的时间均已超过两年，原告的起诉已过诉讼时效；3. 被告家庭人口比原告多，父母因此将讼争土地交给被告耕种；4. 原告对父母所尽赡养义务较少，而被告对父母所尽赡养义务较多，应该多享有诉争土地承包权的继承份额。

## 法院判决

法院经审理认为：根据《中华人民共和国农村土地承包法》第三条第二款的规定，农村土地承包采取农村集体经济组织内部的家庭承包方式，不宜采取家庭承包方式的荒山、荒沟、荒丘、荒滩等农村土地，可以采取招标、拍卖、公开协商等方式承包。因此，我国的农村土地承包经营权分为家庭承包和以其他方式承包两种类型。

家庭承包中的林地承包和针对四荒地的以其他方式的承包，由于土地性质特殊，投资周期长，见效慢，收益期间长，为维护承包合同的长期稳定性，保护承包方的利益，维护社会稳定，根据《中华人民共和国农村土地承包法》第三十一条第二款、第五十条的规定，林地承包的承包人死亡，其继承人可以在承包期内继续承包。以其他方式承包的承包人死亡，在承包期内，其继承人也可以继续承包。但是，继承人继续承包并不等同于《中华人民共和国继承法》所规定的继承。而对于除林地外的家庭承包，法律未授予继承人可以继续承包的权利。

本案中，讼争土地的承包经营权属于李某云家庭，系家庭承包方式的承包，且讼争土地并非林地。因此，李某云夫妇死亡后，讼争土地应由当地农村集体经济组织收回再另行分配，不能由李某云夫妇的继承人继续承包，更不能将讼争农地的承包权作为李某云夫妇的遗产分割继承处理。

李某云、周某香夫妇虽系原告李某甲和被告李某乙的父母，但李某甲、李某乙均已在婚后组成了各自的家庭。农村土地实行第二轮家庭承包经营时，李某云家庭、李某甲家庭、李某乙家庭均各自取得了土地承包经营权及相应的土地承包经营权证书，至此，李某甲、李某乙已不属于李某云土地承包户的成员，而是各自独立的三个家庭土地承包户。李某云夫妇均已去世，该承包户已无继续承包人，李某云夫妇去世后遗留的1.54亩土地的承包经营权应由该土地的发包人予以收回。根据《中华人民共和国民事诉讼法》第五十六条的规定，对当事人双方的诉讼标的，第三人虽然没有独立请求权，但案件处理结果同其有法律上的利害关系，可以申请参加诉讼，或者由人民法院通知其参加诉讼。在本案的审理过程中，法院通知发包方参加诉讼，并向发包方释明相关的权利义务，但发包方明确表示不参加诉讼，根据不告不理的原则，法院对于讼争土地承包经营权的权属问题不作处理。李某甲、李某乙虽系李某云夫妇的子女，但各自的家庭均已取得了相应的土地承包经营权，故李某甲、李某乙均不具备其父母去世后遗留土地承包经营权继续承包的法定条件。故判决：驳回原告李某甲的全部诉讼请求。

宣判后，双方当事人在法定期限内均未提起上诉，一审判决已经发生法律效力。

### 专家点评

本案争议的焦点是家庭承包方式的农村土地承包经营权是否属于此条所规定的遗产。根据本案裁判时有效的《农村土地承包法》第 3 条第 2 款的规定，我国的农村土地承包经营权分为家庭承包和以其他方式承包两种类型。以家庭承包方式实行农村土地承包经营，主要目的在于为农村集体经济组织的每一位成员提供基本的生活保障。根据本案裁判时有效的《农村土地承包法》第 15 条的规定，家庭承包方式的农村土地承包经营权，其承包方是本集体经济组织的农户，其本质特征是以本集体经济组织内部的农户家庭为单位实行农村土地承包经营。因此，这种形式的农村土地承包经营权只能属于农户家庭，而不可能属于某一个家庭成员。依原《继承法》第 3 条规定，遗产是公民死亡时遗留的个人合法财产，农村土地承包经营权不属于个人财产，故不发生继承问题。

家庭承包中的林地承包和针对“四荒”地的以其他方式的承包，由于土地性质特殊，投资周期长，见效慢，收益期间长，为维护承包合同的长期稳定性，保护承包方的利益，维护社会稳定，根据本案裁判时有效的《农村土地承包法》第 31 条第 2 款、第 50 条的规定，林地承包的承包人死亡，其继承人可以在承包期内继续承包。以其他方式承包的承包人死亡，在承包期内，其继承人也可以继续承包。但是，继承人继续承包并不等同于继承法所规定的继承。而对于除林地外的家庭承包，法律未授予继承人可以继续承包的权利。当承包农地的农户家庭中的一人或几人死亡，承包经营仍然是以户为单位，承包地仍由该农户的其他家庭成员继续承包经营。当承包经营农户家庭的成员全部死亡，由于承包经营权的取得是以集体成员权为基础，该土地承包经营权归于消灭，农地应收归农村集体经济组织另行分配，不能由该农户家庭成员的继承人继续承包经营。否则，将对集体经济组织其他成员的权益造成损害，对农地的社会保障功能产生消极影响。

本案中，讼争土地的承包经营权属于李某云家庭，属于家庭承包方式的承包，且讼争土地并非林地，因此李某云夫妇死亡后，讼争土地应收归当地农村集体经济组织另行分配，不能由李某云夫妇的继承人继续承包，更不能将讼争农地的承包权作为李某云夫妇的遗产处理。李某云、周某香夫妇虽系原告李某甲和被告李某乙的父母，但李某甲、李某乙均已在婚后组成了各自的家庭。农村土地实行第二轮家庭承包经营时，李某云家庭、李某甲家庭、李某乙家庭均各自取得了土地承包经营权及相应的土地承包经营权证书，至此，李某甲、李某乙已不是李某云土地承包户的成员，而是各自独立的三个土地承包户。李某云夫妇均已去世，该承包户已无继续承包人，李某云夫妇去世后遗留土地的承包经营权应由该土地的发包人予以收回。李某甲、李某乙虽系李某云夫妇的子女，但各自的家庭均已取得了相应的土地承包经营权，李某甲、李某乙便均不具备其父母去世后遗留土地承包经营权继续承包的法定条件。所以，法院对李某甲要求李某乙返还讼争土地的诉讼请求予以驳回正确。

**第一千一百二十三条** 继承开始后，按照法定继承办理；有遗嘱的，按照遗嘱继承或者遗赠办理；有遗赠扶养协议的，按照协议办理。

## 【条文释义】

本条是对遗嘱继承优先原则的规定。

被继承人死亡后，其遗留的财产必须作为遗产转移给他人，而转移遗产的两种基本方式就是法定继承与遗嘱继承。

法定继承是依照法律直接规定的继承人范围、顺序、份额等将死者遗产转归继承人的一种继承方式。对法定继承概念的界定，有两种不同意见：一是继承方式说，认为“法定继承，是指由法律直接规定继承人的范围、继承的先后顺序以及遗产分配原则的一种继承方式”①；二是法律制度说，认为“法定继承是继承人的范围、顺序和遗产的分配原则都由法律直接规定的继承制度”②。这两种意见都认可法定继承是法律直接对继承人的范围、顺序等予以规定，只不过在认定法定继承是一种继承方式还是一项法律制度上存在分歧。将法定继承认定为继承方式

---

① 刘素萍主编：《继承法》，中国人民大学出版社 1988 年版，第 185 页。

② 张玉敏：《继承法律制度研究》，法律出版社 1999 年版，第 189 页。

或者继承法律制度并不矛盾，因为法定继承是继承人进行继承时的一种方式，但法定继承也是由若干有关继承人范围、继承顺序、遗产分配等规则组成的法律制度，只不过在界定时所选取的角度不同而已。由此可见，法定继承是同遗嘱继承相对应的一种继承方式，也是同遗嘱继承相对应的一种继承法律制度。

法定继承的含义是：（1）法定继承是一种基本继承方式。被继承人死亡后，其遗留的财产必须作为遗产转移给他人，而转移遗产的两种基本方式就是法定继承与遗嘱继承。法定继承是依照法律直接规定的继承人范围、顺序、份额等将死者遗产转归继承人的一种继承方式。（2）法定继承是由法律直接规定的继承人继承遗产的继承方式。在法定继承中，哪些人为继承人、继承人依何种先后次序参加继承，都由法律直接规定，而不是由被继承人或者其他人决定。（3）法定继承是由法律直接规定继承人遗产分配原则的继承方式。在法定继承中，继承人应如何分配遗产，各个继承人应继承多少份额的遗产，也是由法律直接规定的，不是由被继承人决定，继承人也不得改变。（4）法定继承是不直接体现被继承人意志的继承方式。法定继承是依照法律的直接规定来继承财产的，不是依照被继承人的意愿继承。所以法定继承制度直接体现了国家的意志，而不直接体现被继承人的意志。当然，法定继承也并非完全不体现被继承人的意思，不过继承人不是直接按照被继承人的意思继承，只是依推定的被继承人的意思进行的继承。[①]

法定继承的语源来自罗马法，原意为“无遗嘱继承”。法定继承早于遗嘱继承，是原始社会后期最先在习惯法上确立的制度。法定继承在《汉谟拉比法典》中就已初步成形，内容大体有：法定继承人的范围限于家庭成员之内，法定继承人的继承权可在一定条件下被剥夺，遗嘱继承优先于法定继承。在罗马法时期，法定继承制度渐趋完备，《优士丁尼法典》详尽规定了继承人的范围、继承顺序、应继份、代位继承等。日耳曼法最初完全没有遗嘱的痕迹。在古代社会，法定继承是最主要的基本继承方式。梅因在评价遗嘱继承时指出：“在所有自然生长的社会中，在早期的法律学中是不准许或是根本没有考虑过‘遗嘱权’的，只有在法律发展的后来阶段，才准许在多少限制之下使财产所有者的意志能胜过他血亲的请求。”[②] 这一看法正确地说明了法定继承在历史上的地位和存在的原因。近现代资本主义各国都存在法定继承制度，只是两大法系略有差异：英美法系以遗嘱继承为主，法定继承为辅，如原实行遗嘱绝对自由的英国，现在也已对遗嘱自由加以一定限制；[③] 而大陆法系各国主要继受罗马法，大多以法定继承为主，如日

---

① 参见郭明瑞等：《继承法》，法律出版社2004年版，第93页。

② ［英］梅因：《古代法》，商务印书馆1959年版，第101页。

③ 在英美法系国家，一般使用“无遗嘱继承”（intestate succession），而不用“法定继承”一词。

本民法。当然，这种区别也与不同国家的亲属制度有关。

我国古代的继承主要是法定继承，着重于祭祀和身份，以嫡长子继承为主，女子一般无继承权，根据宗法关系来确定继承人的范围，是宗法制度的继承。尽管也存在遗嘱继承的现象，但遗嘱继承仅限于财产继承，继承标的少于法定继承。直至近代，我国的继承制度才在本质上有了变化，实行现代意义的财产继承，遗嘱继承也成为继承的重要方式，并且优先于法定继承，但法定继承也仍为继承的主要方式。1949 年以来，原《婚姻法》规定了近亲属间的法定继承权，其后在法律实务中特别重视法定继承。原《继承法》及《最高人民法院关于贯彻执行〈中华人民共和国继承法〉若干问题的意见》对法定继承作了具体规定，形成了我国比较完善的法定继承制度。

法定继承具有的特征如下：

1. 法定继承具有强烈的身份性。法定继承中的继承人是由法律直接加以规定的，而不是由被继承人指定。各国法律规定法定继承人的范围、顺序和份额，一般依据婚姻关系、血缘关系和扶养关系，法定继承人一般只是与被继承人有亲属身份关系的人。有英国学者认为，无遗嘱继承规则来源于十分流行的家庭观念，并且可以说是家庭法的附录。① 由此可见，法定继承人具有强烈的人身性，建立在身份关系的基础之上。

2. 法定继承具有法定性。法定继承的法定性，是指法定继承的继承人范围、继承人的继承顺序、继承人的应继份以及遗产的分配原则都是由法律直接规定的，而不是由被继承人决定。当然，法律规定法定继承是从推定被继承人的意愿出发的，而不是随意规定的。

3. 法定继承具有强行性。法律关于法定继承的规范为强行性规范，不得任意排除其适用，任何人不得改变法律规定的继承人的范围，也不得改变法律规定的继承人参加继承的先后顺序等，继承人在继承遗产时须按照法律规定的应继份及遗产分配原则来分配遗产。在法定继承中也有任意性规范的适用，如关于遗产的分配，就可以由继承人按照法律规定的原则协商确定，不过这也是在遵循法律规定的遗产分配原则基础上的协商。

遗嘱继承是指于继承开始后，继承人按照被继承人合法有效的遗嘱，继承被继承人遗产的继承方式。在遗嘱继承中，具体的继承人、继承顺序、应继份、遗产管理、遗嘱执行等，都可由被继承人在遗嘱中指定，故遗嘱继承也被称作“指

---

① ［英］F·H·劳森、B·拉登：《财产法》，施天涛等译，中国大百科全书出版社 1998 年版，第 207 页。

定继承”，与法定继承相对应。在遗嘱继承中，生前立有遗嘱的被继承人称为遗嘱人或立遗嘱人，依照遗嘱的指定享有遗产继承权的人为遗嘱继承人。不过遗嘱继承开始后，享有遗嘱继承权的人为遗嘱继承人，其他任何人（包括遗嘱继承人之外的法定继承人）作为义务主体，对遗嘱继承人的继承权都负有不得侵害的义务。遗嘱继承所指向的客体为被继承人指定的遗产份额。

遗嘱继承最早肇始于古巴比伦王国。公元前18世纪古巴比伦王国的《汉谟拉比法典》第165条规定：“倘自由民以田园、房屋赠与其所喜爱之继承人（即爱子），且给他以盖章之文书，则父死之后，兄弟分产之时，此子应取其父之赠物，此外诸兄弟仍应均分父之家产。”① 但通说认为遗嘱继承源于罗马法。古罗马的十二铜表法第5表第3条规定：“凡以遗嘱处分自己的财产，或对其家属指定监护人的，具有法律上的效力。”公元前200年，遗嘱在罗马已为普通市民所使用。罗马法遗嘱继承的目的在于保持人格继承、祭祀继续及家产，而不是将财产从家族中分离出去，因此遗嘱继承是把家族代表权转移给指定继承人的手段，是为了保持“灵魂不死”；遗嘱的主要作用是决定继承人，而不是单纯财产的分配；遗嘱继承完全排除法定继承，任何人不得就一部为遗嘱，以一部为遗嘱的为“无遗嘱而死亡”。② 中世纪的欧洲接受了古罗马的遗嘱继承制度。14世纪后的法国与15世纪后的德国，将遗嘱继承适用于一般庶民。③ 中世纪遗嘱继承的流行同当时的教会有关。在当时，宗教基金几乎完全来自私人遗赠，教会鼓励人们立遗嘱，把遗产赠给教会，据说这样做能够拯救死者的灵魂。④ 此时的遗嘱继承已从保持人格继承、祭祀继续及家产的目的转化为财产所有人能够任意处分身后财产。到了近代，遗嘱继承得到充分发展，在个人意思自治、所有权神圣的理念指引下，在财产继承中盛行遗嘱继承，强调遗嘱自由原则，遗嘱继承优先于法定继承。甚至在一些国家，如英国、美国，实行绝对的遗嘱自由原则，使得遗嘱继承占据主导地位。进入20世纪后，随着立法社会本位理念的确立，许多实行遗嘱绝对自由的国家也开始对遗嘱自由加以一定限制，如英国1938年的《家庭供养条例》及1952年的《无遗嘱继承条例》、美国1969年的《统一继承法典》都对遗嘱自由施加了限制。

我国古代也有遗嘱继承制度。例如，《唐律・丧葬令》规定：“诸身丧户绝者，所有部曲、客女、奴婢、店宅、资财，并令近亲（亲依本服，不以出降）转

---

① 参见刘文：《继承法比较研究》，中国人民公安大学出版社2004年版，第168页。
② 参见郭明瑞等：《继承法》，法律出版社2004年版，第133页。
③ 史尚宽：《继承法论》，中国政法大学出版社2000年版，第395页。
④ 刘素萍主编：《继承法》，中国人民大学出版社1988年版，第249页。

易货卖，将营丧事及量营功德之外，余财并与女（户虽同，资财先别者亦准此）。无女均入次近亲，无亲戚者官为检校。若亡人在日，自有遗嘱处分，证验分明者，不用此令。”① 我国古代的遗嘱继承虽得以存在，但由于受宗法制度的严格限制，加之封建社会漠视个人的权利与自由，并未形成完整的遗嘱继承制度。到了近代，在《大清民律草案》中对遗嘱继承作了规定，这是我国立法首次明确规定遗嘱继承，但未及实施。其后，民国政府于 1930 年颁布“民法”继承编，详尽规定遗嘱继承制度，1985 年修订后仍然在我国台湾地区实施。我国原《继承法》总结长期的司法实践，明确规定了遗嘱继承制度。

遗嘱继承的特征有：

1. 遗嘱继承以事实构成作为发生依据。遗嘱继承除必须具备被继承人死亡这一法律事实外，还须以被继承人所立的合法有效的遗嘱为要件，这两个法律事实缺一不可，两者构成一个完整的事实构成。遗嘱继承中的遗嘱要件是合法有效的遗嘱，如果被继承人所设立的遗嘱无效，则遗产须按法定继承办理，不适用遗嘱继承。

2. 遗嘱继承直接体现被继承人的意志。虽然遗嘱继承与法定继承在一定程度上都是被继承人意志的体现，但二者的体现方式与程度是不同的。法定继承是通过推定被继承人愿意把遗产留给关系亲密的亲属来体现被继承人的意志，而遗嘱继承则是通过对被继承人的遗嘱的执行与实现来直接体现被继承人的意志。在遗嘱继承中，不仅继承人，甚至继承人的顺序、继承人继承的遗产份额或者具体的遗产，都是被继承人在遗嘱中指定的。按照遗嘱进行继承是充分尊重被继承人对自己财产处分的自由。

3. 遗嘱继承具有效力优先性。世界各国继承法都规定遗嘱继承的效力优于法定继承在继承开始后，有合法有效遗嘱的，先要按照遗嘱进行继承。遗嘱继承在效力上的优先性，关系到谁可以实际参与继承，关系到遗嘱继承人可以得到多少遗产份额。

4. 遗嘱继承的主体具有限定性。这是我国遗嘱继承的一个特征。在遗嘱继承人的确立上，各国立法规定有以下做法：（1）规定遗嘱继承人可以是法定继承人范围之内的人，也可以是法定继承人范围以外的人，但只能是自然人；（2）规定遗嘱继承人不仅可为法定继承人范围以外的自然人，而且也可以是法人、国家；（3）规定遗嘱继承人只能是法定继承人范围之内的自然人。我国采取第三种做法，遗嘱继承的主体具有限定性，限定在一定的范围之内。

① 《宋刑统》，中华书局 1984 年版，第 198 页。

遗嘱继承只有在具备以下条件时方可适用：

1. 须立遗嘱人死亡。在遗嘱继承中，被继承人就是立遗嘱人，遗嘱继承适用的首要前提便是立遗嘱人死亡。继承只有在被继承人死亡后才能开始，如果立遗嘱人还没有死亡，则遗嘱继承无法适用。

2. 须被继承人立有合法有效的遗嘱。作为遗嘱继承的事实构成之一的遗嘱，必须是被继承人生前订立的遗嘱，而且该遗嘱须为合法有效。在实践中，虽然被继承人生前订立遗嘱，但并非所有订立的遗嘱都会有效，还要考察遗嘱是否符合法律规定的有效条件。如果因被继承人无遗嘱能力、处分他人财产等情形，则遗嘱归于无效，不具有可以执行的效力。

3. 须指定继承人未丧失或放弃继承权。在适用遗嘱继承时，遗嘱指定的继承人，也会因法定事由丧失继承权，此时指定继承人就不具有继承资格，不能享有继承权。对遗嘱中指定的由该丧失继承权的指定继承人继承的遗产，须依照法定继承处理。指定继承人对于遗嘱继承可以放弃，只要符合放弃继承的要求，就会产生放弃继承的效果，也就是指定继承人对遗嘱指定的遗产不再享有继承权。此时，遗嘱中指定的由其继承的遗产，也须按照法定继承处理。

4. 须指定继承人继承开始后尚生存。在遗嘱继承中，被继承人一般都是提前立下遗嘱，在继承开始前的一段时间内，指定的遗嘱继承人可能会先于被继承人死亡，此时遗嘱涉及该指定继承人的部分不发生代位继承，也不发生转继承，只能适用法定继承。因此，遗嘱指定继承人的生存是适用遗嘱继承必不可少的一个要件。

5. 须没有遗赠扶养协议。遗赠扶养协议具有最优先适用的效力，遗嘱继承与法定继承都不能对抗遗赠扶养协议，应当先执行遗赠扶养协议，在执行完遗赠扶养协议后，再适用遗嘱继承或法定继承处理。被继承人在签订遗赠扶养协议对某项财产予以约定后，如果还通过遗嘱对该项财产进行遗嘱处分，应当先执行遗嘱扶养协议，不能先按遗嘱继承办理。

法定继承与遗嘱继承两者之间存在错综复杂的关系。两者间存在的联系有：

1. 法定继承与遗嘱继承可以并存。法定继承与遗嘱继承虽然是两种不同的继承方式，但两者并非对立，可以并存适用。这也是现代各国继承法普遍采取的基本原则。比如，在被继承人立有合法有效遗嘱对其部分财产进行处分时，则继承开始后，对于遗嘱所处分的部分遗产应当按照遗嘱继承办理，而对于遗嘱未涉及的遗产部分则按照法定继承处理。这时就存在法定继承与遗嘱继承的并存适用。

2. 法定继承是遗嘱继承的基础。虽然遗嘱继承优先于法定继承适用，但被继承人在订立遗嘱时，必须遵照法定继承的有关规定。在我国，立遗嘱人虽然可以指定继承人，但遗嘱继承人必须限定在法定继承人范围之内，法定继承有关法定继承人范围的规定是遗嘱继承的基础。如果立遗嘱人指定法定继承人范围之外的人承受遗产的，则不再是遗嘱继承，而是遗赠。

3. 法定继承是对遗嘱继承的补充。法定继承虽与遗嘱继承并行，而且是一种主要的继承方式，但在效力上低于遗嘱继承，遗嘱继承的效力优先于法定继承。在继承开始后，如果存在合法有效遗嘱的，应优先适用遗嘱继承或遗赠；只有在不存在遗嘱或者遗嘱无效以及未对有关遗产进行处分等情形时，才能适用法定继承。因此，法定继承是对遗嘱继承的补充。

4. 法定继承是对遗嘱继承的限制。在遗嘱继承中，立遗嘱人不能违反法律的限制规定，如立遗嘱人处分特留份或者必留份的遗嘱无效。尽管遗嘱继承适用在先，法定继承适用在后，遗嘱继承限制了法定继承的适用范围，但同时法定继承也是对遗嘱继承的限制。

同时，法定继承与遗嘱继承也存在明显的区别：

1. 继承事项的产生基础不同。在遗嘱继承中，被继承人用遗嘱的方式，按照自己的意志指定自己的遗产由哪些人继承、继承多少，关于继承人以及应继份的确定主要取决于被继承人对继承人的经济情况的关注以及彼此的感情好坏等。在法定继承中，法律根据血缘关系、婚姻关系以及扶养关系，直接确定继承人的范围、继承的顺序、遗产分配原则以及继承份额等。

2. 体现被继承人意愿的程度不同。法定继承与遗嘱继承都体现被继承人的意愿，但是两者在程度上不同。在遗嘱继承中，遗嘱是被继承人意愿的直接表示与体现，根据遗嘱来确定继承人以及继承份额，则是对被继承人意愿的尊重。在法定继承中，虽然也是对被继承人意愿的一种法律推定——被继承人愿意把自己的财产留给与自己关系最密切的近亲属，但在法定继承人、继承份额的确定上，都是由法律直接加以规定的，对被继承人的意愿体现并不充分。

3. 继承人参加继承的顺序不同。在遗嘱继承中，继承开始后，遗嘱继承人就按照遗嘱的内容参加继承，获得遗产，不受法定继承顺序的限制。即使被指定的遗嘱继承人是第二顺序的法定继承人中的继承人，也依遗嘱参加继承。在法定继承中，继承开始后，先由第一顺序继承人参加继承；当没有第一顺序继承人或者第一顺序继承人全部丧失继承权或放弃继承权时，第二顺序继承人才可参加继承。

在同一继承事件中，如果同时存在法定继承、遗嘱继承以及遗赠扶养协议，那么最优先的是遗赠扶养协议，其次是遗嘱继承，最后是法定继承。而且，遗嘱继承优先于法定继承，是继承法律制度的原则。各国继承法在法定继承与遗嘱继承的关系上，无不确认遗嘱继承优于法定继承。在继承开始后，应当首先适用遗嘱继承，不能适用遗嘱继承方式时，才按法定继承方式继承。这就是"遗嘱在先原则"。这是因为，任何人对于自己的财产都有绝对的支配权，可以按照自己的意志决定自己所有的财产的命运，进行处分。同样，任何人在自己健在时，对自己死后如何支配遗产，完全有自主支配权，不受任何单位和个人的干涉，对支配自己死后遗产处置的遗嘱，只要不违反法律和公序良俗，就应当按照其遗嘱处置其遗产。而法定继承是在被继承人没有遗留遗嘱，按照法律规定推定被继承人支配其遗产的意愿来处置其遗产的。相比之下，当然遗嘱继承优先于法定继承。

遗嘱继承优先原则包括两个含义：

1. 遗嘱继承优先于法定继承。当被继承人留有有效遗嘱的，遗嘱继承排斥法定继承，按照被继承人的遗嘱进行继承。

2. 被继承人既留有有效遗嘱，又留有有效的遗赠扶养协议的，遗赠扶养协议优先，先按照遗赠扶养协议的约定处置遗产，这是因为遗赠扶养协议约定的是对被继承人生老病死予以扶养，并以取得其遗产为代价，所以排斥遗嘱继承的效力。

作为与遗嘱继承同样重要的法定继承，因遗嘱在先原则的存在，其具体适用范围便受到遗嘱继承的限制，然而，这二者又存在紧密的联系。法定继承与遗嘱继承虽然是两种不同的继承方式，但两者并非对立，而是可以并存，这也是现代各国继承法普遍采取的基本原则。虽然遗嘱继承优先于法定继承适用，但被继承人在订立遗嘱时，必须遵照法定继承的有关规定，即法定继承是遗嘱继承的基础。法定继承虽与遗嘱继承并行，而且是一种主要的继承方式，但在效力上低于遗嘱继承，遗嘱继承的效力优先于法定继承。在继承开始后，如果存在合法有效遗嘱的，应优先适用遗嘱继承或遗赠；只有在不存在遗嘱或者遗嘱无效以及未对有关遗产进行处分等情形时，才能适用法定继承。因此，法定继承是对遗嘱继承的补充。而且，在遗嘱继承中，立遗嘱人不能违反法律的限制规定，如立遗嘱人处分特留份或者必留份的遗嘱无效。尽管遗嘱继承适用在先，法定继承适用在后，遗嘱继承限制了法定继承的适用范围，但同时法定继承也是对遗嘱继承的限制。

在遗嘱在先原则的基础上，实践中如欲适用法定继承，需符合以下情形：

1. 被继承人生前未立遗嘱。遗嘱继承虽然优先于法定继承，但遗嘱继承必须以合法有效遗嘱的存在为前提，如果被继承人生前未立遗嘱，则被继承人的全部遗产应当按照法定继承处理。我国自古以来人们大多没有立遗嘱的习惯，即使在现代立遗嘱的人也为数不多，而且古代劳动人民比较贫困，拥有的财产数额较少，法定继承是普遍适用的继承方式。但随着社会的经济发展及个人财富的大幅度增长，提前设立遗嘱的人越来越多。

2. 被继承人所立遗嘱未处分的财产。有的被继承人虽然生前立有遗嘱，但是该遗嘱只是对其所拥有的部分财产进行遗嘱处分，并未对全部财产予以处分，对于未处分的部分遗产，不能推定被继承人按照遗嘱处理，应当按照法定继承处理，由被继承人的法定继承人取得该部分遗产。

3. 被继承人所立遗嘱无效所涉及的遗产。遗嘱的无效可分为全部无效和部分无效。如果是遗嘱全部无效，则被继承人的所有遗产都应当按照法定继承处理；如果遗嘱部分无效，遗嘱无效部分所涉及的遗产，适用法定继承。

4. 遗嘱继承人放弃继承或者受遗赠人放弃受遗赠。继承开始后，遗嘱继承人可以放弃继承，受遗赠人也可以放弃遗赠。如果遗嘱继承人放弃继承和受遗赠人放弃受遗赠的，其放弃继承和受遗赠的遗产部分，适用法定继承处理。如果是部分遗嘱继承人放弃继承或部分受遗赠人放弃遗赠，而其他遗嘱继承人未放弃继承或其他受遗赠人未放弃受遗赠的，则对其他遗嘱继承人或受遗赠人未放弃继承或受遗赠的遗产部分，不适用法定继承。

5. 遗嘱继承人丧失继承权或受遗赠人丧失受遗赠权。遗嘱继承人和受遗赠人在发生法定事由时，其继承权和受遗赠权会丧失。如果遗嘱中指定的继承人在发生继承法规定的丧失继承权的事由时，其继承权丧失，不得为继承人；遗嘱指定的受遗赠人丧失受遗赠权的，也不得为受遗赠人。因此，遗嘱继承人丧失继承权或受遗赠人丧失受遗赠权的，遗嘱指定由其继承或受遗赠的遗产部分，适用法定继承。

6. 遗嘱继承人、受遗赠人先于遗嘱人死亡的。遗嘱继承人、受遗赠人先于被继承人死亡的，其因不具有继承能力或受遗赠能力而不能继承、受遗赠，遗嘱指定由其继承、受遗赠的财产部分适用法定继承。

## 【案例评注】

### 刘某甲等诉刘某某遗嘱继承纠纷案[1]

**基本案情**

2000 年 9 月 11 日，原、被告的父、母刘某跃、王某琴到公证处办理遗嘱公

[1] 审理法院：新疆维吾尔自治区昌吉市人民法院，案号：（2003）昌民一初字第 01992 号。

证。该公证处出具了（2000）昌证民字第347号遗嘱公证书，载明："夫妇二人将现有夫妻共同财产作如下分割，立此遗嘱：（1）二楼一套70平方米的楼房归刘某某所有，我夫妇以后由她照料、赡养；（2）四楼一套70平方米的楼房出售给他人，所得房款由刘某甲、刘某乙、刘某丙三人平分；（3）四楼一套80平方米的楼房作为生前住房，在夫妇百年后作为遗产相互继承，二人均去世后由刘某某继承；（4）儿子刘某俊在单位集资购买楼房，我们已为他出集资款5300元，因他有不敬老人的行为，他对三套楼房失去继承权。"2001年9月22日，刘某跃因病去世。2001年12月20日，王某琴再次到公证处办理遗嘱公证，发表了变更遗嘱申明书，该申明书载明："我对我和老伴刘某跃于2000年9月所立的遗嘱，在此申明作如下变更：原定将四楼70平方米楼房出售后的房款分给三个女儿，现我决定我的那一半房款不给三个女儿，因为我要生活，三个女儿又不管我。遗嘱其他内容不变，上述房款由女儿刘某某代我保管，供我使用。"为此，该公证处又出具了遗嘱公证书。2002年9月12日，王某琴去世，去世前王某琴共用去医疗费2814.32元，死亡后刘某某支出丧葬费2522元。

另查明：被继承人刘某跃、王某琴共同设立的遗嘱上所指定由三原告继承的房屋位于某小区36号楼5单元。2001年，被继承人刘某跃委托刘某某将该房卖给他人，得房款54000元。本案审理过程中，三原告申请对该房屋价值进行鉴定。经本院委托司法会计鉴定所对此进行鉴定，该房屋价值为58000元。

原告刘某甲、刘某乙、刘某丙诉称：2000年9月三原告的父母刘某跃、王某琴立遗嘱，将二人的共同财产，即一套70平方米的楼房指定由三原告继承。2001年9月，父亲刘某跃去世。2002年9月，母亲王某琴去世。被告刘某某已将该房转卖与他人。该房经鉴定价值58000元。三原告多次要求被告退还房屋或房款，但被告刘某某却置之不理。为此诉至法院，要求被告退还房屋或房款58000元。

被告刘某某辩称：父亲刘某跃及母亲王某琴于2000年9月办理公证遗嘱，父亲刘某跃于2001年9月去世后，母亲王某琴于2001年12月又办理公证遗嘱，明确表明属于自己的那一半财产不给三原告。2001年1月，父亲刘某跃委托我将该房卖给王某，王某已将54000元房款付清。因父亲生前将四楼80平方米的楼房换成一楼90平方米的楼房，为此补楼房差价交款9750元、装修房屋支出5115.9元、租房费支出5022.5元。此外，被告支付父亲医疗费1338.53元、丧葬费15000元和母亲王某琴在世时医疗费2814.32元、去世后丧葬费2522元。以上费用总计41562.93元，应由四人均摊，三原告总共应承担31172.19元。因此我不同意原告的诉讼请求。

### 法院判决

法院审理后认为，被继承人可以以遗嘱的方式将其财产遗留给继承人或其他人，其也可以对自己所立的遗嘱予以撤销或变更。在被继承人死亡后而无遗嘱的情况下，被继承人的遗产依法定继承办理。故判决：一、被继承人刘某跃遗产房款27000元由三原告按均等份额继承；二、被继承人王某琴遗产房款21663.68元，由原、被告四人按均等份额继承；三、以上遗产房款应由三原告继承的共有43247.76元，由被告刘某某于本判决生效后十日内给付三原告。

### 专家点评

公民可以立遗嘱将个人财产指定由法定继承人的一人或者数人继承，立遗嘱人也可以撤销、变更自己所立的遗嘱，如无遗嘱，被继承人的遗产依法定继承规则继承。本案中，被继承人生前留下合法有效的遗嘱，依原《继承法》第5条的规定，遗嘱所涉及遗产按遗嘱在先原则自当按遗嘱处理。而且，案中一名被继承人用新的遗嘱对原在先遗嘱进行了改变，也是其合法有效的意思表示，故对该新遗嘱所涉及的遗产，也应当按新遗嘱处理。但因其新遗嘱仅改变了属于自己财产的归属，而并未写明自己所有的财产在自己死后由谁继承，因此该部分财产在所有人死亡后就需按法定继承的规则继承。案中，被继承人刘某跃、王某琴设立遗嘱将共同财产中三套楼房分别由法定继承人原告刘某甲、刘某丙、刘某乙、被告刘某某继承，该遗嘱系被继承人真实意思表示，且内容不违反法律规定，应认为合法、有效。现争议房屋已按被继承人王某琴的意愿出售，各继承人只能分割房款。刘某跃死亡后，应将属刘某跃、王某琴二人共同财产的一半确定为刘某跃的遗产，由继承人按遗嘱进行分配。被继承人王某琴作出遗嘱变更申明书，并经过公证，原定由三原告继承的楼房属于其自己的那一半财产不分给三原告，由被告刘某某代为保管，供其使用。该遗嘱变更原先的遗嘱，改变了属于其自己的那一半财产的归属，是王某琴真实意思的表示，亦应认为合法、有效。因王某琴遗嘱变更申明书对其死亡后该财产由谁继承未指明，故应按法定继承处理。

**第一千一百二十四条** 继承开始后，继承人放弃继承的，应当在遗产处理前，以书面形式作出放弃继承的表示；没有表示的，视为接受继承。

受遗赠人应当在知道受遗赠后六十日内，作出接受或者放弃受遗赠的表示；到期没有表示的，视为放弃受遗赠。

## 【条文释义】

本条是对接受、放弃继承和接受、放弃受遗赠的规定。

继承权作为一项独立的民事权利，继承权人可以基于自身的权利请求为某项事项，如接受或放弃继承，请求遗产分割，享有继承回复请求权等。

接受继承，也叫继承权的承认，是指继承人在继承开始后、遗产分割前，以一定的方式作出愿意接受被继承人遗产的意思表示。各国法关于继承权承认的意思表示的方式与效力的规定，与遗产的移转方式即继承的样态有关，大致有以下四种立法例：[①] 一是当然继承主义，认为继承权利义务的归属，系属当然，不以继承人的承认为其取得遗产的必要条件。该立法例源于日耳曼法，后为德国、法国等国民法继受。二是承认继承主义，认为遗产并不因被继承人的死亡而当然地归属于继承人，须待继承人为承认继承之意思表示后，始发生归属效力。这种立法例为罗马法所采。三是法院交付主义，认为遗产须于法院决定将其交付于继承人时，始生归属效力。故继承权承认，乃请求继承财产交付之意思表示。奥地利民法采此立法例。四是剩余财产交付主义，认为遗产先归属于遗产管理人或遗嘱执行人，经其清算后，尚有财产时，继承人始得请求其交付。故继承权承认为财产交付请求权之行使。该立法例为英国法所采。我国对此采取的是当然继承主义。

对于继承权承认的方式，在大陆法系国家根据继承人对继承权承认是否附加条件（主要是对被继承人生前所欠债务是否表示以其所继承的遗产范围为限），划分为单纯承认和限定承认两种方式。

1. 单纯承认。单纯承认是指继承人无所保留地、确定地承继被继承人财产的单方意思表示。[②] 换言之，此种承认使继承人无限地承受被继承人财产上的一切权利义务。不过现代立法的单纯承认同罗马法时不同，在现代的单纯承认情形下，虽然继承人对于被继承人的遗产予以概括承认，但其继承标的仅限于财产而不及于身份权或祭祀权。单纯承认的情形有二：一是本于继承人的自由选择而为的单纯承认，称为“一般的单纯承认”或“任意的单纯承认”；二是本于法律强

---

① 参见戴炎辉等：《中国继承法》，三民书局 1998 年版，第 161～162 页。

② 戴炎辉等：《中国继承法》，三民书局 1998 年版，第 171 页。

制而为的单纯承认，称为“法定的单纯承认”或“强制的单纯承认”。这两种情形虽有差异，但在承继遗产的无限性上并无不同。[①] 一般的单纯承认为不要式行为，且继承人承认的意思表示无须向相对人为之，仅以将其意思表达于外部为已足。究竟为明示抑或默示，在所不问。[②] 至于法定的单纯承认，则多因继承人的不正当行为而发生，在此情形下，继承人不仅不许主张限定承认，亦不得为放弃继承。其实质为民法对继承人不正当行为的制裁，使其对遗产债务承担无限责任。至于不正当行为的种类，一般包括：（1）隐匿财产；（2）虽为限定承认，但在遗产清册上为虚伪记载；（3）意图诈害被继承人之债权人权利而为遗产处分等几种情况。[③] 实际上，单纯承认多因继承人未于法定期间内为限定承认或抛弃继承之意思表示而由法律推定成立。[④]

2. 限定承认。限定承认也被称为限定继承，是指继承人附加限制条件地接受被继承人的全部遗产的意思表示。一般的限定条件是以因继承所得之遗产偿还被继承人债务。如果继承人采取限定承认的，则意味着继承人只对被继承人生前所欠债务负有以其所继承的被继承人的遗产为限的清偿责任，对超出部分不负责清偿。

限定承认与单纯承认的最大区别，在于责任承担上的有限性。在限定承认条件下，即便被继承人的债务超过遗产，继承人亦无需以其自己原有财产为清偿。虽然为放弃继承也可达成此目的，但于继承开始之际，继承人未必能确切明了被继承人的债务是否超过遗产，若盲目为放弃的表示，后又发现遗产尚有剩余，则将悔之莫及。不如自始即为限定承认，则可于承担有限责任与接受剩余财产之间两全。另外，同单纯承认相比，限定承认必须为要式行为，在一些立法例中规定限定承认必须在法定期限内以明示的方式，并且还要按照法律规定将限定承认的意思表示出来。

民法典继承编以继承人限定承认为原则，不认可继承权的单纯承认。而且在继承权的承认方面，无论明示还是默示方式均可。如果在继承开始后、遗产分割前继承人未作出明确的表示的，视为接受继承。民法典继承编对继承权的承认采取限定承认的方式，其效力主要体现在以下三个方面：

1. 继承人参与继承法律关系。继承人作出限定承认的意思表示后，其取得继承既得权，法律地位可以确定，可以实际参与继承法律关系，对遗产进行占有、

---

① 参见陈棋炎等：《民法继承新论》，三民书局2001年版，第214页。
② 参见陈棋炎等：《民法继承新论》，三民书局2001年版，第215页。
③ 参见《法国民法典》第792条、《日本民法典》第921条、我国台湾地区“民法”第1163条。
④ 郭明瑞等：《继承法研究》，中国人民大学出版社2003年版，第37~38页。

管理，并有权请求分割遗产。由于我国继承法采取当然继承主义，继承人还须履行一定的义务，如在继承遗产的限度内清偿遗产债务。继承权的限定承认须由本人实施，不得代理。不过，如果继承人是无民事行为能力人或限制民事行为能力人的，其法定代理人可以代理，但不得损害无民事行为能力人与限制民事行为能力人的权益。如果在继承开始时有胎儿继承人的，则由其母代为进行继承权的承认。

2. 继承人责任的限制。在限定承认时，继承人仅需以因继承所得的积极财产为限，对全部遗产债务承担清偿责任，即继承人唯就遗产负物的有限责任。对于遗产债权人而言，其债权额并未因继承人的有限责任而减少，债权人仍可以就其债权额之全部请求继承人偿还，只不过继承人享有以遗产为限承担责任的抗辩而已。倘若继承人以自己的固有财产清偿遗产债务，则由于债权为有效存在，遗产债权人的受偿并不构成不当得利，继承人事后不得以其不知享有抗辩为由请求返还。在限定承认下，继承人虽可就遗产债务承担有限责任，但遗产债务的保证人或连带债务人则不得享受此待遇，保证人与连带债务人仍须对全部遗产债务负偿还责任。保证人与连带债务人负清偿责任后，依法享有对继承人的追偿权。

3. 继承人固有财产与遗产分离。由于限定承认使继承人仅负物的有限责任，为公平保护遗产债权人和继承人的权利，充分实现遗产上的物的责任，必须对继承人的固有财产与遗产进行分离，使其各自具有独立的法律地位。此种分离，一方面体现遗产与继承人财产的区分，即物质形态上的分别管理与处置，故继承人不得侵吞、隐匿或非法处分遗产；遗产债权人亦不得申请法院就继承人的固有财产为强制执行，否则继承人可以第三人身份提出异议。另一方面还体现在继承人对于被继承人的权利义务，不因继承而消灭。这些规定都有必要，否则，如果继承人对被继承人享有债权，该债权将因混同而消灭，不能从遗产中求得清偿，其结果无异于将继承人的固有财产用于清偿遗产债务；反之，如继承人对于被继承人负有债务，该债务也将因混同而不能归入遗产，亦无异于侵害了遗产债权人的利益。这两种情形皆与限定继承的本意不合。此外，还需强调的是，前面所说的不因继承而消灭的权利义务，不仅包括债权，亦应包括用益物权及担保物权。在因继承清算完毕而使遗产丧失独立法律地位之前，继承人与被继承人之间的一切财产上的权利、义务，均不因混同而消灭。

继承权放弃，又叫继承权拒绝、继承权抛弃，是指继承人于继承开始后、遗产分割前以书面形式作出的放弃其继承被继承人遗产的权利的意思表示。继承权放弃是继承人自由表达其意志、行使继承权的表现，是单方民事法律行为，无需征得任何人同意。

罗马法初期，家父权下的当然和必然继承人绝对不能拒绝继承，即为继承人，永为继承人。至裁判官法时代，才开始予以当然和必然继承人有“拒绝继承的特权”。家主以遗嘱解放的奴隶，同时指定其为继承人的必然继承人，是不得拒绝继承的。只有外来继承人（即任意继承人）才有接受和拒绝继承的自由，可以放弃继承权。[①] 近代各国继承法基于个人责任的原则，继承人不再是家、家族、家产或祭祀的继承，而纯粹为个人遗产的继承，无论对于任何人，以不强制其承受继承为原则。继承人有抛弃继承的自由，一般并不限制。[②] 中国近代，尽管法律上允许继承人放弃继承，但实际上奉行“父债子还”的原则，被继承人的子女往往是不能以放弃继承来拒绝承受被继承人债务的。1949 年之后，我国在长期的司法实践中，一直承认继承权放弃，保护继承人接受或放弃继承的自由。我国明确规定了继承人得放弃继承权。

继承人放弃继承权与丧失继承权都不能取得遗产，但二者在性质上完全不同：（1）放弃继承权所放弃的是继承既得权，而丧失继承权所丧失的是继承期待权。只有没有丧失继承权的人才可以放弃继承权，丧失继承权的继承人并无继承权可放弃；（2）放弃继承权是继承人自愿作出的意思表示，并不需要有何事由，而丧失继承权却是因发生法定事由而当然发生的，当事人不认为其继承权丧失的，法院得以裁决确认其丧失继承权。因此，放弃继承权是继承人对自己权利的一种处分，而丧失继承权则是法律对实施违法行为的继承人的一种民事制裁；（3）放弃继承权只能在继承开始后、遗产分割前实施，在继承开始前不能发生继承权的放弃，而继承权丧失的事由可以发生在继承开始以前，而且有的事由（如遗弃被继承人）只会发生在继承开始以前。[③]

继承权虽得以继承人的自由意志予以放弃，但并非无所限制，行使继承权的放弃须符合以下要件：

1. 必须在继承开始后、遗产分割前放弃。这是放弃继承权的时间要件。由于继承人只能于继承开始后才享有继承既得权，因此继承权的放弃只能于继承开始后实施。于继承开始前，继承人并不享有可以处分的继承既得权，仅享有继承期待权，而继承期待权仅是一种资格，是不得放弃的，即使放弃，也不发生效力。又因为继承权的放弃是继承人对自己继承权的处分，继承权的放弃也只能在遗产分割前实施。于遗产分割后，继承人再作出的不接受遗产的意思表示，属于放弃遗产，继承人放弃的不是继承权，而是单独的遗产所有权。为了促使继承人尽快

---

① 参见周枏：《罗马法原论》（下册），商务印书馆 2001 年版，第 585 页。

② 史尚宽：《继承法论》，中国政法大学出版社 2000 年版，第 325 页。

③ 郭明瑞等：《继承法》（第二版），法律出版社 2004 年版，第 78 页。

作出决定，稳定继承关系，对继承人放弃继承权应有具体的期限规定。而此条只是笼统地规定为，继承开始后，继承人放弃继承的，应当在遗产处理前，以书面形式作出放弃继承的表示。由于遗产的处理并无时间限制，在遗产处理前遗产为继承人共有，而一旦某继承人放弃继承，遗产的共有状态就会变化。如果许可继承人长期内仍可放弃继承，不利于财产关系的稳定和交易安全的保护。不过，此条第 2 款对放弃受遗赠的具体期限作了规定，受遗赠人应当在知道受遗赠后 60 日内，作出接受或放弃受遗赠的表示。因此，建议可将继承人放弃继承的期间与受遗赠人接受遗赠的期间同等对待，即继承人放弃继承的，应当在知道继承开始后，60 日内作出放弃的意思表示，逾期未作表示的，视为接受。

2. 原则上由继承人本人放弃。这是放弃继承权的主体要件。继承权的放弃为单方民事法律行为，应当由继承人本人亲自实施，不得代理。不过，对于无民事行为能力和限制民事行为能力继承人而言，允许其法定代理人代理该继承人放弃继承，以保护无民事行为能力和限制民事行为能力的继承人利益。在继承权的放弃与接受是否能由继承人的债权人行使问题上，有肯定说与否定说两种观点。肯定说认为，继承权于继承开始之前仅为一种期待权，该期待权因与身份不能分离，故其不能为他人代为行使，但一旦继承开始后，被继承人财产上的一切权利义务即概括地移转为继承人所有，放弃继承的单独行为不过为财产法上的无偿处分行为，故如有诈害债权情形时，债权人自得行使撤销权。否定说认为，继承权虽具财产属性，但其取得是以一定身份为前提的，如无该身份，则不得为继承人。且继承权的抛弃与结婚、离婚、收养子女或非婚生子女认领相同，属身份行为，具有人身专属性，纵因该行为而间接地对债权人的财产产生不利影响，债权人亦不得撤销，继承的承认或放弃不能作为债权人代位权的标的。我们认为，放弃继承权必须以不能侵害他人的权益为限，如果继承人故意通过放弃继承权的方式逃避债务或法定义务，则相关的权利人可以对继承人的放弃继承权行为进行撤销。对此，《最高人民法院关于贯彻执行〈中华人民共和国继承法〉若干问题的意见》第 46 条规定，继承人因放弃继承权，致其不能履行法定义务的，放弃继承权的行为无效。

3. 放弃继承权不得附加条件。许多国家明文规定，继承人放弃继承权不得附加条件。民法典继承编没有规定继承人放弃继承权不得附加条件，但在司法实践与学界中倾向于不允许继承人附加条件。对于继承人在放弃继承时提出的将其放弃的遗产让与某人的附加条件，继承人所附加的条件和保留的意见，应当视为继承人在接受继承以后对自己的继承份额所作的处分。

4. 不得部分放弃。对于是否允许部分放弃继承权，民法典继承编没有明文规定。继承的放弃具有不可分性，应及于全部继承财产，如果继承人部分放弃继承权的，应当视为继承人接受继承后，对自己继承的遗产份额所作的处分，这不属于继承权放弃的性质了，而是继承人对自己财产权的处分。

5. 放弃继承是要式行为，须以书面形式作出。继承权放弃的方式是指继承人放弃继承权时表达意思表示的方式，一般包括明示与默示两种。本条明确规定，我国放弃继承权须以书面形式作出。故如果主张继承人用口头方式表示放弃继承的，须本人承认，或有其他充分证据证明。如果继承人本人不承认，又没有其他充分的证据证明继承人表示过放弃继承权，则不能认定继承人放弃继承。在诉讼中，继承人可以向人民法院表示放弃继承。继承人向法院以口头方式表示放弃继承的，法院要制作笔录，由放弃继承权的继承人签名。不论以何种形式作出的放弃继承的意思表示，都必须是继承人的真实意思表示，否则不能发生放弃继承的效力。

继承权放弃的效力，指的是继承权放弃后的法律效果。继承权放弃不仅会对继承人自己产生法律约束力，而且对于放弃继承权的继承人的晚辈直系血亲、被继承人的其他继承人也会产生一定的效果。包括：

1. 对放弃继承权的继承人的效力。继承人放弃继承权，也就丧失了参加继承法律关系的资格，应当退出继承法律关系。自继承人放弃继承权时开始，继承人不承受被继承人生前的债务，也不得继承被继承人生前的财产权利。继承人放弃继承权的效力，溯及继承开始之时，并非其作出放弃之时。继承人放弃继承权虽对被继承人的遗产丧失了权利，但如果该继承人已经实际占有被继承人的遗产的，则应当担负一定的义务。放弃继承权的继承人应当将自己占有的遗产移交遗产管理人或其他继承人，在未进行移交前，负有继续管理义务。放弃继承权的继承人不能因为自己放弃了继承权，就对原来由自己保管的遗产置之不理，这会有损于其他继承人、受遗赠人和被继承人的债权人的权益。此外，如果被继承人生前与继承人之间有债权债务关系的，该债权债务也不因继承人放弃继承而消灭，仍为遗产权利义务。

2. 对放弃继承权人的晚辈直系血亲的效力。继承人放弃继承的，其应继份是否发生代位继承，有两种立法例。一种认为，放弃继承的人“视为自始即非继承人”，未曾拥有继承权，因此放弃继承不发生代位继承。另一种视放弃继承权人于“继承开始前死亡”或遗产自始对其“未发生归属”，因放弃继承的继承人曾有主观继承权，故放弃继承的继承人之直系卑亲属可代位继承。我国仅将被继承人的子女先于被继承人死亡作为代位继承的发生原因，在继承人放弃继承权时，不发生放弃继承权人的晚辈直系血亲的代位继承问题。

3. 对被继承人其他继承人的效力。继承人放弃继承权的，其放弃的应继份应当按照法定继承处理。第一顺序的法定继承人中有人放弃继承权的，其放弃的应继份归属于同一顺序的其他继承人；没有同一顺序的继承人的，放弃的应继份归属于第二顺序的继承人；两个顺序的继承人均放弃继承权或者均不存在的，按照无人继承的遗产处理。如果遗嘱继承人放弃继承权的，则遗嘱对该继承人所指定的应继份按照法定继承处理。

4. 放弃继承权的表示撤回的效力。继承人放弃继承权的，其后可否撤销其放弃继承的意思表示，应当从继承权放弃的意思表示是否有瑕疵为标准判断。如果继承人放弃继承权的意思表示有瑕疵，是受欺诈或胁迫而放弃，或者行为能力欠缺而放弃，则根据民事法律行为理论，该行为应属于无效或可撤销民事行为，应当允许放弃继承权的继承人予以撤销。对于不存在意思表示瑕疵的放弃继承权能否撤回，有不同规定。我国民法典继承编对此仍没有明确规定，《最高人民法院关于贯彻执行〈中华人民共和国继承法〉若干问题的意见》第50条规定："遗产处理前或在诉讼进行中，继承人对放弃继承翻悔的，由人民法院根据其提出的具体理由，决定是否承认。遗产处理后，继承人对放弃继承翻悔的，不予承认。"依最高人民法院的这一规定，法院可以决定承认继承人对放弃继承的翻悔。我们认为，对于继承人放弃继承的撤回，应当严格限制，不能随意为之。一方面，不允许随意撤回，否则影响遗产的分割和处理，不利于生产和生活；另一方面，即使允许撤回，也应当在一定的期间内为之，可以借鉴民法典总则编对撤销权消灭的期限一般为1年的规定。

遗赠是指自然人在生前订立遗嘱，将其个人财产赠与国家、集体或者法定继承人以外的自然人，而于其死亡后才发生法律效力的单方民事法律行为。立遗嘱的自然人为遗赠人，被指定赠与财产的人为受遗赠人，遗嘱中指定赠与的财产为遗赠财产或遗赠物。

遗赠在古罗马时代就已出现。罗马法认为，遗赠是以继承人的指定为使命的，遗赠不过是遗嘱的从属部分。中世纪欧洲的遗嘱，开始以死因赠与为前身的遗赠作为中心内容。奥地利、瑞士等在继承人的指定之外，容许为遗赠的遗嘱。[①]后来，遗赠被各国教会广泛利用，教会利用遗赠从教徒那里接受遗赠，为教会增加财产，遗赠成为遗嘱继承的方式。近代各国的继承法对遗赠基本上都作了规定。各国民法典确立遗赠制度，主要是为了充分实现财产所有人处分自己财产的自由意志，把财产遗赠给自己希望的受遗赠人。在受遗赠人的范围上不区分继承

---

① 史尚宽：《继承法论》，中国政法大学出版社2000年版，第498页。

人与受遗赠人，不仅法定继承人范围之外的人可以受遗赠，而且法定继承人范围之内的人也可以受遗赠。

遗赠的法律特征有：

1. 遗赠是一种单方民事法律行为。该行为以遗嘱的形式实施，且不以受遗赠人的意思表示为必要，只需有遗赠人一方的意思表示就可以成立。

2. 遗赠是一种无偿的民事法律行为。遗赠中的标的是遗赠物，该遗赠物为财产利益，既可以为现有的积极财产，也可以为债权等消极财产。遗赠人必须给予他人财产利益，不能通过遗赠为他人设定债务。国外继承法存在概括遗赠，遗赠中所指定的受遗赠人既承受遗赠人的权利，也承受遗赠人的义务。我国没有概括遗赠，遗赠必须是给他人财产利益。因此，遗赠是一种无偿民事法律行为。在遗赠中遗赠人可以对遗赠附加某种负担，但即使附加了负担，所附加的负担也不是遗赠的对价，无损于遗赠的无偿性。

3. 遗赠是死因行为，即遗赠只有在遗赠人死亡后才能发生效力，这也是遗赠通过遗嘱设立而决定的。故遗赠人在其生前可以随时变更或撤销自己的遗赠，任何人不得干涉。

4. 遗赠是必须由受遗赠人亲自接受的行为。遗赠是遗赠人给予特定的受遗赠人的，受遗赠的主体具有不可替代性。受遗赠人的受遗赠权也只能由自己亲自享有，不得转让。如果遗赠人将财产遗赠给国家或者社会组织的，由国家或者社会组织的代表机构或者负责人予以接受。受遗赠人为自然人，该自然人必须亲自接受遗赠；如果受遗赠的自然人先于遗嘱人死亡，遗赠即不能发生效力。受遗赠人即使在遗赠人死亡后、作出接受遗赠的意思表示前死亡的，遗赠也不能发生效力。受遗赠权存在承认和抛弃的问题，如果受遗赠人在遗赠人死亡后，抛弃其受遗赠权，其效力溯及遗嘱人死亡之时。

5. 遗赠是对特定范围内的人赠与财产的行为。国外继承立法都不区分受遗赠人与继承人，受遗赠人的确立根据遗赠人的指定。民法典继承编明确规定，只能将财产赠给国家、集体或者法定继承人以外的人。这说明法定继承人范围之内的人只能成为指定的遗嘱继承人，不能成为受遗赠人。因此，遗赠是对特定范围内的人赠与财产，在受遗赠人的范围上具有特定性。

此条对遗赠的规定比较原则，内容简洁，没有划分遗赠的种类。实际上，遗赠的标的范围广泛，权利义务关系也各有不同，依据不同标准可将遗赠分为两类：

1. 概括遗赠与特定遗赠。这是根据遗赠标的的不同进行的分类。概括遗赠又称包括遗赠，是指遗赠人把自己的全部财产权利和义务一并遗赠给受遗赠人。法国、日本都认可概括遗赠。而德国、瑞士等则不承认概括遗赠，不过，这些国家规定，概括遗赠的受遗赠人具有继承人的地位。特定遗赠是指遗赠人将其某一特定财产（并非只限于特定物）遗赠给受遗赠人，而不能将财产义务一并遗赠。我国在实践中也有以国家、集体为受遗赠人予以概括遗赠的，有的学者也认为“从我国继承法的立法精神看，是承认概括遗赠的”①，但我国民法典继承编中的遗赠应不包括概括遗赠，而只应是特定遗赠。因为如果认可概括遗赠，就与遗赠的无偿性相违背，受遗赠人的地位实际上等同于继承人的地位，这也与我国民法典继承编关于继承人的规定不符。

2. 单纯遗赠与附负担遗赠。这是根据遗赠是否附有义务而进行的分类。单纯遗赠是不附任何条件或义务的遗赠，遗赠人就遗赠附加某种义务或某种条件的遗赠为附负担的遗赠。在我国，遗赠既可以是单纯遗赠，也可以是附负担遗赠。在实践中，无论是单纯遗赠还是附负担遗赠都是存在的。

遗赠是在遗产继承中发生的赠与他人财产的法律现象。因此，遗赠与遗嘱继承、赠与有相似之处，但它们是不同的法律行为。

就遗赠与遗嘱继承而言，二者都是被继承人以遗嘱处分个人财产的方式。各国立法基本上都同时规定了遗嘱继承与遗赠，但在如何区分遗嘱继承与遗赠的问题上，各国和地区立法大体有以下三种立法例：

1. 以承受遗产的人所承受的遗产内容来区分遗嘱继承与遗赠。遗嘱人既可以指定法定继承人范围内的人为继承人，也可以指定法定继承人以外的人为继承人；既可以指定法定继承人范围以外的人为受遗赠人，也可以指定法定继承人范围内的人为受遗赠人。但继承人须是对遗产权利义务共同承受的，既须继承遗产权利，也须同时继承遗产债务；而受遗赠人继受的只能是遗产权利，不能包括遗产债务。德国民法、瑞士民法等均采此立法例。这种立法例以遗嘱中指定的人被指定继受的遗产的内容来区分遗嘱继承与遗赠。凡是遗嘱指定某人概括继受遗产的，即为遗嘱继承；凡是遗嘱指定某人仅单纯继受权利的，即为遗赠，至于被指定的人是否为法定继承人，则在所不问。这种立法例是以继承责任的非有限性为前提的，遗嘱继承人对遗产债务的清偿承担无限责任，而遗赠人对遗产债务不负清偿责任。若遗嘱继承人对遗产的债务清偿仅以其实际继承的遗产数额为限，则遗嘱继承与遗赠之间并无多大实质性差别。

2. 以继受遗产的人与遗嘱人的关系来区分遗嘱继承与遗赠。依此种立法例，遗嘱中指定法定继承人范围内的人继受遗产的，为遗嘱继承，且继承人须概括地

---

① 刘文：《继承法比较研究》，中国人民公安大学出版社 2004 年版，第 286 页。

继受遗产的全部或部分；遗嘱中指定法定继承人范围以外的人继受遗产的，为遗赠，且遗赠人只能承受积极财产，而不承受消极财产。遗嘱继承人只能是法定继承人范围以内的人，而受遗赠人只能是法定继承人范围以外的人。

3. 不区分遗嘱继承与遗赠。凡遗嘱人将遗产通过遗嘱的方式指定给他人继受的，则继受人一概称为受遗赠人，而不称为继承人。依此种立法例，遗赠可分为概括遗赠和特定遗赠。

我国采取了第二种立法例，遗赠与遗嘱继承的区别主要有以下几点：

1. 受遗赠人和遗嘱继承人的范围不同。受遗赠人可以是法定继承人以外的任何自然人，也可以是国家和集体，但不能是法定继承人范围之内的人。遗嘱继承人则只能是法定继承人范围之内的人，而不能是法定继承人以外的自然人或单位。

2. 受遗赠权与遗嘱继承权客体的范围不同。受遗赠权的客体只是遗产中的财产权利，不包括财产义务，受遗赠人接受遗赠时只承受遗产中的权利而不能承受遗产中的债务。如果遗赠人将其全部遗产遗赠给国家、集体或某自然人，而其生前又有债务时，则受遗赠人只能接受清偿债务后剩余的财产，但这种清偿只能是对被继承人债务的处理，受遗赠人本身并不承受被继承人的债务。而遗嘱继承权的客体是遗产，而且遗嘱继承人对遗产的继承是概括地承受，在承受遗产的同时，还担负着清偿被继承人债务的义务。

3. 受遗赠权与遗嘱继承权的行使方式不同。受遗赠权是一种形成权，而且60日的期间为受遗赠权的除斥期间，从知道受遗赠后60日内未作出接受的表示，即视为放弃受遗赠。受遗赠人表示接受遗赠的，得要求遗嘱执行人向其移转遗赠的标的，受遗赠权优于继承人的继承权，继承人只能继承执行遗赠后剩余的遗产。而遗嘱继承人自继承开始至遗产分割前未明确表示放弃继承的，即视为接受继承，放弃遗嘱继承权须于此期间内作出明确的意思表示。

就遗赠与赠与而言，二者都是将自己的财产无偿给予他人的行为，但两者是不同的民事法律行为，存在以下区别：

1. 性质不同。遗赠是单方法律行为，只需要有遗赠人一方赠与的意思表示即可，无需征得对方的同意。而赠与是一种双方法律行为，是一种合同关系，不仅要有赠与人赠与的意思表示，而且还要有受赠人接受赠与的意思表示，只有双方的意思表示一致才能成立赠与。

2. 方式不同。遗赠必须以遗赠人所订立的遗嘱方式进行，而且是一种要式法律行为，具体事项由继承法予以调整。而赠与采取合同方式，属于非要式法律行为，书面或口头形式皆可，具体事项由民法典合同编予以调整。

3. 发生法律效力的时间不同。虽然遗赠与赠与都属于诺成法律行为，自行为人作出意思表示即成立，但是两者发生法律效力的时间不同。遗赠必须在遗赠人死亡后才能发生法律效力，是一种死因行为。而赠与是生前行为，自赠与合同成立时就生效，受赠人可以要求赠与人进行遗赠。

应当注意到，遗赠与死因赠与是有区别的。死因赠与是指赠与人生前与受赠人订立的于赠与人死亡后才发生赠与财产利益效力的双方法律行为。死因赠与虽然在我国相关法律中均未明确规定，但在人们现实生活中较为常见。由于遗赠与死因赠与都是在赠与人死亡后才发生效力，具有相似性，因此有的国家规定，关于遗赠的规定准用于死因赠与。但二者的性质还是不同的，遗赠是单方民事法律行为，而死因赠与为双方法律行为。两者的调整规范也不同，遗赠由继承法律调整，而死因赠与由合同法律调整。

正因为遗赠是遗赠人单方的意思表示，而且是通过遗嘱形式进行的行为，所以遗赠也须具备下列要件才能发生效力：

第一，遗赠人须有遗嘱能力。遗赠以遗嘱的形式进行，遗赠人当然应具有遗嘱能力。只有具有遗嘱能力的完全民事行为能力的人才可以进行遗赠，无遗嘱能力的无民事行为能力人、限制民事行为能力人不能为遗赠。在遗赠人有无遗嘱能力的判断上，应当以立遗嘱时遗赠人的情况为准。

第二，遗赠人须为缺乏劳动能力又没有生活来源的继承人保留必要的遗产份额。同遗嘱继承一样，遗赠也不能损害缺乏劳动能力又没有生活来源的继承人的合法权益。如果继承人中有缺乏劳动能力又没有生活来源的人，而遗赠人又没有为其保留必要的遗产份额，则涉及这一必要份额的遗赠无效。继承人中有无缺乏劳动能力又没有生活来源的人，以遗赠人死亡时继承人的状况为准。

第三，遗赠人所立的遗嘱符合法律规定的形式。由于遗赠以遗嘱的形式进行，因此遗赠人设立的遗嘱必须符合法律规定的形式，不符合法定形式的，遗嘱无效，遗赠也当然无效。遗赠人的遗嘱是否符合法定形式，应当以遗嘱设立当时的法律要求为准。

第四，受遗赠人须为法定继承人范围以外且在遗赠人的遗嘱生效时生存之人。民法典继承编规定，受遗赠人须为法定继承人范围之外的人，遗嘱中指定将某项财产给予某一法定继承人的，不为遗赠，而属于遗嘱继承。受遗赠人须于遗赠人死亡时具有民事权利能力。先于遗赠人死亡或者与遗赠人同时死亡的自然人，不能成为受遗赠人，因为其不具有民事权利能力。遗赠人死亡时已受孕的胎儿可以作为受遗赠人，但也应以活着出生的为限。如胎儿出生时为死体的，则遗赠溯及地自始无效。未成立的法人也不能为受遗赠人，但正在设立中的法人可以作为受遗赠人。值得注意的是，若遗嘱的公证人为受遗赠人的，公证人应当回避；若受遗赠人为见证人的，不具有见证的效力。因此，遗嘱的公证人、见证人及其配偶、直系血亲并非不能为受遗赠人，而是这些人作为公证人、见证人的遗嘱应属于形式上有瑕疵的遗嘱。对于这样的遗嘱，利害关系人应有权予以撤销。

第五，须受遗赠人未丧失受遗赠权。继承权的丧失与受遗赠权的丧失具有相通性，民法典继承编对遗赠人丧失受遗赠权的情形也进行了规定，受遗赠权也会因法定事由的发生而丧失。

第六，须遗赠人死亡。遗赠是死因行为，必须遗赠人死亡才发生效力。因此，遗赠的效力发生必须以遗赠人死亡为要件，否则即使遗赠人进行了遗赠，也不具有效力，遗赠人可以撤销或变更，而且受遗赠人也无权在遗赠人死亡前要求执行遗赠。

在罗马法的帝政时期，遗赠的效力根据遗赠方式的不同而有差异：如为指物遗赠，受遗赠人直接取得遗赠标的物，受"物件返还之诉"和"役权确认之诉"的保护，受遗赠人不仅可追回原物，也可请求原物所生的孳息。如为嘱令遗赠，受遗赠人仅取得对继承人（遗赠负担人）的债权，只能请求遗赠负担人将遗赠的标的物交付给自己，不得去自行占有，否则遗赠负担人得申请占有回复令状，收回该物的占有。如为容许遗赠，效力与嘱令遗赠相同，受遗赠人也只能取得对遗赠负担人的债权。如为先取遗赠，受遗赠人可取得遗赠标的物的物权。[①] 罗马法的遗赠效力规定也影响了后世立法。在近现代法上，各国和地区的立法对于遗赠的效力有不同规定。一种立法例规定遗赠的效力是物权的，可以产生物权变动的效力，受遗赠人可以直接基于物权占有遗赠物。另一种立法例规定遗赠的效力是债权的，受遗赠人仅仅对承担遗赠义务的人有请求权。

在我国民法体系中，受遗赠权不是物权。因为在遗赠未执行前，受遗赠人对遗赠的标的物不享有物权权能，不处于物权人地位，其所享有的只是请求有关的遗嘱执行人或继承人交付遗赠标的物的权利。从这一点上来看，受遗赠权具有债权的效力。但是，受遗赠权又不完全等同于一般的债权，因为对于被继承人的一般债权，应当进行清偿，而对于遗赠，如果被继承人的遗产在清偿债权后没有剩余遗产的，则不执行遗赠，受遗赠人不能基于债权人的地位请求清偿。因此，受遗赠权具有自身的特殊性，不能简单等同于物权或债权。不过在遗赠的具体效力上，不论遗赠的标的是否为特定物，受遗赠人都不能直接支配遗赠的标的，只能向受遗赠的义务人请求执行遗赠，即要求其给予遗赠的标的。受遗赠人在知道受

---

① 参见周枏：《罗马法原论》（下册），商务印书馆 2001 年版，第 606 ~ 607 页。

遗赠后60日内，向遗嘱执行人作出接受遗赠的意思表示的，即享有请求遗嘱执行人依遗赠人的遗嘱将遗赠物交付其所有的请求权。遗赠执行人应依受遗赠人的请求交付遗赠物。

总体上，对继承权的承认或者放弃的规则是：继承开始后，继承人放弃继承的，应当在遗产处理前，作出放弃继承的表示。没有表示的，视为接受继承。对遗赠，承认或者放弃的规则是：受遗赠人应当在知道受遗赠后60日内，作出接受或者放弃受遗赠的表示。到期没有表示的，视为放弃受遗赠。

## 【案例评注】

### 林某某诉梁某某遗赠纠纷案[①]

#### 基本案情

被告梁某某与立遗赠人叶某某婚姻关系存续期间未生育子女。1999 年 10 月 22 日，被告与叶某某协议离婚，协议第三条约定，坐落在小湾庙弄 22 号的两间泥木结构房屋归叶某某所有，由叶某某付给被告梁某某房屋折价款 19000 元。同月 27 日，叶某某通过派出所付给被告房屋款 19000 元。同年 12 月 24 日，被告与叶某某到婚姻登记机关办理离婚手续并领取离婚证。2000 年 2 月，叶某某因体质较差，需人照顾。经他人介绍，原告对叶某某的生活进行照顾，并与其同居生活。2002 年 7 月 2 日，叶某某立遗赠遗嘱，将小湾庙弄 22 号两层七间，面积为 115.50 平方米的房屋赠给原告林某某。同日，该遗赠遗嘱经公证处予以公证。同月 28 日，遗赠人叶某某因食道癌医治无效死亡。遗赠人叶某某生前的医疗费用及死后丧葬费用均由原告承担。2002 年 8 月，原告持遗赠遗嘱公证书到房管部门办理该房屋过户手续时，房管部门要求原告提供该房屋共有权保持证，因原告无法提供，故无法办理转户。原告向被告要求提供共有权保持证无果，遂诉至法院，请求处理。

原告林某某诉称，被告梁某某系叶某某的前妻，双方于 1999 年 10 月 23 日协议离婚。协议约定，将小湾庙弄 22 号房屋归叶某某所有，并由叶某某支付被告梁某某房屋折价款 19000 元整。叶某某于 1999 年 10 月 27 日将该款支付给被告梁某某。叶某某在离异后，因体质较差，原告经他人介绍与叶某某共同生活。2002 年 7 月 2 日，经公证处公证，叶某某将坐落在小湾庙弄 22 号房屋所有权在立遗嘱人叶某某百年之后遗赠给原告继承所有。2002 年 7 月 28 日，叶某某因病治疗无效去世，其所

① 审理法院：浙江省丽水市莲都区人民法院；案号：（2003）莲民初字第683 号。

立遗书已经生效。原告于2002年8月持叶某某的遗书、公证书及房屋所有权证到房管处办理过户手续。因被告持有该房屋共有权保持证未交付原告，故不能转户。为此，要求被告及时交付该房屋共有权保持证，以便原告对该房屋进行转户。

被告梁某某辩称，被告与叶某某离婚主要是原告林某某破坏他人家庭所致。在离婚时，被告与叶某某达成协议，该房屋归叶某某所有，双方已经按协议履行给付义务。房屋所有权证已经交付，被告现不存在持有房屋所有权保持证的事实。被告前夫叶某某自己有三个子女，可将自己的财产赠送子女，故认为原告林某某所持的遗书系伪造。原告曾在2002年12月27日以同一事实向法院起诉，2003年3月25日经民事裁定书裁定，准予原告林某某撤诉。现原告又以同一事实提起诉讼，于法无据，请依法予以驳回。

## 法院判决

法院审理后认为：遗赠人叶某某与被告协议离婚过程中，通过折价补偿的方式，取得了小湾庙弄22号房屋的全部所有权，产权关系清楚，受法律保护。遗赠人叶某某生前将自有的财产以公证遗嘱的方式遗赠给原告，系其真实意思表示，该遗赠合法有效。被告在与遗赠人叶某某离婚时，通过领取折价补偿款，已对原属夫妻共同财产作出处分，继而失去了小湾庙弄22号房屋的所有权。原告依据遗赠人叶某某所立的公证遗赠遗嘱书取得小湾庙弄22号房屋的所有权，该取得的行为合法，受法律保护。现原告要求被告交付该房屋共有权保持证的诉请，合理合法，本院应予支持。被告辩称，其已按照离婚协议的内容给付房屋共有权证，但其未能提供有效证据予以证实，且在法庭审理过程中，无正当理由中途退庭，视为对原告陈述及提供证据的默认。判决如下：被告梁某某于本判决生效后十日内将小湾庙弄22号房屋共有权保持证交付给原告林某某。

## 专家点评

本案中，遗赠人叶某某与被告协议离婚过程中，已经通过折价补偿的方式取得了诉争房屋的全部所有权，产权关系清楚。作为房屋所有人，叶某某有权依法对该房屋进行处分，且处分行为受法律保护。案中叶某某以公证遗嘱的方式将属于自己的房屋遗赠给原告，其意思表示真实，该行为也符合遗赠的法定构成要件，故该遗赠遗嘱合法有效。被告虽曾与原告是夫妻，但在被告与遗赠人叶某某离婚时，双方已经通过协议对原属于夫妻共有的财产作了处分，被告已经领取了共有房屋中属于自己的那一部分房屋产权的折价补偿款，其对争议房屋就不再具有所有权。原告依据遗赠人叶某某所立的公证遗赠遗嘱书取得诉争房屋的所有权，该取得房屋所有权的行为符合原《继承法》第25条关于接受遗赠的规定，自然受法律保护。故案中原告要求被告交付该房屋共有权保持证的诉请，是其实现接受遗赠的必需行为，其请求合理合法，法院依法也应该支持。

**第一千一百二十五条**　继承人有下列行为之一的，丧失继承权：

（一）故意杀害被继承人；

（二）为争夺遗产而杀害其他继承人；

（三）遗弃被继承人，或者虐待被继承人情节严重；

（四）伪造、篡改、隐匿或者销毁遗嘱，情节严重；

（五）以欺诈、胁迫手段迫使或者妨碍被继承人设立、变更或者撤回遗嘱，情节严重。

继承人有前款第三项至第五项行为，确有悔改表现，被继承人表示宽恕或者事后在遗嘱中将其列为继承人的，该继承人不丧失继承权。

受遗赠人有本条第一款规定行为的，丧失受遗赠权。

## 【条文释义】

本条是对继承权丧失及宽宥的规定。

继承权丧失，是指继承人因发生法律规定的事由失去继承被继承人遗产的资格，故继承权的丧失又叫继承权的剥夺。

早在古罗马和日耳曼的法律中，即有“染血之手不得取得遗产”原则的规定，体现了继承权丧失制度的萌芽。在罗马法中，死者虽未另为意思表示，但继承人或受遗赠人对于被继承人或遗赠人为不道德的行为（例如，杀害被继承人或遗嘱人、依欺诈、胁迫遗嘱人遗嘱之作成、变更或提出无理由的不伦遗嘱之诉），认为不配为继承人时，法律上虽仍为继承人，然已取得之遗产，为剥夺遗产，归属国库，由国库清偿遗产债务，履行遗赠。[1] 不过这种制裁既有民事制裁性质，也有刑事制裁性质。后世公法与私法严格划分，丧失继承权的人原本可能分得的

① 史尚宽：《继承法论》，中国政法大学出版社2000年版，第94页。

遗产给予其他继承人，不再没收归公。

基于继承权丧失的重要性，近代各国民法基本上都对继承权的丧失作出了规定，但具体制度的设计各具特色，主要有以下几种不同的立法例：

1. 继承人缺格。继承缺格是指于一定的事由发生时，继承人基于法律的规定丧失作为继承人的资格。有两种立法例：（1）继承人有缺格的事由时，当然发生继承权丧失的效果，法国、瑞士、日本民法采取这种方法；（2）由于某继承人丧失继承权，而得继承法上利益之人，以丧失继承权的人为被告，提起继承财产取得撤销之诉，经判决后，发生继承权丧失的效果，德国民法采取这种方法。

2. 继承人废除。这是日本民法上特设的制度，即除继承人缺格外，另特设继承人废除制度。设置继承人的缺格与废除的目的均在于对继承人加以制裁，从而发生丧失继承权的效果。两种制度有如下不同：（1）废除的事由，比缺格为轻；（2）废除必须由被继承人向家庭裁判所声请，以判决宣告继承人废除，而缺格则是当然失格；（3）废除是对有特留份的继承人所为，而缺格则对各种继承人均可发生；（4）废除者嗣后得撤销之，而缺格则否。

3. 特留份剥夺。德国民法除继承人缺格外，另设特留份剥夺制度，与日本民法上的继承人废除的机能大致相同。德国民法的特留份权是遗产债权，特留份权利人纵然因被继承人的死后处分被排除于继承之外，仍得主张特留份。特留份剥夺，是特别为剥夺此特留份权利而设的制度。该制度的要点如下：（1）被继承人以遗嘱对有特留份权利的继承人，剥夺其特留份；（2）剥夺特留份权利的事由，就直系卑亲属、父母、配偶，法律分别作不同的规定；（3）特留份剥夺的效果，仅剥夺其特留份权利，非消灭继承人的资格；（4）因遗嘱发生效力，即发生剥夺特留份权利的效果；（5）特留份的剥夺，因宽宥而消灭。①

此条所规定的继承权丧失仅指继承人缺格，不包括继承人废除和特留份剥夺，其具体特征有：

1. 继承权的丧失是继承人继承期待权的丧失。继承权丧失的客体是继承期待权，并非继承既得权，因为继承权丧失仅仅是继承被继承人遗产资格的丧失。而继承既得权在继承未开始前尚不存在，无从丧失。即使在被继承人死亡后发生继承权丧失的法定事由，因继承权丧失的效力溯及继承开始时，继承既得权也无从丧失。

2. 继承权的丧失是继承人继承期待权的自然丧失。继承权的丧失，是在发生法定事由时继承人继承期待权的自然丧失，无需采取什么程序。虽然因为继

---

① 参见戴东雄等：《中国继承法》，台湾三民书局1998年版，第72~73页。

承权的丧失会引致纠纷，有时需要提交法院裁判，但法院裁判不是继承权丧失效力发生的根据，只是从司法机关的角度进行确认。这同继承权的剥夺是不同的，继承权的剥夺需要被继承人采取一定的行为或遗嘱，而且还应当履行一定的程序。

3. 继承权的丧失是指在发生法定事由时丧失。继承权的丧失必须存在法定事由，非有法定的事由，任何人不得非法剥夺。至于何为法定事由，各国根据自身的情况作出了不同的规定。考察继承权的丧失，关键是看继承权丧失的法定事由是否存在。

根据继承权丧失后能否得以恢复，可以将继承权丧失分为继承权绝对丧失和相对丧失：

1. 继承权绝对丧失。继承权绝对丧失，是指因发生某种使某继承人丧失继承权的法定事由，该继承人对特定被继承人的继承权便终局地丧失，该继承人再不得享有对特定被继承人已丧失的继承权。继承权绝对丧失是不可改变的，不依被继承人或者其他人的意志而变化。

2. 继承权相对丧失。继承权相对丧失，是指虽因发生某种法定事由继承人的继承权丧失，在具备一定条件时继承人的继承权也可最终不丧失制度，所以又称为继承权的非终局丧失。法律规定继承权相对丧失并不是为了继承人的利益，而是为了促使继承人改恶从善，尊重被继承人的意愿，贯彻养老育幼的原则。

继承权丧失的法定事由，是得依法取消继承人继承权的原因或者理由。继承权丧失是对继承人继承权的取消，是一种严厉的制裁。依本条规定，具体的法定事由有：

1. 继承人故意杀害被继承人。继承人故意杀害被继承人是一种严重的犯罪行为，不论其是否受到刑事责任的追究，都丧失继承权。继承权的丧失事关继承人的重大利益，构成故意杀害被继承人丧失继承权的事由须具备以下三个条件。

（1）须是继承人实施的。对被继承人的故意杀害行为须继承人实施，如果是继承人之外的人实施的，不存在继承权丧失的问题。故意杀害被继承人丧失继承权的，既可以是法定继承人，也可以是遗嘱所指定的继承人。教唆杀害被继承人，应当认定为杀人共犯，丧失继承权。

（2）须是杀害被继承人的行为。一种观点认为，继承人故意杀害被继承人，指继承人故意侵犯被继承人人身权利，情节严重的行为，主要指故意杀人、故意伤害、诬陷、奸淫幼女、抢劫、暴力干涉婚姻自由等犯罪行为。我们认为，杀害是以剥夺生命为目的，不能扩大解释为包括“杀”和“害”，不能解释为既包括杀人，也包括伤害。因此，继承人实施的行为须是以剥夺被继承人生命为目的才能构成杀害行为。如果继承人对被继承人实施的不法行为虽为危害人身安全的行为，但不是以剥夺其生命为目的，不能构成杀害行为。反之，只要继承人实施的行为有剥夺被继承人生命的图谋，不论出于何种动机、采取何种手段杀害、直接杀害还是间接杀害、是亲手杀害还是教唆他人杀害、杀害行为是既遂或未遂，都构成杀害被继承人的行为。有的人认为，为了“大义灭亲”而杀害有严重劣迹的被继承人的，不应丧失继承权。这种认识是不对的。从刑法上说，即使被继承人有严重劣迹，他人也无私自将其杀害的权利，对其杀害行为可构成犯罪；继承人不论出于何种动机杀害被继承人，都不会影响其继承权的丧失。①

（3）须继承人主观上有杀害的故意。至于继承人的杀害故意是直接故意还是间接故意，均无影响。但如果继承人主观上并无杀害被继承人的故意，则不丧失继承权。例如，继承人由于过失而致被继承人死亡的，因其并无杀害的故意，不构成故意杀害被继承人，不能丧失继承权。

在故意杀害被继承人丧失继承权方面，有以下两个问题应当注意：

第一，继承人因正当防卫而杀害被继承人的继承权丧失问题。主流观点认为，正当防卫是在行为人受到他人不法侵害时对侵害人所实施的一种合法的、正当的自救措施。正当防卫是一种合法行为，并不具有违法性。因此，继承人因正当防卫而杀害被继承人的，不丧失继承权。但是，如果继承人实施的防卫行为过当而构成杀人罪时，继承人仍应丧失继承权。② 根据我国刑法理论，对于正当防卫造成的伤害，行为人不承担刑事责任，这说明法律对正当防卫的合法性认可，因此也不应让因正当防卫而杀害被继承人的继承人丧失继承权。对于防卫过当，刑法规定行为人应当对过当行为承担刑事责任，这说明对防卫过当的评价是否定性的，因防卫过当杀害被继承人的继承人应当丧失继承权。

第二，未成年人故意杀害被继承人的继承权丧失问题。有的学者认为，“凡故意杀害被继承人的，不论其是否成年，也不论是否追究其刑事责任，都应丧失继承权。不满10周岁的未成年人杀害被继承人的，因其为无民事行为能力人，无民事行为能力也就无民事责任能力，无民事行为能力人不能认识其行为的性质和后果，主观上也就不存在故意、过失问题，其杀害行为也就构不成故意。因不满10周岁的继承人杀害被继承人的，并不为故意杀害，所以其才不因此而丧失继承权，而并非因其他理由不丧失继承权”③。这种主张具有合理性，也比较容易操作。但是，民事行为能力与刑事责任能力不同，如果继承人为14周岁以上的未成

---

① 郭明瑞等：《继承法》，法律出版社2004年版，第64页。

② 郭明瑞等：《继承法》，法律出版社2004年版，第64页。

③ 郭明瑞等：《继承法》，法律出版社2004年版，第64～65页。

年人杀害被继承人的，根据刑法的规定，该未成年人达到了刑事责任年龄，具有刑事责任能力，应当承担刑事责任，14 周岁以下的未成年继承人杀害被继承人的，则该未成年人不承担刑事责任。建议将继承权的丧失同故意杀害被继承人的继承人是否承担刑事责任相结合，如果被判令承担刑事责任，则继承权也相应丧失，而如果未被判令承担刑事责任，则不应当丧失。

2. 继承人为争夺遗产而杀害其他继承人。这是指继承人中的一人或数人出于争夺遗产的动机而杀害居于同一继承顺序的其他继承人，或者杀害先于自己继承顺序的继承人，或者杀害被继承人在遗嘱中指定的继承人。实施杀害行为的继承人无知，认为后一顺序的继承人会妨碍他继承全部遗产而杀害了后一顺序继承人，也丧失继承权。构成继承人为争夺遗产杀害其他继承人的行为，须具备以下两个条件：

（1）继承人杀害的对象是其他继承人。继承人杀害其他继承人，是继承人实施剥夺其他继承人生命的违法犯罪行为。其主体为继承人，只要是继承人实施该杀害行为，不论其直接杀害还是教唆他人实施杀害行为，均可构成。但继承人的配偶或其他亲属独立实施杀害行为的，不发生继承人丧失继承权的后果。被杀害的对象只能是其他继承人，而不能是继承人以外的其他人。继承人杀害继承人以外的其他人的，尽管构成杀人罪，继承人应受刑事责任的追究，但不能因此而丧失继承权。继承人杀害其他继承人既包括法定继承人杀害遗嘱继承人的情形，也包括遗嘱继承人杀害法定继承人的情形；既包括后一顺序的继承人杀害前一顺序的法定继承人，也包括前一顺序的继承人杀害后一顺序的继承人，还包括杀害同一顺序的继承人。

（2）继承人杀害其他继承人的目的是争夺遗产。杀害行为人必有主观上的故意。继承人杀害其他继承人不是为了争夺遗产，而是出于其他目的，虽然也会受刑事责任的追究，但不会因此而丧失继承权。即使因继承人杀害了其他继承人而使继承人实际上可以多得到遗产的，只要继承人杀害的动机和目的不是争夺遗产，其继承权也不因此而丧失。

在国外立法中，一般并不将争夺遗产的动机作为继承权丧失的限定条件，仅规定故意杀害其他继承人而被判刑的，就丧失继承权。对此，我国的规定有所不同。

3. 遗弃被继承人，或者虐待被继承人情节严重。遗弃被继承人，是指继承人对没有劳动能力又没有生活来源和没有独立生活能力的被继承人拒不履行扶养义务。构成遗弃行为的条件是：

（1）被遗弃的对象是没有独立生活能力的被继承人，如被继承人年老、年幼、有残疾等。被继承人虽有生活来源但并没有独立生活能力的，仍可为被遗弃的对象。如果被继承人有独立生活能力，尽管继承人不尽扶养义务也是不合法、不道德的，但不构成遗弃。

（2）继承人有能力尽扶养义务而拒不尽扶养义务。如果继承人本身也是没有独立生活能力的，其并无力尽扶养义务，不构成遗弃。遗弃行为是一种置被继承人于危险境地而不顾的严重的不道德行为、违法行为，不限于积极的行为，消极的不作为也可构成。对于因家庭矛盾或被继承人的误解所引起的关系冷淡、联系不密切或短时期不来往，不能认定为继承人遗弃被继承人。继承人遗弃被继承人的，均丧失继承权，而不问其是否被追究刑事责任。继承人遗弃被继承人以后确有悔改表现，而且被继承人生前又表示宽恕的，可不确认其丧失继承权。

虐待被继承人，是指继承人在被继承人生前对其以各种手段进行身体上或者精神上的摧残或折磨。例如，对被继承人经常进行打骂，迫使其从事不能从事的劳动，限制其人身自由等。虐待行为与遗弃行为的后果不同。继承人虐待被继承人的，并不就此丧失继承权；只有虐待情节严重的，才丧失继承权。《最高人民法院关于贯彻执行〈中华人民共和国继承法〉若干问题的意见》第 10 条第 1 款规定，继承人虐待被继承人情节是否严重，可以从实施虐待行为的时间、手段、后果和社会影响等方面认定。如果继承人对被继承人的虐待具有长期性、经常性，并且手段比较恶劣，社会影响很坏，则可认定为虐待情节严重。如果继承人对被继承人只是一时的不予以关心、照顾，或者因某些家务事发生争吵，则不应认定为情节严重。只要继承人虐待被继承人情节严重，不论其行为是否构成犯罪，其是否被追究刑事责任，均丧失继承权。[①] 如同继承人遗弃被继承人的情形一样，如果继承人虐待被继承人虽情节严重，但以后确有悔改表现，且受虐待的被继承人表示宽恕的，可不确认其丧失继承权。

4. 伪造、篡改、隐匿或者销毁遗嘱情节严重。被继承人的合法遗嘱受法律保护，任何人不能非法改变被继承人通过遗嘱表现出来的生前意愿。伪造、篡改或者销毁被继承人遗嘱，违背了被继承人生前的真实意愿，继承人实施这类行为往往是从利己的目的出发，为使自己多得或者独得遗产，会侵害其他继承人的合法利益。这是违反社会道德和法律的行为，对于这种行为应当进行制裁，通过使其丧失继承权，维护遗嘱人的合法权益。

伪造遗嘱，是指被继承人生前未订立遗嘱，继承人以被继承人的名义制作假遗嘱的行为。有的学者认为，继承人为了夺取或独吞遗产而制造假遗嘱的行为，

---

① 参见《最高人民法院关于贯彻执行〈中华人民共和国继承法〉若干问题的意见》第 10 条第 2 款。

才为伪造遗嘱的行为。[1] 继承人伪造遗嘱一般是为了多得或独吞遗产，但继承人制造虚假遗嘱的动机或目的，并不是构成伪造遗嘱的要件。伪造的遗嘱根本就不是被继承人生前的意思表示，根本不能体现被继承人生前的意志。伪造遗嘱一般是在被继承人未立遗嘱的情形下实施的，但被继承人立有遗嘱，继承人将被继承人所立的遗嘱隐藏起来另制作一份假遗嘱，也是伪造遗嘱。在现实生活中，伪造遗嘱的人不一定都是法定继承人范围之内的人，也有可能是法定继承人范围之外的人。

篡改遗嘱，是指继承人改变被继承人所立遗嘱内容的行为。这种行为是改变了被继承人生前的意志，限制被继承人生前对其合法财产的处分。有学者认为，法定继承人发现被继承人生前所立的遗嘱对自己不利，为了夺取或独吞遗产而进行篡改。[2] 继承人篡改被继承人的遗嘱，一般是因为被继承人所立的遗嘱对自己不利，对遗嘱予以篡改以使其内容对自己有利，但这不是构成篡改遗嘱的条件。只要继承人改变了被继承人所立遗嘱的内容，就为篡改遗嘱。

隐匿遗嘱，是指继承人发现被继承人遗嘱后故意将其隐瞒、藏匿，意图使之不被发现，故不得依其进行遗产继承。继承人有此行为，其目的通常在于为自己谋取更多的遗产利益，但非以此为必要。

销毁遗嘱，是指继承人将被继承人所立的遗嘱完全破坏、毁灭。这是一种完全否定被继承人生前意愿的行为，是对被继承人生前财产处分权的一种剥夺。继承人之所以销毁被继承人的遗嘱，一般是因为其要达到多得或者独吞遗产的目的，但继承人因何目的和动机而销毁遗嘱，并不影响销毁遗嘱行为的构成。

继承人伪造、篡改、隐匿或者销毁被继承人的遗嘱，情节严重的，才丧失继承权。按照《最高人民法院关于贯彻执行〈中华人民共和国继承法〉若干问题的意见》第 14 条规定，继承人伪造、篡改或者销毁遗嘱，侵害了缺乏劳动能力又没有生活来源的继承人利益，并造成其生活困难的，应认定其行为情节严重。如果继承人伪造、篡改或者销毁被继承人的遗嘱，并未侵害缺乏劳动能力又没有生活来源的继承人的利益或者虽侵害其利益但未造成其生活困难的，不丧失继承权。继承人实施这类行为多是从利己的目的出发，为使自己多得或者独得遗产，而侵害其他继承人的合法利益。继承人伪造、篡改、隐匿或者销毁被继承人的遗嘱，并不限于继承人亲自实施的行为。继承人授意他人伪造、篡改、隐匿或者销毁被继承人遗嘱的，只要情节严重，同样也丧失继承权。但这类行为须有继承人

---

① 刘文：《继承法比较研究》，中国人民公安大学出版社 2004 年版，第 48 页。
② 刘文：《继承法比较研究》，中国人民公安大学出版社 2004 年版，第 48 页。

的故意才能构成。继承人因过失而使被继承人的遗嘱损毁的，不能认定为销毁遗嘱。

5. 以欺诈或者胁迫手段迫使或妨碍被继承人设立、变更或撤销遗嘱，情节严重。这种行为比较多见，须具有情节严重的要件。欺诈，是指继承人故意告知被继承人虚假情况，或故意隐瞒真实情况，诱使被继承人作出违背其真实意愿设立、变更或者撤销遗嘱的行为。胁迫，是指继承人以给被继承人或其亲友的生命健康、荣誉、名誉、财产等造成损害为要挟，迫使被继承人作出违背其真实意思设立、变更或者撤回遗嘱的行为。设立遗嘱的权利是被继承人的基本权利和自由，受法律保护。以欺诈或者胁迫的手段，迫使或者妨碍被继承人设立、变更或者撤回遗嘱，严重侵犯了被继承人的遗嘱自由和权利，使被继承人所立遗嘱违背其内心的真实意思。因此，继承人有上述行为并且情节严重的，应剥夺其继承权。受遗赠人有故意杀害被继承人行为的，也丧失受遗赠权。

当继承人实施前述继承权丧失事由后，将导致其丧失对相应人继承权的法律后果，这便是继承权丧失的效力。具体而言，继承权丧失的效力包括时间上的效力和对人的效力两个方面：

1. 继承权丧失的时间效力。继承权丧失的时间效力是指继承权的丧失于何时发生效力。继承权丧失的事由多发生在继承开始前，如继承人故意杀害被继承人的、遗弃被继承人的、虐待被继承人情节严重的等，但也有发生在继承开始后的，如继承人篡改、销毁遗嘱的。继承权丧失的事由无论发生在继承开始前还是继承开始后，均应自继承开始之时发生效力。如果继承权的丧失是于继承开始后由人民法院确认的，则人民法院对继承人继承权丧失的确认自继承开始之时发生效力。

2. 继承权丧失的对人效力。继承权丧失不仅对继承人本身产生丧失继承权的效力，还对被继承人的其他继承人、丧失继承权的继承人的晚辈直系血亲以及从丧失继承权的继承人处取得遗产的第三人产生一定的约束力。

（1）继承权丧失对被继承人的其他继承人的效力。继承人丧失继承权会对被继承人的其他继承人产生重大影响。如果继承人因法定事由丧失继承权，则其应继份（无论是法定应继份还是遗嘱应继份）都转归同顺序的或后顺序的法定继承人享有。这涉及遗嘱指定的继承人是否受其他继承人丧失继承权的影响。由于遗嘱指定了遗嘱继承人的应继份，则该部分不受其他继承人丧失继承权的影响，不过由于我国民法典继承编规定遗嘱继承人只能在法定继承人范围内指定，如果其他继承人丧失继承权，该遗嘱继承人还可以作为法定继承人获得因其他继承人丧失继承权增加的应继份。

（2）继承权的丧失对继承人的晚辈直系血亲的效力。继承权的丧失对继承人的晚辈直系血亲的效力，实际上就是丧失继承权的晚辈直系血亲能否代位继承。各国法律对此规定不一：其一为继承权的丧失对继承人的晚辈直系血亲不发生效力，继承人丧失继承权的，继承人的晚辈直系血亲仍然得代位继承。其二为继承权的丧失对继承人的晚辈直系血亲发生效力，即继承人丧失继承权的，其晚辈直系血亲也不得代位继承。我国民法典继承编仍未规定继承人丧失继承权时其晚辈直系血亲可否代位继承问题。而《最高人民法院关于贯彻执行〈中华人民共和国继承法〉若干问题的意见》第28条规定，继承人丧失继承权的，其晚辈直系血亲不得代位继承。依此可见，我国采取的是第二种立场，承认继承权的丧失对继承人的晚辈直系血亲发生效力。

（3）继承权的丧失对取得遗产的第三人的效力。在某些情形下，丧失继承权的继承人可能已经对被继承人的遗产的全部或一部进行了处分，继承权的丧失对取得遗产的第三人是否发生效力？对此也有两种观点。一种观点认为，继承权的丧失对善意第三人不发生效力，不得以继承人的丧失继承权而对抗善意第三人。另一种观点认为，继承人丧失继承权的，对一切第三人都发生效力，可以继承无效对抗从丧失继承权的人取得遗产的所有第三人。如果善意第三人丧失从继承权的继承人处取得遗产的，虽然其他继承人会因丧失继承权的继承人的处分行为受到损害，但为了保护交易安全和善意第三人的利益，不应当使继承权的丧失具有对抗善意第三人的效力，而且善意第三人在取得遗产时根本无从知晓继承人丧失继承权的情形，让其承担不利后果显然不公。再者，即使其他继承人因丧失继承权的继承人的处分行为受到了损害，也可以要求丧失继承权的继承人返还不当得利，赔偿损失。如果第三人是无偿取得财产，或者其在取得财产上有恶意，则继承权丧失对第三人发生效力，其他继承人向第三人请求返还时，第三人应当返还。

在继承领域，以法定继承权的丧失为前提，宽宥特指被继承人在情感上对继承人的故意或过失行为的谅解和宽恕，表达被继承人对继承人继承身份或资格的再次认可、肯定与承认，恢复其已丧失的继承权。在继承人丧失继承权后，只要被继承人对继承人予以宽宥，就应当恢复继承人已丧失的继承权。本条规定，遗弃被继承人的，或者虐待被继承人情节严重的，或者伪造、篡改、隐匿或者销毁遗嘱，情节严重的，或者以欺诈、胁迫手段迫使或者妨碍被继承人设立、变更或者撤回遗嘱，情节严重的，确有悔改表现，被继承人表示宽恕或者事后在遗嘱中将其列为继承人的，即为宽宥，该继承人恢复继承权。宽宥作为被继承人的单方意思表示，不需要相对方即继承人作出任何意思表示便产生法律效力。

## 【案例评注】

# 李某、张某铭诉张某昌、石某某法定继承纠纷案[①]

### 基本案情

李某与张某于1994年2月8日结婚，婚后生子张某铭。2004年1月27日，张某因呼吸循环衰竭死亡，生前没有立下遗嘱。被继承人张某去世后，法定的继承人有其妻子李某、婚生儿子张某铭以及其父母亲张某昌、石某某。张某死后，原告李某、张某铭与被告张某昌、石某某因继承问题发生纠纷，诉之法院。

原告李某、张某铭诉称：原告李某与张某于1994年2月8日结婚，婚后生儿子张某铭。在2004年1月27日，张某因呼吸循环衰竭死亡，没有立下遗嘱。张某去世后，其名下的财产有小车一辆以及在建行保险箱里的遗物、财产等，原告多次要求两被告一同处理，被告均以种种理由推搪。原告所知张某的遗产主要有：（1）戒指4个；（2）金项链6条；（3）手链1条；（4）中国建设银行定期存单人民币100000元；（5）信用卡存款20000元；（6）国库券50000元；（7）中国银行的存款50000多元；（8）集资凭证20000元；（9）张某名下的三个存折共计款51.73元，港币46.03元；（10）张某名下长城赛弗小车现价值5万元；（11）张某名下广发证券账号内资金余额港币123754.49元。

原告诉请法院对有关财产依法处理，由原告李某首先以夫妻共有的理由分二分之一，余下的上述的一半财产由各原、被告四人继承平均分配。原告对其诉讼请求提供了相应证据。

被告张某昌、石某某辩称：

1. 原告已丧失继承权。第一，被继承人张某病发时在凌晨三点多，但原告于凌晨四点三十七分才拨打120急救电话，延误了张某的病情，导致其于凌晨五点去世，原告对被继承人抢救不及时有责任。第二，抢救被继承人张某的方法也不妥当，原告出身于医疗人员家庭，其父亲是医生，母亲是护士，应当具备有关的医疗常识。但在出事当天凌晨，当被继承人张某站立起来又昏倒时，原告本应让病人平躺在地上，拨打120求救，对病人实行人工呼吸及按胸等急救措施，但原告却一样也没做，反而将张某扶起靠在床沿，用“掐人中、捶背、拍脸”的动作施救。原告的这些动作，进一步导致被继承人病情的恶化。第三，被继承人张某

---

① 审理法院：广东省珠海市香洲区人民法院；案号：（2004）香民一初字第2304号。

突然发病与其与被答辩人婚姻不幸福，心情压抑有关。因为原告对被继承人感情淡漠，事后对被继承人的死亡没有任何哀痛，不仅没有参与张某丧事的处理，而且有争财产、拆灵堂、毁遗物等行为，故原告与被继承人结婚并维系该婚姻的目的，仅是出于经济上的考虑。第四，被告在张某死亡之后清理其遗物时，发现原告的日记本，从内容得知原告与张某结婚后，原告有长期与多名男子保持不正当关系的行为，有欺骗、背叛丈夫张某的事实，属于对被继承人张某进行了精神的虐待。可见，原告对被继承人进行精神虐待的故意是极其明显的。根据原《继承法》第7条“继承人有下列行为之一的，丧失继承权……虐待被继承人情节严重的”的规定，原告应当丧失继承权。

2. 原告在继承开始后、遗产分配前，曾书面表示自愿放弃继承权，将其应得份额转入继承人张某铭名下。其在信函中写道：“你们一直感觉到我在争张某的财产，你们真的误会我了，我什么都可以牺牲，只要为我儿子，张某留下的每一分、每一毛，只要给铭铭，我都可以放弃。”又说：“张某的钱我可以一分都不要，只要用在铭铭的教育基金和铭铭身上，我可以保证。”被告认为原告在信中的上述表示，应当视为放弃了继承权。

3. 被告是被继承人的主要供养者，被继承的财产大部分亦是被告提供的，故应适当多分遗产。

两被告对其辩称也提供了相应证据。

原告李某认可日记本复印件的内容为其所写，但认为日记保管在其私人住宅里，属于个人财产，内容涉及其隐私。而被告并非与原告同住，故被告虽然持有该房屋的钥匙，但并未经原告李某的同意，进入原告住处获取并复制其日记本的行为，显然是非法的行为，侵犯了原告李某的个人隐私。

在诉讼过程中，原告向法院提出查询申请，法院依法到相关银行的保险箱清点张某生前在此保管的有价证券、其他财产以及查询其名下的各种存款。最终查明张某留下的财产为：存款共计人民币193138.39元、港币123800.52元、集资凭证20000元、国债凭证50000元。长城赛弗小车一辆，经资产评估有限公司评估，价值79590元。同时，被继承人张某所留下的首饰中的戒指1个、手链1条、金项链2条，原告表示同意不参与继承分配，可由两被告取得，其余的戒指3个、金项链4条，应作为被继承的遗产。

## 法院判决

法院审理后认为，在继承人因虐待被继承人而丧失继承权的情形中，必须虐待情节严重，才丧失继承权。原告李某与张某结婚后虽有长期与多名男子保持不正当关系的行为，也曾欺骗、背叛丈夫张某，但这并不构成对被继承人张某精神上的虐待。两被告也不能证明张某名下的存款以及在银行保管的财产是由两被告所有或提供。且原告在信函中的表示并没有形成放弃继承权的法律效果。故判决：一、原告李某与张某在夫妻关系存续期间、以张某的名义登记的银行存款、有价证券和其他财产，依法分出共有财产价值一半的银行存款人民币合计96569.46元、港币存款61900.26元、集资凭证10000元、国债凭证25000元、戒指1个、金项链2条，归原告李某所有；二、被继承人张某名下财产其余的一半属于被继承的遗产，由原、被告四人共同继承：1. 存款人民币96569.46元，原告、被告各占25%份额，即原告李某、张某铭各得款24142.36元、被告张某昌、石某某各得款24142.36元。2. 港币61900.26元，原告李某、张某铭各得款15475.06元、被告张某昌、石某某各得款15475.06元。3. 集资凭证10000元、原告李某、张某铭各得价值2500元的集资凭证、被告张某昌、石某某各得价值2500元的集资凭证。4. 国债凭证25000元，原告李某、张某铭各得价值6250元的国库凭证、被告张某昌、石某某各得价值6250元的国库凭证。5. 戒指2个、金项链2条，原告李某、张某铭合计得戒指1个、金项链1条，被告张某昌、石某某合计得戒指1个、金项链1条；三、长城赛弗小车，由于原、被告双方不愿按评估价接受或补偿，原、被告可在本案判决发生法律效力后，依法向有关部门申请变卖该车或以其他方式处理，按变卖或以其他方式处理得到的实际价款，原告首先分得一半后，其余再按原、被告各人分别占有的25%的份额予以继承分配。

## 专家点评

本案涉及多处争议：是否存在原告李某对被继承人虐待而丧失继承权的事实；被继承人大部分财产是否由被告提供；原告李某的书面信函是否代表其已经自愿放弃了继承权。

案中被告出具了日记本复印件的内容，原告李某认可日记本复印件是其所写，但认为日记本属于个人财产，内容涉及其隐私，被告未经同意进入其住处获取并复制其日记本的行为侵犯了自己的个人隐私。根据《最高人民法院关于民事诉讼证据的若干规定》第68条“以侵害他人合法权益或者违反法律禁止性规定的方法取得的证据，不能作为认定案件事实的依据”的规定，法院认定被告提供的证据由于来源不合法，不予作为本案认定事实的依据。故被告的该项辩解没有合法依据，所言被继承人张某受到原告李某精神虐待的事实，法院不应该采信。而且，即使该证据因取证手段合法而被法院采纳，也难构成原告李某丧失继承权的理由。依原《继承法》第 7 条的规定，在因虐待被继承人而丧失继承权的情形中，继承人虐待被继承人的，还必须虐待情节严重，才丧失继承权。依据《最高人民法院关于贯彻执行〈中华人民共和国继承法〉若干问题的意见》第 10 条第 1 款规定，继承人虐待被继承人情节是否严重，可以从实施虐待行为的时间、手段、后果和社会影响等方面认定。而且依该条规定，如果继承人虐待被继承人虽情节严重，但确有悔改表现，并且受虐待的被继承人生前又表示宽恕或者事后在遗嘱中将其列为继承人的，该继承人不丧失继承权。本案中原告李某与张某结婚后，有长期与多名男子保持不正当关系的行为，有欺骗、背叛丈夫张某的事实，但这并不构成对被继承人张某精神上的虐待。在被继承人张某没有以遗嘱的方式合法地剥夺其继承遗产的机会时，其依法可以法定继承的方式继承张某的遗产。

由于银行对个人的存款和保管的财产，已经依法实施了实名存款登记制度，案中两被告提供的证据并不能证明张某名下的存款以及在银行保管的财产是由两被告所有或提供。依举证责任规则，负有举证责任的被告，应当承担举证不能的不利后果。被继承人张某在银行名下的存款和其他财产自然依法被认定为被继承人张某以及原告李某在夫妻关系存续期间的共同财产。被告要求多分遗产的辩解依据不足以证明其主张，法院不采信正确。

从案中原告李某给被告信件中的内容“我什么都可以牺牲，只要为我儿子，张某留下的每一分、每一毛，只要给铭铭，我都可以放弃”来看，原告在信函中所写的“张某留下的每一分、每一毛只要给铭铭我都可以放弃”，已明确表示自愿放弃继承权是附条件的，条件就是张某的全部遗产都由原告张某铭继承。但原告提出按该条件进行继承分配的提议，并未得到被告的认同，故原告李某表示放弃继承的承诺并不产生法律效力，即原告在信函中的表示并没有形成放弃继承权的效果。有关被告的该项辩解，法院也自然不采信。故本案中张某名下的财产仍属于原告李某和他的共同财产。原告李某依法应先分得夫妻共同财产的一半，剩下的一半作为被继承人的遗产，由其第一顺序法定继承人即两原告和两被告共同依法按份额继承。

# 第二章　法定继承

## 第一千一百二十六条　继承权男女平等。

### 【条文释义】

本条是对继承权男女平等原则的规定。

继承权，是指公民依照法律的规定或者被继承人生前立下的合法有效的遗嘱承受被继承人遗产的权利。继承权男女平等是我国继承法的一项基本原则，是民法平等原则在继承法领域的具体化。在中国古代和近代均有对女性不公的继承遗产的规定，直至 1929 年“国民政府司法院”通过“法律解释”，承认无论是已嫁或未嫁的女子，均有享受继承遗产的权利。[①] 继承权男女平等原则仅是继承权平等的内容之一，不能完全代替或包含继承权平等原则的内容，还包括其他丰富的内容。

作为公民，依照法律规定或者被继承人生前立下的合法有效的遗嘱承受被继承人遗产的继承权，其享有主体应不分性别。这便是继承权平等原则在继承人性别上平等的体现。除此之外，继承权平等原则还包括非婚生子女与婚生子女继承权平等、养子女与亲生子女继承权平等、儿媳与女婿在继承上权利平等、同一顺序的继承人继承遗产的权利平等内容。

法定继承，是指继承人范围、继承顺序、继承条件、继承份额、遗产分配原则及继承程序均由法律直接规定的继承方式。在法定继承中，继承权男女平等是继承权平等原则的核心和基本表现。它既是对私有制古代以及近代社会中男女不平等的继承制度的根本否定，也是对我国宪法确认的“男女平等”原则以及国家在遗产继承问题上一贯的法律、政策的贯彻落实。

继承权男女平等的含义是：（1）男性与女性具有平等的继承权，不因性别差异而有所不同。（2）夫妻在继承上有平等的权利，有相互继承遗产的继承权，如夫妻

① 汪澄之：《女子继承权诠释》，民治书店 1929 年版，第 35 页。

一方死亡后另一方再婚的，有权处分所继承的财产，任何人不得干涉。(3) 在继承人的范围和法定继承的顺序上，男女亲等相同，父系亲与母系亲平等。(4) 在代位继承中，男女有平等的代位继承权，适用于父系的代位继承，同样适用于母系。根据法律规定，妇女在政治、经济、文化、社会和家庭生活等方面享有同男子平等的权利，国家保护妇女的合法权益，当然这其中也包括妇女在财产继承方面的权利和利益。

其实，继承权男女平等原则仅是继承权平等的内容之一，不能完全代替或包含继承权平等原则的内容，它还包括：(1) 非婚生子女与婚生子女继承权平等。在国外的继承立法例中，有的对非婚生子女的继承权进行限制。我国反对这样的做法，承认非婚生子女与婚生子女的社会法律地位是平等的，受国家法律的同等保护。我国在立法上明确了对非婚生子女与婚生子女不作区分，享有同样的继承权，并不因子女的婚生还是非婚生而有所区别。(2) 养子女与亲生子女继承权平等。我国法律一贯确认养子女与亲生子女有同等的法律地位。明确养子女与亲生子女在亲属身份关系中的法律地位平等。养子女与亲生子女在继承权上也是平等的，养子女与亲生子女享有平等的继承权。(3) 儿媳与女婿在继承上权利平等。只要儿媳或女婿符合丧偶的条件，而且对公、婆或岳父、岳母尽了主要赡养义务，就享有继承权，并不区分儿媳与儿子、女儿与女婿的不同。因此，儿媳与女婿在继承上的权利平等，也是继承权平等的表现之一。(4) 同一顺序的继承人继承遗产的权利平等。即凡为同一顺序的继承人，不分男女、长幼，也不论职业、政治状况，继承被继承人遗产的权利一律平等。

## 【案例评注】

### 谢某甲、谢某乙诉谢某丙、郭某某房屋继承纠纷案[①]

#### 基本案情

原告与被告谢某丙为兄妹关系，与被告郭某某为姑嫂关系。原告父母亲谢某某、唐某某共同生育的子女有谢某甲、谢某丁、谢某丙和谢某乙四人。郭某某为已故谢某丁之妻。谢某某于 1974 年 1 月去世，唐某某于 1989 年 6 月去世，谢某丁于 1990 年 9 月去世。

燕山街 42 号房屋系土砖结构，建筑面积为 223.61 平方米（以下面积均为建

---

① 审理法院：湖南省长沙市东区人民法院；案号：(1991) 东法房土字第 56 号。

筑面积），建于1947年上半年。1947年建房时，谢某甲（23岁，出生于1924年）已结婚出嫁到贵州省，未出资出力。谢某丙（出生于1940年）、谢某乙（出生于1947年）尚未成年。谢某丁（21岁，出生于1926年）已成年，并与父亲谢某某、母亲唐某某共同出力建造该房。燕山街42号房屋建好后，即1947年下半年，谢某丁与郭某某结婚，婚后共同生育子女四人。谢某某于1974年1月去世前，未对房屋作出处分。1979年11月，谢某丁、谢某丙私下做主要求变更该房屋所有权人并申请重新进行产权登记。1979年12月，谢某丁、谢某丙领取了该房屋的私有房屋产权证，即产权登记该房屋为谢某丁、谢某丙共同所有，各拥有二分之一产权。1989年6月，唐某某去世。谢某某、唐某某夫妇在世时，其子女均尽了赡养义务，对此，原、被告都无异议。从1973年起，该房屋主要由谢某丁、谢某丙两家居住使用，但未经过重大修缮。

原告谢某甲、谢某乙诉称：燕山街42号房屋系原告和被告谢某丙的父亲谢某某、母亲唐某某生前共同建造。谢某某于1974年去世，唐某某于1989年去世，生前无遗嘱。父亲去世后，该房一直由被告占住，至今未经过重大修缮。根据《继承法》第9条、第10条的规定，原告依法享有该房屋遗产继承权。要求依法明确分割原、被告对该房屋遗产享有的继承份额。

被告谢某丙、郭某某辩称：燕山街42号房屋不存在继承分割问题，理由是：（1）1973年，父亲谢某某已明确将燕山街42号房屋处分给被告所有，二被告各拥有该房的二分之一产权；（2）被告已于1979年12月经向有关部门申请批准，对燕山街42号房屋所有权人的变更重新进行了登记，并且领取了由房地产管理局颁发的该房屋为被告共有的私有房屋产权证；（3）燕山街42号房屋从1973年起至今一直由二被告使用、管理和修缮，这期间原告从未提出过异议。

## 法院判决

法院认为，继承权男女平等，出嫁女不会因出嫁而丧失对父母遗产的继承权。法律审理后判决：一、燕山街42号房屋由谢某甲、谢某丙、谢某乙、郭某某及其子女共同继承；二、谢某甲、谢某丙、谢某乙对燕山街42号房屋遗产所继承的份额分别为37.35平方米；三、郭某某及其子女对燕山街42号房屋遗产所继承份额为111.75平方米。

## 专家点评

本案为一起出嫁女能否继承父母遗产的纠纷。案中争议房屋为谢某丁成年后与父亲谢某某、母亲唐某某共同出力共建。当时，谢某甲已出嫁到贵州省，未参加建房，也未出资出力。谢某乙、谢某丙年幼未成年，无独立生活能力，还由父母抚养。谢某丁、谢某丙在 1979 年 12 月虽重新登记了该房屋产权归他们共有，但无事实依据证明父亲谢某某生前确实将房屋变更为谢某丁、谢某丙两兄弟共有，况且当时母亲唐某某还未去世，故不能认定该房屋为谢某丁、谢某丙共有，而应为谢某某、唐某某、谢某丁三人共有，各拥有 74.5 平方米产权。谢某某、唐某某夫妇在世时，其子女均尽了赡养义务，依本条规定，其子女无论男女对谢某某、唐某某夫妇所留遗产享有平等的继承权。谢某某、唐某某、谢某丁去世前均无遗嘱，对其遗产应进行法定继承。依法定继承规则，结合原《继承法》第 9 条继承权男女平等的规定，谢某某拥有的争议房屋的 74.5 平方米房产应由第一顺序继承人唐某某、谢某甲、谢某丁、谢某丙、谢某乙五人均等继承，即各继承 14.9 平方米房产。唐某某则共拥有 89.4 平方米房产。唐某某去世后，其拥有的房产再由其子女四人共同均等继承，即各继承 22.35 平方米房产。至此，经两次继承后，谢某丁拥有 111.75 平方米，占该房总面积的 49.98%。谢某甲、谢某丙、谢某乙各拥有 37.35 平方米房产，各占该房总面积的 16.67%。谢某丁于 1990 年 9 月去世后，其拥有的房产由其妻郭某某和其子女共同继承。

**第一千一百二十七条**　遗产按照下列顺序继承：

（一）第一顺序：配偶、子女、父母；

（二）第二顺序：兄弟姐妹、祖父母、外祖父母。

继承开始后，由第一顺序继承人继承，第二顺序继承人不继承；没有第一顺序继承人继承的，由第二顺序继承人继承。

本编所称子女，包括婚生子女、非婚生子女、养子女和有扶养关系的继子女。

本编所称父母，包括生父母、养父母和有扶养关系的继父母。

本编所称兄弟姐妹，包括同父母的兄弟姐妹、同父异母或者同母异父的兄弟姐妹、养兄弟姐妹、有扶养关系的继兄弟姐妹。

**【条文释义】**

本条是对法定继承人范围及法定继承顺序的规定。

在我国，继承人根据其继承的方式，分为法定继承人和遗嘱继承人。这是现代继承法对继承人的基本分类。

法定继承人是直接依照继承法有关法定继承人的范围、顺序、继承份额等规定，对被继承人的遗产享有继承权的人。法定继承人的范围，是指在适用法定继承的方式时，哪些人能够作为被继承人遗产的继承人。法定继承人的继承权直接来自法律规定，无需被继承人通过遗嘱予以指定。关于法定继承人范围的规定具有法定性与强行性，只有法律条文明确列举的才可以作为法定继承人，其他人也可能取得被继承人的遗产，但他们不是基于法定继承人的法律地位，在取得遗产的本质上是不同的。法定继承人范围的确定直接关系到被继承人亲属的权益。值得注意的是，在法定继承人的界定上，有的学者认为法定继承人是直接承受被继承人遗产的继承人，这是一种误解。因为法定继承人只有实际参加继承并通过一系列程序才能实际承受遗产，而法定继承人的范围不限于此，如存在第一顺序法定继承人时的第二顺序法定继承人，也是法定继承人。

法定继承人范围的确定所依据的主要因素是：一为血缘关系。自古至今，血缘关系的远近是法定继承的重要依据，在决定法定继承人的范围方面起着重要的作用。血缘关系包括亲生父母和亲生子女、同父母的兄弟姐妹之间的全血缘关系，同父异母或同母异父的父母子女关系及基于此而发生的兄弟姐妹之间的半血缘关系，养父母子女及养兄弟姐妹间的拟制血缘关系。二为婚姻关系。基于婚姻关系形成的配偶是最重要的法定继承人，在现代各国均规定配偶为法定继承人。三为扶养关系。家庭成员之间基于人身依赖关系形成的相互扶养、赡养、扶助的关系，也是决定法定继承人范围的一个重要方面，如对公婆尽了主要赡养义务的丧偶儿媳以及对岳父母尽了主要赡养义务的丧偶女婿可以作为第一顺序法定继承人。四为民族传统和继承习惯。各国确定法定继承人的范围，同本国的社会现实、民族传统、继承习惯等各方面因素有关。

法定继承人是法定继承的基础，各国继承法都对法定继承人的范围和顺序作了明确规定。虽然各国一般都依据婚姻关系、血缘关系、扶养关系等对法定继承人进行规定，但由于各国的现实条件及立法传统不同，在法定继承人的规定上也存在差异。现代各国继承立法规定法定继承人的范围有以下两种情况：一是采取“亲属继承无限制主义”。此种立法不受亲等的限制，如德国民法典规定的法定继承人的范围是：配偶，被继承人的直系血亲卑亲属，父母及其直系血亲卑亲属，祖父母（外祖父母）及其直系血亲卑亲属，曾祖父母及其直系血亲卑亲属，高祖父母及其直系血亲卑亲属。这实际上几乎把与死者有血亲关系的一切活着的人都列入法定继承人的范围。二是采取“亲属继承限制主义”。采此种立法例的国家有法国（以十二亲等为限）与意大利（以六亲等为限）。

我国虽然也依血缘关系和婚姻关系所产生的亲属身份关系为基础确定法定继

承人的范围，但对法定继承人的范围规定是比较窄的，仅限于近亲属。依民法典继承编，我国现行法定继承人的范围具体包括：

1. 配偶。是指合法婚姻关系存续期间一方对另一方的称谓，夫以妻为配偶，妻以夫为配偶。在继承领域，配偶特指在被继承人死亡时没有离婚且尚生存的配偶。对于配偶的继承权，采取男女平等主义，只是近代法律思想的产物。当今各国继承法对配偶的继承权有两种立法例：一是配偶为当然继承人，配偶并不是一个固定顺序继承人，在继承时根据继承法的规定与其他继承人按一定比例获得应继份；二是配偶为固定顺序继承人，我国采取此立法例，将配偶规定为第一顺序继承人。配偶是共同生活的伴侣，共同生活、协力同心、互相关心、相互照顾，当夫妻一方死亡时，无论从家庭经济关系方面来看，还是从被继承人的意志方面来看，配偶都应当是法定继承人。

依本条，配偶互为第一顺序继承人。作为继承人的配偶必须在被继承人死亡时与被继承人之间存在合法婚姻关系，在被继承人死亡时已经解除婚姻关系的，不为被继承人的配偶，不得享有继承权。一方已经提起离婚，或法院一审已判决离婚，但判决尚未生效时一方死亡，另一方是否仍然享有继承权，有学者认为赋予另一方继承权既违反死者遗愿，也不符合我们民族的传统伦理道德，建议参考《德国民法典》第 1933 条关于排除生存配偶的继承权和先取权的规定。[①] 我们认为，只要夫妻双方尚未解除婚姻关系，即使在离婚诉讼中，或法院已经作出双方离婚的判决但尚未发生效力前死亡的，另一方仍享有继承对方遗产的权利。我国规定了无效或可撤销的婚姻制度。对于无效或可撤销的婚姻，已经宣告无效或者予以撤销，即自始无效，当事人不具有夫妻的权利和义务。在无效或被撤销的婚姻中的配偶不属于继承法所称的配偶，一方死亡，另一方对其遗产不享有继承权。

有两个问题需要研究：

（1）事实婚姻的当事人。对于未按有关规定办理结婚登记而以夫妻名义共同生活的男女，当一方死亡时，另一方可否以配偶身份主张享有继承权的，大陆法系一般认为配偶欲获得继承权，必须以被继承人死亡时婚姻关系存在为要件，配偶继承权的规定，于事实夫妻无适用余地。[②] 我国大陆学者有不同的观点。[③] 根据《最高人民法院关于适用〈中华人民共和国婚姻法〉若干问题的解释（一）》第 5 条规定的原则，未按婚姻法有关规定办理结婚登记而以夫妻名义共同生活的男

---

① 张玉敏：《继承制度研究》，成都科技大学出版社 1994 年版，第 246 页。
② 陈棋炎等：《民法继承新论》，三民书局 2000 年版，第 48 页。
③ 详见房绍坤等：《继承法（教学参考书）》，法律出版社 1999 年版，第 62 页。

女，同居期间一方死亡的，若双方同居关系发生在1994年2月1日民政部《婚姻登记管理条例》公布实施以前，男女双方已经符合结婚实质要件的，双方成立事实婚姻关系，则生存的一方可以配偶身份对另一方的遗产主张继承权；若双方同居关系发生在1994年2月1日民政部《婚姻登记管理条例》公布实施以后，男女双方符合结婚实质要件的，且双方后来补办了结婚登记的，则另一方当然得以配偶身份继承对方的遗产，而未补办结婚登记的，另一方对死亡一方的遗产不得以配偶身份主张享有继承权。

（2）准婚姻关系的当事人。准婚姻关系与事实婚姻关系具有严格的区别，并非同一性质。在准婚姻关系当中，同居的双方当事人之间不是亲属，不发生配偶的身份地位，也不发生配偶的权利义务关系，因而不属于法定继承人的范围，他们之间不产生继承关系，不得相互继承遗产。

2. 子女。子女作为被继承人的最近的直系卑亲属，各国都无一例外地规定其为第一顺序法定继承人，但关于子女范围的界定却并不一致。有的国家仅规定婚生子女的继承权，或虽规定非婚生子女却有种种限制：有的必须经过准正程序，有的规定继承份额仅为婚生子女的二分之一。本条对子女的规定较为全面合理。具体而言，子女包括：

（1）婚生子女。婚生子女是指有合法的婚姻关系的男女双方生育的子女，不论子女随母姓还是父姓，不论已婚、未婚，也不论结婚后是到男方落户还是到女方家入赘，婚生子女都有继承父母遗产的权利。根据民法典继承编对胎儿继承利益的特殊保护，不仅于父母死亡前出生的子女有继承权，而且于父亲死亡前已受孕在其父亲死亡后活着出生的子女也有继承权。

（2）非婚生子女。非婚生子女是指没有合法婚姻关系的男女生育的子女。虽然非婚生子女的父母之间的两性关系是非法的，但是非婚生子女的出生只能是父母的过错，非婚生子女完全是无辜的，他们应当与婚生子女受到同等的法律保护，同时，这也是一个社会文明进步的体现。

（3）养子女。养子女是指因收养关系的成立而与养父母形成父母子女关系的子女。养父母子女之间是一种拟制的血亲关系，随收养关系的成立而成立，同时被收养子女与其生父母间的关系解除。收养关系一经成立，养子女便取得同婚生子女同等的法律地位，当然有权继承养父母的遗产。但由于其与生父母间的权利义务关系已经解除，在与生父母的权利义务关系未恢复前，养子女无权继承生父母的遗产。针对收养人与被收养人年龄差距很大，以养祖父母与养孙子女名义生活的，在继承中应当视为养父母与养子女关系进行继承。

（4）有扶养关系的继子女。有扶养关系的继子女有双重继承权，既可以继承继父母的遗产，还可以继承其生父母的遗产。对于“有抚养关系”的概念，我国法律没有作出明确规定，也没有具体的标准衡量，造成实务中对此的认定难以统一。如何认定有扶养关系，应由法官根据各个方面的因素综合考虑后自由裁量，规定一个固定的标准可能缺乏灵活性。

（5）非传统方式生育的子女。随着科学技术的发展，试管婴儿、借腹生子等非传统方式突破了传统的生育方式，且非传统生育方式出生的子女日渐增多。为保障人工生育子女和实施人工生育当事人的继承权，应赋予以这种非传统生育方式出生的子女以平等的继承权。

3. 父母。父母作为被继承人最直接的直系尊血亲，也是子女最亲近的尊亲属，由于父母子女之间具有最密切的人身关系和财产关系，各国均对其继承权作了规定。根据权利义务对等原则，子女有权继承父母的遗产，父母也有权继承子女的遗产。但大多数国家未对父母的范围加以明确界定，一般仅以生父母为限。其实父母应当包括生父母、养父母和有扶养关系的继父母。本编所称父母，包括：

（1）生父母。生父母对其亲生子女有继承权，不论该子女为婚生子女还是非婚生子女。但亲生子女已由他人收养的，在收养关系解除前，生父母不得继承该子女的遗产。即使在收养关系解除后，若被收养的子女未与生父母恢复法律上权利义务关系的，生父母对该子女的遗产依然无继承权。

（2）养父母。养父母与养子女之间的收养关系一经成立，相互之间即产生了法律上的权利义务关系，其权利义务完全等同于亲生父母子女间的权利义务关系。养父母的继承权以收养关系的存在为前提，在养子女死亡前已经解除收养关系的，不论解除收养关系的原因为何，也不论解除收养关系的被继承人是否与其生父母恢复权利义务关系，收养人均无权继承其遗产。

（3）继父母。继父母对继子女的遗产是否享有继承权，应依是否相互形成扶养关系而定，只有形成扶养关系的继父母才有继承权。若继父母与继子女实际上形成了扶养教育的关系，相互间必然产生法律上的权利义务关系，继父母当然有权继承其继子女的遗产。若继父母与继子女之间只存在名义上的关系，并未形成实际上的扶养教育关系，则继父母无权继承继子女的遗产。

4. 兄弟姐妹。兄弟姐妹是被继承人最近的旁系血亲，兄弟姐妹一般都在家庭中共同生活多年，生活上相互照顾、经济上互相帮助、精神上相互慰藉，而且有负担能力的兄姐，对于父母已经死亡或父母无力抚养的弟妹有抚养的义务，为此各国大多规定兄弟姐妹间有相互继承的权利。此条规定兄弟姐妹相互为第二顺序继承人，并明确了兄弟姐妹的范围。具体包括：

（1）有血缘的兄弟姐妹。有血缘的兄弟姐妹包括完全血缘兄弟姐妹与半血缘兄弟姐妹。同父母的兄弟姐妹具有完全的血缘关系，互为继承人。同父异母或同母异父的兄弟姐妹具有半血缘关系，对其继承权有不同于同父母的兄弟姐妹的规定，有的国家对同父异母或同母异父的兄弟姐妹规定虽有继承权，但继承份额仅是同父母兄弟姐妹的一半。在我国，无论全血缘还是半血缘的兄弟姐妹，毕竟存在血缘关系，他们之间相互继承遗产的权利是这种血缘关系的必然结果。根据继承法平等原则的要求，应当赋予兄弟姐妹间平等的继承权，不应当存在继承份额上的差异。

（2）养兄弟姐妹。收养关系产生拟制血缘关系，亲生子女与养子女及养子女相互间也是兄弟姐妹，互有继承权，法律没有将其排除在外的理由。只要收养关系不解除，养兄弟姐妹之间的法律地位如同同胞兄弟姐妹的法律地位，相互有继承遗产的权利。由于被收养人与亲兄弟姐妹间的权利义务关系已因收养而解除，不能再继承亲兄弟姐妹的遗产。

（3）继兄弟姐妹。在现代各国法中，大多不承认继兄弟姐妹间的继承权，认为继兄弟姐妹间是姻亲关系而非血缘关系。继兄弟姐妹间虽没有血缘关系，但由于其父母再次结婚而形成姻亲关系，并且形成扶养关系的继兄弟姐妹间产生了权利义务关系，形成扶养关系的继兄弟姐妹间相互有继承权。至于堂兄弟姐妹和表兄弟姐妹，都不属于继承法上兄弟姐妹的范畴，相互间不享有继承权。

5. 祖父母、外祖父母。祖父母、外祖父母与孙子女、外孙子女之间是除父母子女外的最近的直系血亲，彼此间的血缘联系比较密切，在现实生活中，祖父母、外祖父母与孙子女、外孙子女共同生活，彼此间也有形成抚养、赡养关系的情况。在国外立法例中，有的直接将祖父母规定为一个独立顺序继承人，有的将祖父母规定为与父母同为尊亲属的继承顺序。此条将祖父母与外祖父母规定为第二顺序法定继承人，这包括祖父母、外祖父母对亲生子女的亲生子女和养子女的继承权，对养子女的亲生子女和养子女的继承权，对形成抚养关系的继子女的亲生子女和养子女的继承权。

当发生法定继承的情形时，这些法定继承人并非都能同时分得遗产，而是按照法律规定的继承顺序进行继承。法定继承顺序便成为继承人实际分得遗产的强行性规定。故本条除规定法定继承人的范围外，还明确规定了法定继承人的继承顺序。法定继承人继承顺序，又称为法定继承人的顺位，是指法律直接规定的法定继承人参加继承的先后次序。法定继承人皆有一定之继承顺序，顺序在先者有优先继承权，对于顺序在后者，得绝对排除之。[①] 法定继承人的继承顺序关系到

① 罗鼎：《继承法要论》，大东书局1947年版，第37页。

各继承人以何地位参加继承，谁有权继承、谁无权继承，谁是合法继承人、谁是不当继承人，可以避免继承中许多不应发生的争议与纠纷，非常重要。正因如此，各国继承立法都在法律条文中对法定继承人的继承顺序加以明确规定，以防滋生纷争。

法定继承开始后，法定继承人按照继承法规定的法定顺序参加继承，即先由前一顺序的继承人继承，没有前一顺序的继承人继承时，才由后一顺序的继承人继承。法定继承人继承顺序的特征有：

1. 法定性。法定继承人的具体继承顺序是由法律根据继承人与被继承人之间关系的亲疏程度、密切程度直接规定的，而不是由当事人自行决定的。这同遗嘱继承不同。在遗嘱继承中，遗嘱继承人参加继承无先后次序之分，而是按照被继承人遗嘱的指定直接参加继承。

2. 强行性。法律确定法定继承人参加继承的先后次序的目的，是保护不同情况的法定继承人的继承利益。在适用法定继承方式时，对于法律规定的继承顺序，任何人、任何机关都不得以任何理由改变，即使被继承人本人也无权改变。即使前一顺序的继承人也不得变更自己的顺序而作为后一顺序的继承人参加继承。换言之，继承人只可以放弃继承权但不能放弃自己的继承顺序。此外，“随意改变法定继承人的继承顺序，势必破坏法定继承方式，并给处于优先继承顺序的法定继承人的合法利益带来损害，并导致继承纠纷的发生，给社会秩序造成消极影响”①。

3. 排他性。在法定继承中，继承人只能依法定的继承顺序依次参加继承，前一顺序的继承人总是排斥后一顺序继承人继承。只要有前一顺序的继承人，后一顺序的继承人就不能取得和实现继承既得权，无权主张继承遗产。只有在没有前一顺序的继承人，或者前一顺序的继承人全部放弃继承或全部丧失继承权，或者前一顺序的继承人部分丧失继承权，其余的继承人全部放弃继承的情况下，后一顺序的继承人才有权参加继承。

4. 限定性。作为遗产继承的两种基本方式，法定继承人的继承顺序只限定在法定继承中适用，各法定继承人须按照法律规定的继承顺序依次取得被继承人的遗产。而在遗嘱继承中，遗嘱继承人不受法定继承人的继承顺序的限制，遗嘱人得于遗嘱中指定由后一顺序的继承人继承遗产，而不由前一顺序的继承人继承。

---

① 刘素萍主编：《继承法》，中国人民大学出版社 1988 年版，第 212 页。

法定继承人的继承顺序问题，不纯粹是一个立法技术问题，还涉及具体国情。历史、文化、宗教、民族特点、风俗习惯的差异，也决定了规定法定继承人的继承顺序上的差异。综观当今世界各国继承立法关于法定继承人继承顺序的规定，虽立法颇有差异，但确定法定继承顺序的依据不外乎以下因素：（1）血缘关系。被继承人与继承人之间血缘关系的远近，决定了被继承人与继承人之间的亲疏程度。与被继承人血缘关系近者，继承顺序在先；与被继承人血缘关系远者，继承顺序在后。（2）婚姻关系。配偶是由婚姻产生的亲属关系，是家庭中的基本成员，相互间关系极为密切，当然得为法定继承人的一个顺序。各国继承立法多把配偶列入继承顺序，说明了婚姻关系在决定继承顺序方面的重要性。（3）被继承人与继承人间相互扶养关系的亲疏。这既包括婚姻法所规定的相互扶养的权利义务关系，也包括亲属间事实上的扶养关系。被继承人与继承人间扶养关系近者，继承顺序在先；扶养关系远者，继承顺序在后。在特定情形下扶养关系甚至起着决定性的作用。（4）民族传统与习俗。“民族传统与习俗，在确定法定继承人的顺序方面也起着一定的作用。由于各国家、各民族的习俗不同，因此在确定继承顺序方面也有差异。”①

在法定继承人的继承顺序确定上，各国立法主要从两个方面规定：一个是配偶的继承顺序；另一个是被继承人的血亲属的继承顺序。

1. 配偶的继承顺序。各国继承立法，在对待配偶的继承顺序上主要有两种做法：（1）将配偶列入一定的继承顺序，如民法典继承编第1127条将配偶规定为第一顺序继承人；（2）将配偶继承人单列，没有固定的继承顺序，而将血亲继承人依据亲疏划分为若干顺序，配偶得与任何一个顺序血亲继承人一同继承遗产，只不过其应继份因血亲继承人的顺序不同而不同。

2. 被继承人的血亲属的继承顺序。在确定血亲属的继承顺序及地位方面，各国的继承立法，有的依照亲系继承制确定，有的依照亲等继承制确定，还有的兼采这两种方法。②

民法典继承编仅将以上范围的法定继承人规定为两个继承顺序：

1. 配偶、子女、父母为第一顺序法定继承人

（1）配偶。配偶是因婚姻关系的成立和存续而形成的夫妻之间的亲属身份关系，他们之间虽无血缘关系，但相互之间感情最为密切，在经济上一般不分彼此，对财产共有，在精神上相互慰藉、相互扶持，为终身的伴侣和依靠。亲属法

---

① 刘春茂：《中国民法学·财产继承》，中国人民公安大学出版社1990年版，第242页。

② 刘文：《继承法比较研究》，中国人民公安大学出版社2004年版，第119页。

明确规定夫妻之间有相互扶助的义务。无论从亲属身份关系的亲疏程度上，还是从扶养关系的密切程度上，将配偶作为第一顺序法定继承人乃理所当然，也体现了配偶在家庭中的地位和他们之间的密切关系。

（2）子女。古今中外，子女都是第一顺序法定继承人。自罗马法以降，许多国家的法律还明确规定，父母没有正当的理由，不能剥夺、取消子女的继承权。实际上，子女和父母是最近的血亲，关系最为密切，在经济关系上，父母子女之间互负抚养和赡养的义务；从所有人处分身后财产的意志来看，父母总是愿意把财产留给自己的子女，以达财产传承的目的；现代各国继承立法多把子女作为第一顺序法定继承人。我国规定子女为第一顺序继承人当然妥当，只不过在具体语词表述上与国外继承立法有些差异，各国继承法一般规定“直系血亲卑亲属”为第一顺序法定继承人，而不是我国继承法所用“子女”的语词。“直系血亲卑亲属”表述虽然具有概括性，但由于实行“亲等近者优先”的继承原则，只有直系血亲卑亲属中的子女不能继承时，孙子女、外孙子女等卑亲属才能继承，这与代位继承存在一定的共通性。通说认为，被继承人的孙子女、外孙子女优先于被继承人的父母继承，与以亲属身份关系的亲疏划分继承顺序的依据有悖，我国以“子女”表述比较明确合理，对其他直系血亲卑亲属的继承权保护，可以通过代位继承制度来解决。这种意见仍然值得斟酌，第一顺序直接规定为“直系血亲卑亲属”更为稳妥，因为遗产向下流转更为合理。

（3）父母。我国历史上受宗祧继承观念的影响，认为继承是男性后裔对父祖的继承，包括父母在内的直系尊亲属不能作为子女等直系卑亲属的继承人，如果子女无后，由父母承受遗产，但遗产承受人与遗产继承人是不同的。[①] 父母作为子女最近的直系血亲尊亲属，无论在经济上还是在情感上都与之有极为密切的关系，而且父母子女关系是家庭关系中的基本关系，在亲属身份关系上有相互抚养和赡养的义务，所以将父母列为继承人是合适的。但父母是否是第一顺序继承人，在各国法上规定不一，大多数国家将父母列于子女之后，使之为第二顺序法定继承人。有学者主张，在我国父母列于子女之后为第二顺序法定继承人更为合适。[②] 有的学者认为，随着社会经济发展，个人财产逐步增加，我国规定父母为第一顺序法定继承人更有利于对老人的赡养，若将父母规定为子女与配偶之后的第二顺序法定继承人，他们将很难得到子女的遗产。当前，中国的人口结构已经进入老龄化阶段。根据 2010 年 11 月 1 日零时开始的第六次全国人口普查的主要

① 史尚宽：《继承法论》，中国政法大学出版社 2000 年版，第 55 页。
② 张玉敏：《继承法律制度研究》，法律出版社 1999 年版，第 208 页。

数据，我国家庭户继续缩小，平均每个家庭户的人口为3.10人，比2000年人口普查的3.44人减少0.34人。老龄化进程逐步加快，60岁及以上人口占13.26%，比2000年人口普查上升2.93个百分点。在有60岁及以上老年人口的家庭户中，空巢家庭户占全国家庭户总数的9.99%，其中，单身老人户占全国家庭户总数的4.54%，只有一对老夫妇的户占全国家庭户总数的5.45%，地区间差异悬殊。[①] 预计在今后50年，老年人口数还将继续递增，并将持续扩大其在人口总数中的占比。因而必须正视人口老龄化问题，加大对老年人合法权益的保护，缓解整个社会的沉重压力。

2. 兄弟姐妹、祖父母、外祖父母为第二顺序法定继承人

（1）兄弟姐妹。兄弟姐妹之间为旁系血亲，虽然共同生活于或曾经共同生活于一个家庭，但在法律上一般没有相互扶养、扶助的权利义务，因此不应为第一顺序法定继承人。但毕竟兄弟姐妹在生活上互相帮助，感情上也很密切，而且在父母双亡或父母无力抚养的情况下，有负担能力的兄、姐对未成年的弟、妹负有扶养的义务，由兄、姐扶养长大的有负担能力的弟、妹，对丧失劳动能力、孤苦无依的兄、姐也负有扶养的义务，将兄弟姐妹列为第二顺序法定继承人比较合理。

（2）祖父母、外祖父母。祖父母、外祖父母与孙子女、外孙子女间为二亲等直系血亲，在通常情况下，子女由父母抚养，祖孙之间不发生权利义务关系。不过，他们之间相互关系的密切程度虽次于父母子女关系，但也非常密切，如有负担能力的祖父母、外祖父母，对于父母双方已经死亡或者父母双方均丧失抚养能力，或父母一方死亡，另一方确实无能力抚养的未成年孙子女、外孙子女，有抚养的义务；有负担能力的孙子女、外孙子女，对于子女已经死亡或子女确无赡养能力的祖父母、外祖父母，有进行赡养的义务。基于此，将祖父母、外祖父母规定为第二顺序法定继承人也是比较合理的。

依此继承顺序，继承开始后，由第一顺序继承人继承，排斥第二顺序继承人的继承，第二顺序继承人不继承。没有第一顺序继承人继承的，才能由第二顺序继承人继承。

---

① 本部分数据来源于中华人民共和国国家统计局官方网站，来源网址：http：//www.stats.gov.cn/tjsj/pcsj/rkpc/6rp/indexch.htm，最后访问时间：2019年9月25日。

## 【案例评注】

### 缪某甲、缪某乙诉巫某乙法定继承纠纷案[①]

**基本案情**

经村民委员会证实，自1990年至2005年间，巫某甲共获得补偿、补助、分红等款项90000余元（此后村民委员会又出具证明称1992年征用巫某甲土地的补偿款35000元只补偿给巫某甲一部分，其余部分归了集体）。巫某甲去世后，留下的遗产有益民街三巷13号的房屋一套，该房屋系移民拆迁安置房，缪氏兄妹与巫某乙均认可该套房屋的现价值为120000余元。缪某甲、缪某乙系兄妹关系，巫某甲是他们的舅父，巫某乙是巫某甲的弟弟。2005年9月11日，巫某甲去世。巫某甲去世前父母已亡，又无配偶及子女，一人独自生活，去世后，巫某乙是其唯一法定继承人。巫某乙在香港居住且与其兄巫某甲关系不好，既未对巫某甲的日常生活进行过照料，也未直接对巫某甲进行过经济方面的扶助。在巫某甲去世前的几年间，由于年老及脚部曾经骨折等原因，缪氏兄妹本人或请工人、保姆，对巫某甲的日常生活进行了阶段性的照顾，同时在巫某甲生病住院期间对其进行了护理。巫某甲去世后，丧葬事宜由缪氏兄妹、巫某雄（巫某乙之子）以及巫某甲的其他亲属、族人进行料理，巫某乙未参与。巫某甲去世时留有存款12000余元，巫某甲的丧葬费用在其遗留的存款中支付，巫某甲的一个堂侄因在巫某甲生前给巫某甲送饭吃，分得巫某甲遗留存款中的3000多元。

巫某甲去世后，缪氏兄妹以对巫某甲尽了较多扶养照顾责任，而巫某乙未对巫某甲尽扶养义务为由请求法院判决巫某乙丧失继承权，巫某甲的遗产由缪氏兄妹继承。

巫某乙辩称，虽然其与兄长巫某甲关系不好，但巫某甲生前有分得90000多元补偿款等，根本不需要其在经济方面的扶养。其作为巫某甲唯一的法定继承人，应当继承巫某甲的全部遗产，请求法院驳回缪氏兄妹的诉讼请求。

**法院判决**

一审法院认为：巫某乙作为巫某甲的弟弟、巫某甲去世后的唯一法定继承人，对巫某甲生前特别是在其年老生活不便时负有扶养照顾的义务，这种扶养照

① 审理法院：广东省惠州市中级人民法院；案号：（2009）粤06民终364号。

顾既包括经济上的帮助，也包括对日常生活的照料，但巫某乙并未尽到这种扶养照顾义务。缪氏兄妹作为巫某甲的亲属，在巫某甲年老生病及生活不便时亲自或雇请工人进行了扶养照顾，从巫某甲生前的经济状况来看，缪氏兄妹对巫某甲的扶养，更多地表现为日常生活的照料。继承人以外的对被继承人扶养较多的人，可以分给他们适当的遗产。本案中，巫某乙作为巫某甲的继承人，对巫某甲未尽到扶养义务，缪氏兄妹作为继承人以外的人，对巫某甲尽了较多的扶养义务，缪氏兄妹依法应分得巫某甲的部分遗产。考虑到本案的具体情况，巫某甲的遗产是一套房屋，具有不宜分割的特征，因此该套房屋由巫某乙继承，由巫某乙向缪氏兄妹各补偿30000元。依照相关法律规定，判决：一、巫某甲的遗产益民街三巷13号的房屋一套由巫某乙继承；二、巫某乙于本判决生效后10日内向缪氏兄妹各补偿人民币30000元；三、驳回缪氏兄妹的其他诉讼请求。

一审判决后，缪氏兄妹（缪某甲、缪某乙，一审原告）以一审判决认定事实不清，适用法律错误为由，以巫某乙（一审被告）为被上诉人，提起上诉。

二审法院认为：缪氏兄妹一审的诉讼请求为请求分配被继承人巫某甲的遗产并请求确认巫某乙不享有继承权，一审法院根据缪氏兄妹的诉讼请求和本案争议事实将本案定性为法定继承纠纷正确，应予维持。缪氏兄妹二审期间提交证据欲证明被继承人临终前立有口头遗嘱，将其遗产遗赠给自己。然而，被继承人巫某甲临终前有十几个人和他在一起，这些人里既有上诉人的证人，也有被上诉人的证人，且这些证人均与诉讼双方有亲戚关系，现双方的证人证言相互矛盾，缪氏兄妹除此之外未能提供其他证据印证其欲主张之事实，故不予采纳。鉴于被继承人巫某甲没有立遗嘱，巫某乙作为巫某甲的唯一法定继承人，又无法律规定的丧失继承权的情节，应合法享有继承权。缪氏兄妹本不是法定继承人，但是考虑到对被继承人进行了扶养，一审判决其分得部分遗产正确，一并予以维持。综上所述，判决驳回上诉，维持原判。

## 专家点评

本案中，巫某甲去世前父母已亡，又无配偶及子女，一人独自生活，唯一的法定继承人仅有属于第二顺序法定继承人的弟弟巫某乙。巫某乙作为巫某甲的弟弟，对巫某甲生前特别是在其年老生活不便时负有扶养照顾的义务，这种扶养照顾既包括经济上的帮助，也包括对其日常生活的照料，但巫某乙并未尽到这种扶养照顾义务。被继承人巫某甲去世前没有立遗嘱，巫某乙作为巫某甲的唯一法定继承人，无法律规定的丧失继承权的情节，故其合法享有继承权。缪某甲、缪某乙兄妹二人作为巫某甲的亲属，依原《继承法》第10条对法定继承人范围及继承顺序的规定，并不属于法定继承人的范围，但二人在巫某甲年老生病及生活不便时亲自或雇请工人进行了扶养照顾，从巫某甲生前的经济状况来看，缪氏兄妹对巫某甲的扶养，更多地表现为日常生活的照料。考虑到缪氏兄妹是继承人以外的对被继承人扶养较多的人，依原《继承法》第 14 条的规定，可以分给其适当的遗产。因此，依法定继承范围及顺序的规定，结合民法典继承编其他相关规定，被继承人巫某甲的遗产依法由第二顺序继承人巫某乙继承，缪氏兄妹依法也应分得巫某甲的部分遗产。一审判决缪氏兄妹分得部分遗产正确，二审法院自应予以维持。

**第一千一百二十八条**　被继承人的子女先于被继承人死亡的，由被继承人的子女的直系晚辈血亲代位继承。

被继承人的兄弟姐妹先于被继承人死亡的，由被继承人的兄弟姐妹的子女代位继承。

代位继承人一般只能继承被代位继承人有权继承的遗产份额。

## 【条文释义】

本条是对代位继承的规定。

代位继承，是指被继承人的继承人先于被继承人死亡时，由被继承人的继承人的直系晚辈血亲代替先亡的被继承人的子女继承被继承人遗产的法定继承制度。在代位继承中，被继承人的子女或者兄弟姐妹为被代位继承人，承继应继份的被继承人子女或者兄弟姐妹的直系血亲卑亲属为代位继承人。应继份，是指各继承人对遗产上一切权利义务可以继承的成数或比例。

代位继承是多国继承法中的一项重要法定继承制度，其渊源甚早。在罗马法时代，代位继承就已经出现。“在生产力有所提高，大家庭的所有制被小家庭的私有制取代之后，血亲继承渐占主要地位，被继承人遗留的财产即按照感情疏密、亲等远近而定其继承的顺序，先由第一亲等的亲属继承，如果第一亲等的亲属中有先于被继承人死亡，或丧失继承权的，第二亲等的亲属代位他们来继承，但以第一亲等的亲属生前没有放弃继承权为条件，因为应推定被继承人对其直系卑亲属有同等的感情，特别在子女中有先死亡的，其所遗留的年幼尚不能自行谋生的儿童，更有予以照顾的必要。”[①] 起初在罗马法中只是先死亡或受家父权免除

① 周枏：《罗马法原论》（下），商务印书馆 2001 年版，第 476 页。

者之子，承继父之应继份，后来代位继承扩展到旁系亲属间。日耳曼法最初没有代位继承制度，受罗马法的影响，到中世纪才确立了代位继承制度。现代世界各国继承法大多规定了代位继承制度。这从一个侧面反映了代位继承制度是一种具有蓬勃生命力的制度。

关于代位继承的发生原因，有三种不同的立法例：（1）以被代位人先于被继承人死亡为代位继承发生的唯一原因。《法国民法典》属于这种类型，其第 744 条第 1 款规定："对健在的人，不得替代其为代位继承，代位继承仅得对已去世的人设置。"（2）被代位人先于被继承人死亡和丧失继承权，都可以引起代位继承。[①] 日本、韩国、意大利等国民法和我国台湾地区"民法"属于这一类型；（3）被代位人先于被继承人死亡、丧失继承权和抛弃继承权，均发生代位继承。德国、瑞士等国民法与我国澳门特别行政区民法属于这种类型。我国属于第一种类型。我国除在原《继承法》中对被继承人的子女先于被继承人死亡才可代位继承作出明确规定外，《最高人民法院关于贯彻执行〈中华人民共和国继承法〉若干问题的意见》又从反面规定，继承人丧失继承权的，其晚辈直系血亲不得代位继承，将代位继承严格限制在被代位人先于被继承人死亡一种情形。

代位继承仅限于被代位人先于被继承人死亡一种情形，失之过窄，不利于代位继承公平与育幼价值功能的实现。为了更充分地发挥代位继承制度的作用，享有法定继承权的人在继承前死亡或丧失继承权时，都可以发生代位继承，将代位继承的发生原因改采第二种立法例。代位继承界定得更宽一些，使那些享有被继承人的子女在继承前死亡或丧失继承权时，由其直系血亲卑亲属代位继承其应继份，社会意义显然更为重大。

依据学理，代位继承权的性质主要有固有权说和代表权说两种学说。固有权说认为，代位继承人参加继承是自己本身固有的权利，代位继承人是基于自己的权利继承被继承人的遗产，而不是以被代位继承人是否有继承权为转移。依这种学说，只要被代位人不能继承，代位继承人就得代位继承，即使在被代位人丧失继承权或放弃继承权的情况下，代位继承人也得依自己的权利继承被继承人遗产。在日本及我国台湾地区民法学界此说为通说，而且有的继承立法明确采用了固有权说，如《瑞士民法典》第 541 条规定，丧失继承权的"无继承资格人的直系血亲，按无继承资格人先于被继承人死亡的情况，继承被继承人的财产"。代表权说又称为代位权说，认为代位继承人继承被继承人的遗产，不是基于自己本身固有的权利，而是代表被代位继承人参加继承，也就是代位继承人是以被代位

---

① 罗鼎：《民法继承论》，上海法学编译社 1946 年版，第 62 页。

继承人的地位而取得被代位继承人的应继份的。依这种学说，在被代位人丧失继承权或放弃继承权的情况下，不发生代位继承。法国民法原采取这一学说，但在最新的修订过程中，其已按固有权说对相关条文进行了修订。

依民法典继承编，我国在代位继承性质问题上采取的是代表权说。《最高人民法院关于贯彻执行〈中华人民共和国继承法〉若干问题的意见》第28条规定："继承人丧失继承权的，其晚辈直系血亲不得代位继承。如该代位继承人缺乏劳动能力又没有生活来源，或对被继承人尽赡养义务较多的，可适当分给遗产。"由此可见，代位继承人的继承权是受被代位人的继承权状况影响的，仅在被代位继承人享有继承权时，代位继承人才有权代位继承。

基于我国现行立法规定，在我国大陆民法学界，学者们对代位继承的性质也大多持代表权说。但也有学者主张采取固有权说，并提出了相应理由论证固有权说的合理性：（1）按照民法基本原理，自然人的民事权利能力始于出生，终于死亡。自然人死亡，其继承法律地位便不复存在。因此，不管被代位人是死亡还是丧失继承权，其代位人都不可能去代替一个实际上已不存在的法律地位进行继承。代位权说违反民法关于自然人权利能力的基本原理，是不能成立的；（2）代位权说不能解释，法律为什么规定某些继承人先于被继承人死亡，其直系卑亲属可以代位继承，而另一些继承人先于被继承人死亡，其直系卑亲属则不能代位继承。只有固有权说才能圆满地解释这一问题。按照固有权说，代位继承人本来就是法定继承人范围以内的人，不过在被代位人生存时，按照"亲等近者优先"的继承原则，他（她）们被排斥于继承之外，当被代位人先于被继承人死亡或丧失继承权时，他（她）们基于自己的继承人资格和权利，按照被代位人的继承顺序和应继份，直接继承被继承人的财产。法律关于哪些继承人先于被继承人死亡可以发生代位继承的规定，实质上就是关于法定继承人范围的规定。因此，哪些继承人先于被继承人死亡或丧失继承权，其直系卑亲属可以代位继承，取决于立法者所确定的法定继承人的范围；（3）从制度上考察，代位继承是基于亲系继承和按支继承这样两种继承制度，没有亲系继承和按支继承，就不会有代位继承。亲系继承反映的是某个亲系的血缘亲属应当优先于其他血缘亲属继承这样一种观念，按支继承反映的则是在每一亲系中，应当按支而不是按人分配遗产的观念。基于按支继承制度，某一支中与被继承人亲等最近者先于被继承人死亡，其应继份当然应留在该支内由其直系卑亲属代位继承，而不是转归他支。这些制度和观念都证明了固有权说的合理性。①

① 张玉敏：《代位继承比较研究》，载《中央政法干部管理学院学报》1997年第3期。

我们也赞同代位继承权的性质采取固有权说。除基于上述理由外，即使是从我国规定的法定继承人的范围上考虑，也应当采取固有权说。理由是：

1. 我国仅规定子女为第一顺序法定继承人，而且在第二顺序继承人中也未将孙子女、外孙子女列为继承人。相比之下，国外立法一般规定直系卑亲属为法定继承人，并且实行“亲等近者优先”原则，在前一亲等被继承人的直系卑亲属不能继承时，后一亲等被继承人的直系卑亲属可以进行继承。因此，在我国现时法律环境下，被继承人的子女的晚辈直系血亲并不是法定继承人，如果采取固有权说，赋予被继承人子女的晚辈直系血亲固有的代位继承的权利，只要被继承人的子女因死亡或丧失继承权不能继承时，其就有权以固有的权利进行代位继承，如此可以在一定程度上弥补我国继承法对孙子女、外孙子女等直系血亲卑亲属继承权益保护不足的缺陷。

2. 在国外立法例上，虽然大多认为法国是采纳的代表权说，但法国的代位继承实质上也是固有权说。可以说，代位继承采取固有权说为一种趋势。① 总之，只要被继承人的子女先于被继承人死亡，被继承人的子女的晚辈直系血亲就应有权代位继承，这应属于代位继承人自己的权利，而不应依被代位人的权利状况而转移。即使先于被继承人死亡的子女有丧失继承权的情形，也不应因此而影响其晚辈直系血亲的代位继承权。因已死亡父母的违法或犯罪行为，而让子女承担不能继承被继承人遗产的不利后果，与我国继承法律的基本精神未必相符。

本条规定了两种代位继承，一是被继承人的子女的直系晚辈血亲的代位继承，二是被继承人的兄弟姐妹的子女的代位继承。依本条规定，代位继承需要具备以下要件：

1. 须被继承人的子女在继承开始前已经死亡或丧失继承权。被继承人的子女先于被继承人死亡是代位继承发生的必要条件，只有出现这一条件才有可能适用代位继承，若被继承人的子女于被继承人死亡后但未表示放弃继承或接受继承而死亡的，不适用代位继承，应当适用转继承，因此这也是代位继承与转继承的根本性区别。被继承人的子女先于被继承人死亡，包括自然死亡和宣告死亡。值得注意的是：若被继承人的子女与被继承人同时死亡，是否适用代位继承？一般认为，依据《最高人民法院关于贯彻执行〈中华人民共和国继承法〉若干问题的意见》第2条的规定，“推定同时死亡，彼此不发生继承，由他们各自的继承人分别继承”，应无适用代位继承的余地，但基于代位继承权是代位继承人的固有权利，我们认为应当适用代位继承。

---

① 李红玲：《继承人范围两题》，载《法学》2002年第4期。

继承权的丧失一般发生在继承开始前，诸如为争夺遗产而杀害其他继承人的，伪造、篡改或者销毁遗嘱，情节严重的，则也有可能发生在继承开始后。被继承人的子女在继承开始前丧失继承权，因而适用代位继承，非常明显。但继承开始后被继承人的子女丧失继承权的，是否适用代位继承？我们认为，“继承开始前已经死亡”与“丧失继承权”为两个不同的代位继承发生原因，“丧失继承权”不受继承开始前的限制，即使丧失继承权发生在继承开始后，也应当适用代位继承，只不过代位继承的效力溯及于继承开始时。

对于代位继承的这一要件，我们认为应当进行完善。如前所述，各国规定的代位继承发生原因的范围广狭不一，而我国民法典继承编仅规定了被继承人的子女先于被继承人死亡一种情况。这样规定与我国立法及司法实践中对代位继承的性质采取代表权说有关，但通过上述对代位继承性质的分析，代位继承权的性质应采固有权说为妥。据此，建议在被继承人的子女丧失继承权时，也应该适用代位继承。但是不能仿效德国、瑞士立法例，将被继承人的子女放弃继承权也作为代位继承的发生原因。理由是，根据继承权的性质，继承权的放弃只能发生在继承开始后，继承人放弃继承权后其应继份归属于其他同一顺序继承人或后顺序继承人，不存在适用代位继承的可能。

2. 被代位人是被继承人的子女或者兄弟姐妹。被代位人必须是被继承人的血亲继承人，配偶一方先亡不发生其子女代位继承的问题，这是各国继承法的一致原则。至于哪些血亲继承人能够作为被代位人，各国的规定不一，有四种类型：（1）被代位人限于被继承人的直系卑亲属；（2）被继承人的直系卑亲属和兄弟姐妹及其直系卑亲属都可以作为被代位人；（3）被代位人的范围包括直系卑亲属、父母及其直系卑亲属和祖父母及其直系卑亲属；（4）被代位人的范围包括直系卑亲属、兄弟姐妹及其直系卑亲属、祖父母及其直系卑亲属。

我国的规定属于第二种类型，即被继承人的直系卑亲属和兄弟姐妹及其直系卑亲属都可以作为被代位人。直系卑亲属的范围较为宽泛，实际上被代位人仅是被继承人的子女，则被继承人的子女以下的晚辈直系血亲继承时都是代位继承人，代位继承人不受辈分的限制，如果被继承人的孙子女也先于被继承人死亡时，被继承人的曾孙子女有权继承其父母应继承的遗产份额。

子女，包括婚生子女、非婚生子女、养子女及有扶养关系的继子女。无论婚生子女还是非婚生子女，都与被继承人有着天然的血缘关系，是被继承人的直系血亲卑亲属，其作为代位继承中的被代位人，自不待言。养子女由于同被继承人产生了拟制血缘关系，且养子女同其生父母间的亲属关系消灭，养子女也可以作为被代位人。对于这些被代位人，各国立法例规定大体一致，但对于继子女是否为代位继承中的被代位人却有不同的看法。大多数国家不承认继子女对继父母的遗产享有继承权，且认为继子女非继父母的直系卑血亲，而是直系姻亲，故不承认继子女可为被代位人。依据民法典继承编的规定，继子女若与继父母形成扶养关系时，继子女对继父母也享有继承权，而且根据代位继承的固有权性质，有扶养关系的继子女亦可为被代位人。对此，《最高人民法院关于贯彻执行〈中华人民共和国继承法〉若干问题的意见》第26条也明确规定："被继承人的养子女、已形成抚养关系的继子女的生子女可代位继承……"同时，被继承人的兄弟姐妹先于被继承人死亡的，被继承人的兄弟姐妹的子女也能代位继承。

有的学者认为，丧偶儿媳对公、婆，丧偶女婿对岳父、岳母尽了主要赡养义务的，且又先于公婆岳父母死亡的，也可以作为被代位人。[①] 我们不赞同这种意见。我国规定的尽了主要赡养义务的丧偶儿媳与丧偶女婿可作为第一顺序继承人，实际上与继承法以血缘关系为基础相违背，破坏了整个继承法的体系性，而且其作为被代位人也与被代位人为"被继承人的子女"的定义不符。

3. 代位继承人必须是被代位人的直系晚辈血亲。代位继承人必须是被代位人的直系卑亲属，这是代位继承的基本原则。在这个问题上，各国的规定基本上是一致的，但也有个别例外，如《韩国民法典》规定，妻子可代亡夫继承公婆的财产。值得注意的是，代位继承人必须是被代位人的直系血亲卑亲属，但不一定是被继承人的直系血亲卑亲属。实际上，在大多数国家，代位继承人的范围大大超出了被继承人直系卑亲属的范围。例如，承认父母或兄弟姐妹可以作为被代位人的立法，代位继承人的范围就扩及侄子女、甥子女及其直系卑亲属；承认祖父母为被代位人的立法，代位继承人的范围就扩及叔、伯、姑、舅、姨及其直系卑亲属。

对于养子女，多数国家规定可以作为代位继承人继承其养父或养母的直系尊亲属的财产。这种主张有利于稳定收养关系。美国等一些国家则认为，收养是收养人和被收养人之间的事情，收养合同的效力不及于收养合同以外的其他人。养子女不能代养父或养母之位继承养父或养母的直系尊亲属或其他血亲的财产。民法典第1111条明确规定："……养子女与养父母的近亲属间的权利义务关系，适用本法关于子女与父母的近亲属关系的规定……"被代位人的养子女与被继承人产生了拟制的血缘关系，养子女亦可作为代位继承人。《最高人民法院关于贯彻执行〈中华人民共和国继承法〉若干问题的意见》第26条明确规定："被继承人亲生子女的养子女可代位继承；被继承人养子女的养子女可代位继承；与被继承人已形成扶养关系的继子女的养子女也可以代位继承。"

① 韩家勇：《试析代位继承中的几个问题》，载《中南政法学院学报》1988年第3期。

关于继子女可否作为代位继承人问题，外国法律中无继子女法律地位的规定，如果继子女被继父或继母收养，按养子女对待，否则无权利义务关系。我国对此没有明确规定，基于继子女与继父母属姻亲关系，养子女与继子女在继承中的地位不同，我国此条也明确规定代位继承人为被继承人子女的直系晚辈血亲，且继子女不为血亲，其仅有权对其生父或生母代位继承，故不得对继父母代位继承。

代位继承人是否应当限于被代位人死亡时或丧失继承权时已存在的晚辈直系血亲？如果被继承人的子女先于被继承人死亡而发生代位继承时，除其死亡时已有其胎儿的，当然不可能在其死亡之后再有其他晚辈直系血亲，这种情形下不会出现问题。当因被继承人的子女丧失继承权而发生代位继承时，则会出现被继承人的子女于丧失继承权后、继承开始前出生、受胎或收养子女的情形。在此种情形下的晚辈直系血亲有无代位继承权，有的持否定说；有的主张仅承认失权后继承开始时出生或受胎的子女可代位继承，对所收养的子女则不允许代位继承；有的主张以被继承人死亡时为准。有的学者认为对此不能一概而论，应依其收养是否专为代位继承进行判断，如丧失继承权的子女还有其他可代位继承人，则认可所收养的子女有代位继承权；若无其他子女且其收养子女专为该子女代位继承，不予认可收养，不得代位继承。[①] 我们认为，基于代位继承的固有权性质，不妨认可此种情形下所收养的子女的代位继承权，其他共同继承人的应继份并不因此而减少，且由于继承为纯受利益之行为，收养子女代位继承取得财产，丧失继承权的子女也不会由此得利。其实，这种情形在现实生活中极少。总之，只要是被继承人死亡以前已出生或受胎或被收养的，均可为代位继承人。

代位继承产生的法律效力，主要为代位继承人可以继承被代位继承人的应继份，即被代位继承人有权继承的遗产份额。比如，在数个代位继承人代位被代位继承人继承遗产时，数个代位继承人只能继承该被代位继承人的应继分，《法国民法典》把这种情况称为按房继承，瑞士、德国、奥地利等国则称为按股继承。关于代位继承人的应继份，我们认为，代位继承权是代位继承人的固有权利，在一定意义上代位继承是继承顺序的提前，因此代位继承人的应继份应根据被代位人的应继份确定，按房或支来分割遗产。若在同一支内有两个以上的代位继承人，则由他们按人数均分被代位人的应继份。考察主要国家的继承立法，也都是确认代位继承人应当继承被代位继承人的应继分。

---

① 韩家勇:《试析代位继承中的几个问题》，载《中南政法学院学报》1988 年第 3 期。

## 【案例评注】

### 王某学等三人诉王某德继承纠纷案①

#### 基本案情

王某学、王某刚、王某贤与王某德系叔侄、姑侄关系。被继承人王某某、李某某夫妇分别于1973年、1994年死亡。被继承人婚生王某学、王某芳、王某昌、王某贤、王某刚五名子女。王某昌早已死亡，无配偶和子女。王某芳于1964年死亡，有配偶和婚生子女王某德、王某文和王某霞。1977年，王某芳之妻带三名子女改嫁。王某芳之妻虽然带子女改嫁，但在被继承人李某某在世时，经常来往，关心照顾其生活，过年过节还去探望送食品。被继承人李某某死亡时，王某德送去钱款1700元，与王某学、王某刚、王某贤共同料理丧事。被继承人遗有83.507平方米房产，由王某学、王某刚和案外人周某发分别居住。被继承人李某某1994年死亡后，王某德以要求代位继承被继承人所遗房产为由，向人民法院提起诉讼。

#### 法院判决

三被告王某学、王某刚、王某贤与原告王某德对被继承人都尽了赡养义务，均是合法继承人。故判决将被继承人的所遗房产83.507平方米，由三被告与原告平均继承，各继承20.877平方米。根据房产的结构（间数）和当事人居住现状，房产实际分割如下：王某学继承21.487平方米，王某刚继承21.18平方米，王某贤继承19.96平方米，王某德兄妹三人代位继承20.88平方米。继承人中多出平均继承份额部分，由王某学、王某刚、王某德三人以款相抵，由王某贤所得。

对以上判决，王某学、王某刚、王某贤三被告不服，以原告王某德之父对被继承人未尽赡养义务，王某德兄妹系晚辈血亲无权继承被继承人的遗产为由，以王某德为被上诉人，提起上诉。

二审法院审理后认为：被上诉人之父王某芳，虽然先于被继承人死亡，但在生前对被继承人尽到了赡养义务，因此应当享有继承权利。被上诉人王某德是王某芳的晚辈直系血亲，按照《中华人民共和国继承法》的规定，有权代位继承其

---

① 《最高人民法院公报》1985年第4号。

父应得的遗产份额。因此，原审判决根据当时双方赡养被继承人的经济能力，以及在遗产分割后，有利于生活需要的情况，将该项遗产平均分配是适当的。据此，判决驳回上诉，维持原判。

专家点评

该案涉及被继承人死亡后，继承人之间的代位继承问题，对此类案件须以前述代位继承的原理为基础进行分析。本案中，被继承人王某某、李某某死亡时，享有继承权的为其子女王某学、王某芳、王某昌、王某贤、王某刚五人，且均为第一顺序法定继承人。基于王某昌早已死亡，且无配偶和子女，故无发生代位继承的情形。王某芳虽然先于被继承人王某某、李某某先死亡，但其留有子女王某德、王某文和王某霞兄妹三人。在王某芳未被剥夺或丧失法定继承权的情况下，虽然王某芳之妻带着三名子女改嫁，但这并不导致其子女丧失代位继承权，其子女王某德、王某文和王某霞兄妹三人有权代王某芳之位与王某学、王某刚、王某贤三人共同继承被继承人王某某、李某某的遗产。依代位继承人一般只能继承被代位继承人有权继承的遗产份额的规定，本案中王某德、王某文和王某霞兄妹三人继承的遗产份额以其父有权继承的份额为限。

目前有些地方，特别是农村，仍存在着无故剥夺随母改嫁的子女继承生父遗产或代位继承权的陋习，这明显不符合我国现行法律的规定。案中一审法院根据当时双方赡养被继承人的经济能力，以及从有利于生活需要和不损害遗产效用的角度出发对遗产进行分割，该处理方式合法且适当，也切实保护了随母改嫁的子女的继承权和代位继承的合法权利。二审法院自当维持一审判决。

**第一千一百二十九条** 丧偶儿媳对公婆，丧偶女婿对岳父母，尽了主要赡养义务的，作为第一顺序继承人。

## 【条文释义】

本条是对丧偶儿媳、丧偶女婿作为第一顺序继承人的规定。

丧偶儿媳对公、婆，丧偶女婿对岳父、岳母尽了主要赡养义务的，作为第一顺序继承人，是本条规定的主旨。这一规定没有先例，是唯一将姻亲（血亲的配偶和配偶的血亲）规定为法定继承人的做法，为我国所独有，称得上具有中国特色。

我国原《继承法》赋予对公、婆尽了主要赡养义务的丧偶儿媳或对岳父、岳母尽了主要赡养义务的丧偶女婿第一顺序继承人的地位，使其参加继承，获得遗产。该规定值得商榷。继承权是基于特定身份而享有的财产权利，继承人享有继承权必须与被继承人存在一定的亲属身份关系。虽然各国关于这一亲属身份关系的范围规定不尽相同，但都公认须是与被继承人关系最亲密的亲属，而姻亲从来不在其中，这也是古今中外继承法所信守的法则。儿媳与公婆、女婿与岳父母毕竟不存在血缘关系，只是姻亲，而非血亲，应当不发生继承问题，规定其为第一顺序继承人与法定继承人以血缘关系为基础相违背，会破坏整个继承法的体系。

对于我国原《继承法》第 12 条作此规定的立法理由，王汉斌《关于〈中华人民共和国继承法〉（草案）的说明》认为："丧偶儿媳赡养公、婆直至其死亡，丧偶女婿赡养岳父、岳母直至其死亡，为第一顺序继承人。这些规定都是为了有利于更好地赡养老人。"这一立法理由缺乏说服力。原《继承法》作此规定，立法意旨在于通过赋予丧偶儿媳与女婿继承权以激励其赡养老人，但因儿媳对公婆、女婿对岳父母无论其丧偶与否，在法律上都无赡养义务，如此规定实际上是将本应由道德规范调整的问题纳入了法律规范调整的范围，是立法上的失误。为达到赡养老人、淳化社会风俗的目的，完全可以借助另一路径达致，如丧偶儿媳对公、婆，丧偶女婿对岳父、岳母，尽了主要赡养义务，形成事实上的扶养关系，可以依原《继承法》第 14 条中的"继承人以外的对被继承人扶养较多的人，可以分给他们适当的遗产"的规定给予适当补偿。学者建议，为了强调丧偶儿媳与女婿的特殊身份、强调这种赡养行为的特殊意义，可以规定，分给他们的遗产可以比照第一顺序继承人的应得份额，既可坚持继承人资格的确定性和严肃性，又可坚持权利义务的一致性。在编纂民法典继承编中，学者差不多都建议改革这一规定，将丧偶儿媳、丧偶女婿对公婆或者岳父母尽了主要赡养义务的，作为分得遗产的人，在理论上更为妥当，但是立法没有采纳这样的意见。

依本条，丧偶的儿媳或女婿作为第一顺序继承人继承公婆或岳父母的遗产，应具备的条件是：

1. 必须存在丧偶的情形。儿媳与公婆、女婿与岳父母之间是姻亲关系，他们之间没有相互扶养、赡养的权利和义务。如果丈夫或妻子在世，儿媳或女婿对公婆或岳父母进行赡养被认为是代丈夫或妻子履行义务，符合传统和伦理。若公婆或岳父母死亡，基于夫妻关系存续期间一方继承的遗产为夫妻共同财产的规定，儿媳或女婿可以通过在世的丈夫或妻子参加继承实际上获得遗产。因此，只有发生丧偶时，儿媳或女婿才有可能以自己的名义作为继承人继承公婆或岳父母的遗产。至于丧偶儿媳或女婿是否再婚，在所不问。

2. 必须丧偶儿媳或女婿对公婆或岳父母尽了主要的赡养义务。这是丧偶儿媳或丧偶女婿取得继承权的必备条件，即对被继承人生活提供了主要经济来源，或在劳务等方面给予了主要扶助。

只要儿媳或女婿符合了这两个条件，其就可以作为第一顺序继承人参与继承，取得遗产，而且不论有无代位继承人代位继承。该规定即体现了儿媳与女婿在继承上的权利平等，即只要儿媳或女婿符合丧偶的条件，而且对公、婆或岳父、岳母尽了主要赡养义务，就可以享有继承权，并不区分是儿媳与儿子、女儿与女婿的不同。故儿媳与女婿在继承上的权利平等，也是继承权平等的表现之一。同时，它还体现着继承法中丧偶儿媳和女婿的权利义务相一致的原则，即丧偶儿媳或女婿如对公婆或岳父、岳母未尽主要赡养义务，其自然也不被列入继承人范围，也无从享有继承权。

## 【案例评注】

### 王某荣等诉刘某某继承纠纷案①

**基本案情**

王某升与赖某秀夫妇生前共养育五子女，儿子王某兴，王某厚、王某金，女儿王某凤、王某香。王某金于 2008 年因矿难死亡，矿方一次性赔偿死亡补偿金 20 万元。王某金生前未婚且无子女，父亲王某升先于王某金死亡。王某金的母亲赖某秀作为第一顺序唯一继承人继承了王某金的死亡赔偿金。2009 年 8 月 2 日，赖某秀死亡。儿子王某厚与儿媳刘某某生育三子女：长女王某丽，二女王某花，三子王某某。儿子王某兴与儿媳龚某琴生育四子女：王某荣，王某峰，王某俭，王某艳。王某厚、王某兴均先于赖某秀死亡。

另查明，王某金死亡后花安葬费 5000 元，赖某秀生前在紫阳县蒿坪镇林家骨伤科诊所花医疗费 4394.60 元，赖某秀生前因感冒等疾病支出医疗费 5000 元，赖某秀死亡后花安葬费 18500 元。赖某秀死亡后共有遗产 167105.4 元，现该遗产由被告刘某某保管。赖某秀的女儿王某凤表示放弃继承权。赖某秀生前一直与王某厚和刘某某共同生活，且儿媳刘某某对赖某秀尽了主要赡养义务。

原告王某荣、王某峰、王某俭、王某艳诉称：2008 年 5 月 13 日，原告的叔父王某金因工死亡，矿方一次性赔偿各项费用 20 万元。原告叔父死亡时未婚，也

---

① 审理法院：陕西省安康市紫阳县人民法院；案号：（2010）紫民初字第 00644 号。

无子女。现原告的父亲王某兴、被告刘某某的丈夫王某厚、原告的爷爷王某升均先于原告的叔父死亡。原告的奶奶赖某秀于2009年8月死亡。矿方赔偿的赔偿金至今由被告刘某某保管，原告的母亲曾通过村干部、家族与被告协商分割该款，但均遭被告拒绝。根据法律规定，原告也是赖某秀遗产的合法代位继承人，被告一人独占，侵害了四原告的合法权益，故依法提起诉讼，要求被告给付四原告遗产继承款9万元，并承担本案的诉讼费。

原告王某香诉称：作为赖某秀的女儿，她也是继承人之一，请求法院按照法律规定判决其应当继承的份额。

被告刘某某辩称：被告与四原告系婶侄关系，1977年，被告与四原告一家分家另过，分家后，公公王某升、公婆赖某秀，及小叔王某金随被告一家共同生活居住，多年来，被告对赖某秀、王某升、王某金的生活、医疗多有照顾，被告对其共同生活成员也尽了主要赡养义务，且公婆王某升、赖某秀，小叔王某金的安葬事宜均是由被告一手料理。矿方赔偿的赔偿金用于王某金的安葬事宜，已开支部分，现赖某秀作为王某金的第一顺序继承人，王某金的遗产由赖某秀一人继承。赖某秀生前，被告为其医疗已开支约35000元，赖某秀死后，被告为其安葬又开支约20000元，现赖某秀的遗产还剩约7万元，原告四人虽然是被继承人赖某秀的孙子女，但四原告未对被继承人尽赡养义务，根据法律规定，其不应分割遗产，故请求法院依法驳回四原告的诉讼请求。

第三人王某丽、王某花、王某某述称：均同意被告刘某某的答辩意见。

## 法院判决

法院认为，案中被继承人死亡后无遗嘱，其遗产按法定继承办理。案中存在被继承人子女先于被继承人死亡的情形，故需适用代位继承规则。而被告刘某某与被继承人属于丧偶儿媳与公婆的关系，多年来，刘某某对被继承人的生活、医疗多有照顾，也是其生活的主要经济来源，在劳务等方面也给予了主要扶助，应当认定其尽了主要赡养义务。故审理后判决：一、赖某秀遗产167105.4元，原告王某荣、王某峰、王某艳、王某俭代位继承其父亲王某兴的份额41776.35元，即各继承10444.09元；原告王某香继承41776.35元；第三人王某某，王某丽，王某花代位继承其父亲王某厚的份额41776.35元，即各继承13925.45元；被告刘某某继承41776.35元；二、以上款项，被告刘某某于判决生效后十日内分别给付；三、驳回原告王某荣、王某峰、王某艳、王某俭的其他诉讼请求。

## 专家点评

本案中，遗产管理人即被告刘某某不愿交出遗产给其他继承人，原因在于其认为自己多年来，对已死亡的赖某秀、王某升、王某金的生活、医疗多有照顾，对其共同生活成员尽了主要赡养义务，属于法律规定的对公婆尽了主要赡养义务的丧偶儿媳，故有权获得该遗产。该案事实显示，被继承人赖某秀死亡后，因无遗嘱，故应当按法定继承处理，其所有子女依法为其法定继承人。基于其子王某厚和王某兴先于其死亡，王某厚和王某兴的晚辈直系血亲可代位继承，故王某厚的子女和王某兴的子女享有同等的代位继承权，即分别于其父所继承的遗产份额内分享遗产。被告刘某某与被继承人赖某秀属于丧偶儿媳与公婆的关系，在多年的共同生活中，被告刘某某对被继承人赖某秀的生活、医疗多有照顾，也是其生活的主要经济来源，在劳务等方面也给予了主要扶助，应当认定其尽了主要赡养义务，属于对公婆尽了主要赡养义务的丧偶儿媳，依法应作为第一顺序继承人。故法院判决刘某某因对被继承人赖某秀尽了主要赡养义务享有参与继承财产的权利正确。

**第一千一百三十条**　同一顺序继承人继承遗产的份额，一般应当均等。

对生活有特殊困难又缺乏劳动能力的继承人，分配遗产时，应当予以照顾。

对被继承人尽了主要扶养义务或者与被继承人共同生活的继承人，分配遗产时，可以多分。

有扶养能力和有扶养条件的继承人，不尽扶养义务的，分配遗产时，应当不分或者少分。

继承人协商同意的，也可以不均等。

## 【条文释义】

本条是对同一顺序法定继承人分割遗产方法的规定。该条其实也从总体上明确了在我国继承领域发生共同继承时对共同遗产的分割规则。

共同继承是相对于单独继承的概念，是指依法律规定由两个或者两个以上的继承人共同继承被继承人的遗产。共同继承人是指共同继承的享有并且行使继承既得权的数个继承人。他们只能是同一顺序的法定继承人。有的学者将共同继承称为遗产分割前的共有。[①] 这种称谓在道理上与共同继承的概念基本上是一样的，但并不十分准确。第一，将共同继承财产称之为遗产分割前的共有，具有临时的形态，更多的是强调从继承开始之后到遗产分割之时，持续的时间不会很长。事实上，这只是一种共同继承的表现形式。更常见、更为典型的共同继承，是继承开始之后长期保持遗产共有的形态，即所有的继承人共同地保持着共同共有遗产的所有权的形式，形成共同共有。仅仅说共同继承是遗产分割之前的共有，不够准确。第二，共同继承既包括长期保持遗产共有的形态，也包括短期的没有分割遗产之前的遗产共有状况，因为不管是长期的还是短期的状态，其性质是一样的，都是财产的共同共有状态，区别只是时间的长短，是时间的量的问题，不是质的问题。因此，共同继承与遗产分割前的共有基本一样。第三，共同继承还意味着一种继承的方式，共同继承是数人一起继承被继承人遗产的方式，与单独继承相对应，它是一种继承的方式。有的是数个继承人明确约定共同继承遗产，形成共同共有关系，有的是出于习惯或者伦理考虑，并没有明确的约定，而是事实上形成了共同继承。因此，在我国，共同继承的数量相当大，不仅是一种继承方式，而且是主要的继承方式。在我国的继承法律关系实践中，法定继承开始后，单独继承的情形比较少见，共同继承最为常见。在共同继承中，对内涉及各共同继承人之间的权利义务，对外关涉到被继承人的债权人与债务人的利益，共同继承对遗产的管理、使用、收益、处分、清算及分割都十分重要。

在继承法中，共同继承是一个特殊问题，需要进行深入研究。这不仅是共同继承是由不同的继承人对被继承人的财产进行继承而发生的权利义务关系，同时，共同继承还涉及物权法的共同共有财产问题，更为复杂。除此之外，还有以下几点能够说明研究共同继承的必要性。第一，共同继承发生在家庭之中，发生在具有近亲属身份关系的成员之间，关系复杂。厘清近亲属之间的关系，确定继承人与被继承人之间的关系，本身就是一个复杂的问题，并且在近亲属身份关系当中总是存在各种各样的纷争和意见，属于“清官难断家务事”的范围之内。解决好共同继承问题的规则，对于维护家庭关系、维护社会秩序具有意义。第二，共同继承的遗产与夫妻共同财产、家庭共同财产纠缠在一起，财产和财产交叉在一起，权利和权利交叉在一起，很难厘清相互之间的界限。遗产和其他财产的范围和界限都不容易厘清。第三，在中国的现实家庭生活中，如果死亡的被继承人是尊亲属，其配偶又在世，一般不进行继承析产，夫妻财产没有分割，家庭财产没有界限，共同继承的继承份额无法确定。各种各样的财产关系混杂在一起，更

---

① 陈华彬：《物权法原理》，国家行政学院出版社 1998 年版，第 480 页。

增加了确定共同继承及其财产范围的难度。一般要经过很长时间才开始进行共同继承财产的分割，需要对夫妻财产和家庭财产进行析产，还要对遗产范围的界定、对继承份额的确定，对遗产进行分割，这时已时过境迁，更增加了进行共同继承财产分割的难度。第四，共同继承财产面临着两种法律规范的调整。基本方面是民法典继承编调整，按照民法典继承编规定的规则和程序进行继承。同时，民法典物权编关于共有的规定对共同继承财产也具有指导作用。面临着两种民事法律的调整，其适用法律问题更为复杂。共同继承是客观存在的，其性质也是确定的，在共同继承关系消灭之后，都要进行财产分割，使共有财产变为单独的财产所有权，必须依靠继承法的原则和规则以及物权法的共有规则。在理论上和实践上加强研究共同继承，不仅有利于纠纷的解决，更有利于平衡社会成员之间的财产利益关系，稳定社会秩序，促进社会发展。

在我国，受传统的社会观念和思想影响，人们在继承上思想较为保守。最典型的表现，就是一般人都不愿意在活着的时候用遗嘱的方式处分自己的遗产。在社会上，如果一个继承人在被继承人还在世时，就让被继承人写出遗嘱处分身后的遗产，会被斥责为“不孝”。就算是在父母一方死亡、另一方还在世的时候，也习惯于不进行继承，由所有的继承人共同继承财产。我国的共同继承的形式多样，主要分为三种：（1）暂存的共同继承。这种类型的共同继承，表现为仅仅是在共同继承人分割遗产之前的短暂时间内存在的共同继承，遗产在这时是共同共有财产，但是随着遗产的被分割，这种共同继承财产迅速消灭。这是短暂的共同继承形式。（2）明示的共同继承。在继承的事实发生，继承开始之后，共同继承人共同商定，协议共同继承，将继承的遗产作为共同财产所共有。这是有意识的发生共同继承财产，是典型的共同继承。共同继承的遗产的基本性质是共同共有。但不能排除在典型的明示共同继承中，当事人约定按份共有共同遗产，因而形成按份共有的共同继承财产。（3）默示的共同继承。这是在被继承人死亡，继承开始以后，共同继承人都没有明确表示接受遗产或者放弃遗产，因为没有明示放弃继承权，因而是在默认发生共同继承的事实，发生默示的共同继承，被继承人的遗产变为数个继承人的共同财产。在上述这些不同的共同继承种类中，都发生共同继承财产，形成共有的财产关系。面对这些不同类型的、复杂的共同继承财产，应当认真研究共同继承财产的权利义务内容，确定正确的规则进行规范。当出现纠纷的时候，应当正确适用法律解决纠纷，维护正常的继承秩序，保障被继承人实现处分遗产的愿望，保护财产所有权。

共同继承作为一种多人同时继承一人财产的方式，其继承的对象即被继承人的财产（一般称为共同继承财产），它通常是指继承开始之后，两个或者两个以上的继承人共同继承遗产，或者数个继承人没有分割遗产之前，对继承的遗产共同共有的财产所有形式。共同继承财产既是指一种法律关系，也是指法律关系的客体即财产。共同继承财产首先是一种权利义务关系，即共同继承人就共同继承的遗产所产生的共同共有的权利义务关系。但有时候这个概念也是指这个法律关系中的客体，即被共同共有的财产，是由遗产转化而来的财产。在使用共同继承财产这个概念的时候，是在前者的范围上使用，而不是后者。对于后者，通常使用“共同遗产”这个概念。

共同继承遗产的特征有：

1. 共同继承财产是一种财产所有权形态。共同继承财产也是一种财产所有权存在的形态。在共同继承后，遗产已经转移到了继承人的手中，变成了财产的所有权，不再是遗产的形态。遗产的概念存在的期间是极为短暂的，被继承人死亡，其财产就变为遗产；而遗产一经存在，如果被继承人有数个继承人，并且共同继承，这个遗产就马上变为共同继承人的共有财产。如果只有一个继承人，该继承人马上接受遗产，也马上变为继承人的财产。只有在无人继承的情况下，遗产的形态要保持一段时间，直到收归国有或者被集体所承受之后，才变为国家或者集体所有的财产。

2. 共同继承财产是数个继承人接受遗产形成的财产所有权形态。成立共同继承财产的前提是被继承人有数个继承人，他们共同地继承了被继承人的遗产。在财产所有权的主体上，不是一个人所有的财产所有权，而是数人所有的所有权。如果被继承人仅有一个继承人，或者虽然有几个继承人但其他继承人都丧失或者放弃了继承权，只有一个人继承，因而采用单独继承方式继承，则不发生共同继承问题，也就没有就遗产发生共同共有的问题。构成共同继承，就发生共同继承的遗产所有权转变为共同共有的财产所有权的后果。这种财产所有权形态是共有的形态，即在数个继承人身上发生对被继承人所遗留的遗产共同所有的财产所有权形态。每一个继承人都享有财产的所有权，但每一个人都只是享有遗产的全部所有权，而不是分为各个不同的部分，成为单独的财产所有权。所以，共同继承财产符合财产共有的所有特征，为财产共有的所有权形态。

3. 共同继承财产是遗产分割前的一种财产所有权形态。共同继承财产的这个特征说明它具有时间的限制，不是永久存续的。它存在的期间，就是在被继承人死亡之后，数个继承人对遗产进行分割之前的这一段时间。首先，它是在被继承人死亡之后发生的，在其死亡之前，财产还是被继承人的财产，不会成为遗产。其次，在共同遗产被分割之后，也不会存在这种共有的财产形式，共同遗产会因被分割而为各个继承人单独所有。最后，共同遗产并不会永远存在，总有一天会被继承人分割，因而就像所有的共同共有财产一样，最终的结果总是要被分割掉，变成个人单独所有。

在共同继承中，关于财产的法律性质为何，在大陆法系存在着按份共有主义与共同共有主义之别：（1）按份共有主义。此种立法例源于罗马法。十二表法中明文规定："被继承人的债权和债务，由各继承人按他的所继份的多少，比例分配之。"此后，法国、日本、韩国等国民法继受了此种立法例。这种立法贯彻个人主义思想，主张自继承开始后，各共同继承人不仅对遗产整体有其应继份，而且对于构成遗产的各个标的物上亦有其应有部分。以此为基础，各共同继承人不仅可对其应继份进行处分，而且每个继承人对其在遗产的各个标的物上的应有部分也可以单独自由处分，进行转让、设定抵押等；属于被继承人的以可分给付为标的的债权、债务也自动分割而归属于各共同继承人。属于被继承人的以不可分给付为标的的债权债务，则成立共同继承人的连带债权债务。（2）共同共有主义。此立法例源于日耳曼法，后为德国、瑞士等国民法以及我国台湾地区"民法"所沿袭。这种立法例贯彻团体主义思想，认为在继承开始后，遗产作为共同体归属于全体共同继承人，各共同继承人对构成遗产的各个财产没有自己的应继份，只是对遗产整体享有自己的应继份，其应继份为潜在的、不确定的。我国台湾地区"民法"第1151条规定："继承人有数人时，在分割遗产前，各继承人对于遗产全部为公同共有。"在遗产最终分割前，各共同继承人仅可以处分其应继份，但除经过全体共同继承人同意外，不得对构成遗产的个别财产进行处分。相应地，债权债务自继承开始后成为各共同继承人的连带债权与连带债务。

在英美法系，因实行遗产管理人制度，即在继承开始后，遗产暂归遗产管理人进行清算，并不当然地、直接地归属于继承人，直至清算结束后且有剩余财产时，继承人才能取得遗产。因此，继承人之间一般不发生共同继承问题。

而我国对共同继承没有明文规定，这也导致了学界对此存在纷争。有人认为共同继承取得的财产为按份共有；① 也有人认为共同继承所形成的共有是共同共有。② 我们认为，共同继承人对遗产的共有应为共同共有，主要理由是：首先，中华民族对遗产具有共同共有的历史传统。在我国历史上，一般只有家产而无家庭成员的个人财产，且不仅在家长生前家产被认为是家长和家庭成员的共同共有财产，即使家长死亡后，在一般情形下仍不分家析产，家产一般仍维持共同共有状态。到了现代，人们依然受此民族传统的影响。因此，我国共同继承财产的性

① 刘素萍主编：《继承法》，中国人民大学出版社1988年版，第178页。
② 刘春茂主编：《中国民法学·财产继承》，中国人民公安大学出版社1990年版，第526页。

质与日耳曼法的共同继承的团体主义法理相似，应为共同共有。其次，有利于保护遗产债权人。基于遗产的共同共有性质，各共同继承人对遗产债务负连带责任，这对保护遗产债权人有利。再次，符合现代民法的发展趋向。现代民法由个人本位转向社会本位，这是现代民法的发展趋向，共同继承财产为共同共有的性质与此趋向相契合。最后，我国现行司法解释也认可各共同继承人对遗产的共有是共同共有。《最高人民法院关于贯彻执行〈中华人民共和国民法通则〉若干问题的意见（试行）》第 177 条明确规定："……继承开始后，继承人未明确表示放弃继承的，视为接受继承，遗产未分割的，即为共同共有……"

所以，在共同继承中，共同继承财产为共同共有财产，由全体共同继承人对该财产共同享有权利，共同承担义务。故非经全体继承人一致同意，不得处分属于遗产之各个财产，擅自处分者其行为无效。但是，善意第三人得受占有和登记公信力的保护。而且，依据共同共有原则，自继承开始起，被继承人的债权债务成为全体继承人的共同债权债务，债务人清偿债务是向全体继承人清偿，而不是仅向部分继承人清偿；债权人可以向全体继承人求偿，也可以向任何一位继承人求偿，共同继承人之间负连带责任。

遗产共同共有与普通共同共有毕竟存在差异，对此应加以注意。首先，两者共有权的客体不同。普通共同共有一般是指数人对某项财产的共同共有，多数以物作为客体；而遗产共同共有的客体不仅包括物，而且包括可以继承的债权及其他可继承的权利。其次，两者财产分割的根据不同。普通共同共有以共有关系本身为其终局目的，在普通共有存续期间，各共有人无权请求分割共有财产，只有在共有关系消灭时，才能请求分割；而遗产共同共有系以遗产分割为终局的目的，对遗产共有实行遗产分割自由原则，各共同继承人可随时请求分割遗产。最后，两者财产分割的效力不同。普通共同共有的财产分割采取转移主义，自财产分割时发生财产的归属及相互转移的效力，即具有创设的效力；而遗产共同共有的遗产分割采取宣告主义，遗产的分割溯及继承开始时发生效力，即从继承开始时起财产已专属于继承人所有。①

按照一般的共有理论，共有财产应当依据共有关系的存在，基于法律的规定而发生。在共同继承财产中，其发生的表现较为特殊，不仅要有共同关系的存在和法律的规定，还要有具体的发生条件，只有当这些条件具备的时候，才发生共同继承财产。共同继承财产依据以下条件发生：（1）被继承人死亡，继承已经开始。共同继承财产发生的前提条件是被继承人已经死亡，遗产继承已经开始。被

① 郭明瑞等：《继承法》，法律出版社 2004 年版，第 193 页。

继承人死亡包括自然死亡和宣告死亡，都发生遗产开始继承的效果。这时，遗产的范围已经确定，只要被继承人有继承人，就必然发生继承的后果，遗产就转化为继承人所有的财产。共同继承财产就有发生的可能。（2）继承人为二人或者二人以上。发生共同继承财产须具有继承人的量的条件。即继承人须为二人或者二人以上，只有继承人在数量上符合要求，才能够在数个主体身上发生财产共有的效果。只有一个继承人不会发生共同继承，不会发生共同继承财产。（3）遗产由于共同继承或者尚未进行遗产分割而整体存在。共同继承财产的发生，就是遗产没有被分割而被分别继承，成为各个继承人的单独所有的财产。遗产的共同共有，唯在分割遗产前一时的成立，构成特别财产。在具备上述三个条件时，共同继承财产发生，在各个继承人之间产生共同继承财产的共有权利义务关系。

共同继承财产为共同共有财产，由全体共同继承人对该财产共同享有权利，共同承担义务。在共同继承财产的权利义务中，应当着重研究各个共同共有人即共同继承人在共同共有关系中的潜在应有部分。原因在于在共同共有关系中，共同继承财产的潜在应有部分表现得最为突出。

共同共有的潜在应有部分，是指共同继承财产关系中存在的各个继承人对于将来分割共同继承财产时会发生决定性影响的潜在份额。共同继承财产为共同共有关系，虽然各个共有人并不对共有的财产划分份额，而是共同享有所有权，共有物的所有权属于共有人全体，而非按照应有部分享有所有权，故对该共同共有物的全部，共有人没有应有部分存在。但没有应有部分并不是说就没有任何关于应有部分的因素，潜在的应有部分仍在暗中发挥着作用。共同共有既然是财产权、既然是几个共有人共同享有共有财产的所有权，那么在市场经济条件下，不可能绝对地共同所有、绝对地不分份额，那样就没有各个共有人的利益了。

在共同继承财产中，这种潜在的应有部分表现更为明显，这就是共同继承财产中的应继份。遗产继承的应继份也就是遗产分割的份额，是指各个法定继承人应当分得的遗产的数额。① 在继承开始之后，只要存在数个继承人的，就发生共同继承财产，就会存在应继份的问题。例如，夫妻二人加上两名子女，丈夫死亡，共同继承人就是妻子和两名子女，共三个共同继承人。在夫妻共同财产中分出一半，为妻子所有的财产，另外的一半为丈夫的遗产，发生继承问题。这时，妻子和两个子女都是第一顺序继承人，都享有继承权，为共同继承人，继承的份额应当是一样的，即各为三分之一。这个三分之一就是每个共同继承人的应继份。共同继承财产中的应继份，就是共同共有财产的潜在应有部分。在与其他共

---

① 刘素萍主编：《继承法》，中国人民大学出版社 1988 年版，第 239 页。

同共有的潜在的应有部分相比较，共同继承财产中的潜在应有部分表现得更为充分。在其他共同共有财产中，如夫妻共有财产和家庭共有财产中，直到最后共同共有关系消灭时，潜在的应有部分才表现出来，发挥作用。而共同继承财产的应继份是在继承一开始就显形地表现着；即使在共同继承财产关系存续期间，它也持续地表明继承是要按照应继份进行的；直到共同继承财产关系消灭，对遗产进行分割时，应继份才发挥最终作用，即按照应继份分割共同遗产。

在法定继承中，法定继承人的范围是法律规定的，作为共同继承财产的主体是共同共有的共同继承财产的权利主体，是指具有合法继承人身份的法定继承人。它必须是法定继承人，享有继承权，并且没有丧失继承权的法定事由。共同继承财产主体的特征包括：（1）共同继承财产的权利主体必须是法定继承人。法定继承人为配偶、子女、父母以及兄弟姐妹、祖父母外祖父母。其中配偶、子女和父母为第一顺序继承人，兄弟姐妹、祖父母外祖父母为第二顺序继承人。对公婆或者岳父母尽了主要赡养义务的丧偶儿媳或者丧偶女婿，可以作为第一顺序的继承人，为合格的继承人。作为共同继承财产的权利主体，不仅是合格的法定继承人，而且必须顺序在先，或者是第一顺序继承人，或者虽然是第二顺序继承人但是没有第一顺序继承人。（2）共同继承财产的权利主体应当具有继承能力。具有民事权利能力的人都具有继承能力。尚未出生的胎儿在继承问题上视为已经出生，应当保留应继份。失踪的人也具有继承能力，在继承时也为合格的继承人。（3）共同继承财产的权利主体须享有合法继承权。共同继承财产的主体不仅享有继承权，并且须没有丧失继承权的法定事由。已丧失继承权的不能作为共同继承财产的权利主体。（4）共同继承财产的权利主体没有放弃自己的继承权。继承人可以放弃继承权，放弃继承权应当采用明示方式，在遗产处理之前作出放弃继承的表示。没有明示表示的，视为接受继承。在遗产处理之前，继承人明示表示放弃继承权的，不能成为共同继承财产的权利主体。

欲合法合理地对共同遗产进行分割，需确定共同遗产的具体范围，即确定共同遗产有无增减。对共同遗产进行分割，遗产的范围应当自继承开始时确定。在现实中，尤其是在明示或者默示的共同继承财产关系已经延续了很长时间的情况下，财产必然会出现变化。对共同遗产进行分割时，不仅要将遗产的范围确定清楚，还要将遗产的增减数额及其原因分析清楚，为共同遗产的分割做好准备。具体要求：（1）分清共同遗产的自然消耗和折旧。共同遗产的自然消耗和折旧应当从共同遗产中予以扣除，其中包括为知识产权所缴纳的年费等费用。（2）分清共同遗产的增值。共同遗产在经营中发生增值的，应当将增值部分计算清楚，也作为共同遗产的范围，参加分割。如果共同遗产增值较大或者巨大，则应当成为一般的共同共有财产，按照共同共有财产分割，而不再考虑共同遗产的分割方法进行分割。(3) 分清个人对共同遗产的占用或者侵占。在共同继承财产关系存续期间，有的共同继承人占用共同遗产或者对这一部分财产非法侵占的，应当准确确定，追回后作为共同遗产参加分配；也可以将其价值作为分割给该人的部分，而不予追回。

如存在必留份，应在共同遗产中保留必留份。依民法典继承编第 1155 条规定，遗产分割时，应当保留胎儿的继承份额。胎儿娩出时是死体的，保留的份额按照法定继承办理。这种保留，只对暂存的共同继承财产发生作用。对于明示的或者默示的共同继承财产关系，由于存续的时间较长，继承发生时胎儿已经娩出成为继承人，加入到共同继承人的行列，或者娩出时已经确定为死体不再作为继承人存在，或者娩出后已经死亡又发生继承的问题，因而不必再保留必留份。只有在暂存的共同继承财产关系进行遗产分割的时候，才一定要保留胎儿的必留份。

在确定可供继承的共同遗产范围后，就得按本条规则确定各继承人应当分得的遗产份额。按本条规定，法定继承人分割遗产的具体方法是：

1. 在一般情况下应当均等分割。同一顺序法定继承人有数人的，继承遗产的份额一般应当均等，在特殊情况下也可以不均等。一般情况，是同一顺序的各个继承人在生活状况、劳动能力以及对被继承人所尽赡养（扶养）义务等情况基本相同，没有大的区别。在这种情况下，应当均等分割。确定每个继承人的应继份，不是以遗产分割的时间为准，而是按照继承开始时确定的遗产总额计算。

2. 在特殊情况下可以不均等分割。这就包括：对生活有特殊困难又缺乏劳动能力的继承人，应当予以适当照顾，适当多分；对被继承人尽了主要扶养义务或者与被继承人共同生活的继承人，可以多分财产；对于有扶养能力和扶养条件却不尽扶养义务的继承人，可以不分或者少分。

3. 各继承人协商同意不均等分割的，也可以不均等分割。在分配遗产时，应当根据不同情况，按照上述分割遗产的方法，确定每个继承人的继承数额。

遗产在继承人之间进行分割后，在法律上也会产生相应的法律后果。它主要包括遗产分割的溯及效力与共同继承人之间的瑕疵担保责任。我国民法典继承编没有规定遗产分割效力，依通说采宣告主义，即从继承开始到遗产分割以前，各共同继承人为暂时的共同所有关系。但遗产的分割与通常的共有物的分割是不同的，通常共有物的分割是从分割时开始发生效力的，而遗产分割的效力应当溯及既往。采此观点的主要理由是：第一，有利于简化取得遗产所有权的手续；第二，有利于保护善意的继承人；第三，我国继承采取的是当然继承主义，在继承开始后，继承人就取得遗产。因此，遗产的分割只是将继承人的应继份加以特定化而已，并不是重新设立继承人的权利。

遗产分割的瑕疵担保责任是指共同继承人之间对分得的遗产瑕疵承担的相互担保责任。大陆法系国家继承立法对遗产分割瑕疵担保责任均作规定。我国对遗产分割的相互担保责任没有规定。遗产分割瑕疵分为物的瑕疵和权利瑕疵，遗产分割瑕疵担保责任也应当包括两个方面，即遗产瑕疵担保责任和权利瑕疵担保责任。遗产瑕疵担保责任也就是物的瑕疵担保责任，是指担保遗产标的物无瑕疵，即遗产标的物的价值、效用或品质无瑕疵。各共同继承人对其他继承人所分得的遗产的瑕疵负有担保责任，必须具备担保责任成立的要件：（1）遗产的瑕疵必须在分割以前就已经存在；（2）该瑕疵必须不是由于分得该物或权利的继承人本人的过失而发生的；（3）在遗产分割时分得该遗产的继承人不知其所分得的物或权利有瑕疵；（4）没有特别约定。权利瑕疵担保责任也称为对遗产被追夺的担保责任，是指担保遗产标的物的权利无瑕疵，保证不受第三人对遗产标的物主张任何权利而被追夺。共同继承人的担保责任与出卖人的瑕疵担保责任应当等同适用一样的规则。由于遗产分割的特殊性，共同继承人的瑕疵担保责任与出卖人的瑕疵担保责任在具体实现上略有不同，即继承人瑕疵担保责任的实现，可以采用重新分割遗产或者请求补偿的方式，而出卖人瑕疵担保责任的实现须承担违约责任。

## 【案例评注】

### 王某甲等五人诉王某某继承纠纷案[①]

#### 基本案情

原告王某甲、王某乙、王某丙、王某丁、王某戊均系被继承人王某宁与前妻的婚生子女。1989 年 7 月，王某宁与被告王某某再婚，婚后无子女。第三人王甲及其弟王乙，均是王某某与前夫的婚生子女。王甲于 1986 年 7 月迁至香港定居，王乙于 1989 年 2 月去日本留学。1991 年 6 月 1 日，王某宁在香港病故，因未留遗嘱，原告因与被告为分割遗产发生纠纷，诉至法院。

被继承人王某宁于 1985 年购买德兴大厦第二座 16 楼 D 单元房产一套，现价值港币 210903 元。1987 年 7 月，王某宁购买衡山阁第一栋 15 楼 H 单元房产一套，现价值港币 316031 元，同年 7 月 30 日把该房产一半产权通过公证赠与被告王某某。1988 年 4 月，王某宁与第三人王甲共同贷款购买东方花园别墅第一座二

① 《最高人民法院公报》1993 年第 2 期（总第 34 期）。

楼B单元房产一套，现价值港币1010907元，同时还购买东方花园别墅第二座二楼E单元房产一套，现价值港币1035146元，买房时贷款港币600000元，已由王某宁和王甲共同偿还。

被继承人王某宁与被告王某某婚后居住在东方花园别墅第一座二楼B单元，在此期间购置了三菱牌冷气机4台，珠江牌钢琴1架，日立牌20英寸彩色电视机1台和电话机1部等家庭用具。东方花园别墅第二座二楼E单元房产从1991年3月1日至1992年1月30日出租，每月租金港币4000元，由王某某收取。

原告王某甲、王某乙、王某丙、王某丁、王某戊诉称：被告王某某因看中被继承人王某宁的财产而与其结婚。婚后，被告经常虐待被继承人。被继承人生病时也不送医院治疗，任其在家中忍受痛苦。直至被继承人病危时，被告才通知原告王某甲。当王某甲接被继承人去香港治疗时，被告趁机从王某甲处拿走被继承人存放在香港的保险箱上的钥匙，取走被继承人的现金、股票。在被继承人死亡后，被告又将被继承人婚前购置的4处房产占用或出租。当原告与其协商继承之事时，被告不予理睬，准备长期独占原告应得之财产。请求法院依法判令被告丧失其继承权，被继承人的全部遗产以及被告出租遗产房屋所得之收益应由原告继承，被告承担本案诉讼费。

被告王某某及第三人王甲辩称：原告讼争之财产中，有被继承人王某宁生前赠与被告以及王某宁和第三人共同出资购置的房产，这部分财产不是王某宁的遗产。另外，王某宁在与被告结婚后，才归还婚前购房贷款，应视为用夫妻共同财产归还了个人贷款，应当在遗产中扣还。被告不反对原告作为第一顺序继承人继承王某宁的遗产。但是，各原告均具有赡养能力与条件，长期以来对王某宁没有承担过任何赡养义务，因此继承遗产时应当不分或少分。被告与王某宁登记结婚，在王某宁晚年与其共同生活，相依为命，相敬如宾，不仅应作为第一顺序继承人继承王某宁的遗产，依法还应多分。在王某宁晚年陷于孤独和潦倒境地之时，只有第三人出于人道主义每月给王某宁500元港币作为生活费。被告与王某宁结婚后，第三人及其弟王乙作为王某宁的继子女，承担了对王某宁的赡养义务，因此均应作为第一顺序继承人继承遗产。

## 法院调解

法院审理后认为：该案的合法继承人仅包括被告王某某及原告王某甲、王某乙、王某丙、王某丁、王某戊。第三人王甲及其弟王乙因与被继承人之间没有形成扶养关系，故不得作为继承人。而被告王某某在王某宁生前与其共同生活，直至王某宁死亡，依照规定，可以多分遗产。同时，法院还对多名继承人共同继承的财产范围作出了明确的认定。经调解，双方当事人自愿达成如下协议：一、坐落于东方花园别墅第二座二楼 E 单元的房产 1 套，归第三人王甲所有；二、坐落于德兴大厦第二座 16 楼 D 单元和衡山阁 15 楼 H 单元的房产 2 套，归被告王某某所有；三、坐落于东方花园别墅第一座二楼 B 单元的房产 1 套，归原告王某甲、王某乙、王某丙、王某丁、王某戊共有；四、三菱牌冷气机 1 台、日立牌 20 英寸彩色电视机 1 台、出租东方花园别墅第二座二楼 E 单元所得租金以及被告王某某与王某宁婚后所使用的日常生活物品，均归王某某所有。三菱牌冷气机 3 台、电话机 1 部、珠江牌钢琴 1 架归原告王某甲、王某乙、王某丙、王某丁、王某戊共有；五、被继承人王某宁在香港的遗产和遗留的债务，双方当事人同意到香港有关部门请求处理。

## 专家点评

本案中，被继承人曾有过两次婚姻，死亡后，其留有子女及妻子，故本案为共同继承遗产纠纷案。原告王某甲、王某乙、王某丙、王某丁、王某戊都是被继承人王某宁的亲生子女，被告王某某是王某宁的妻子，均为王某宁的第一顺序继承人，有平等的继承权，在分配遗产时份额一般应当均等。原告诉王某某虐待王某宁且应丧失继承权的主张，以及王某某提出原告不尽赡养义务，应当不分或少分遗产的主张，均因不能举出相应的证据而未得到支持。第三人王甲及其弟王乙要求作为王某宁的继子女继承遗产的请求，因在王某宁与王某某结婚前，王甲及其弟王乙二人就已去香港和日本居住，且没有足够证据证实二人与王某宁之间已形成扶养关系，故不能成为王某宁的继承人。

认定被继承人遗产范围时，应先将夫妻生存一方的财产分开，以此确定死亡一方配偶的财产为遗产。故在该案中，被告王某某于 1989 年 7 月与被继承人王某宁结婚，婚后购置的冷气机、电话机、钢琴、彩色电视机等家庭用具和从 1991 年 3 月 1 日至同年 6 月 1 日出租房屋收取的租金，是夫妻关系存续期间所得的财产，应为夫妻共同财产，其中一半产权归王某宁所有。王某某与王某宁结婚时间较短，婚后一直在家休息，没有从事经营性工作，没有收入。王某宁归还婚前买房的贷款，如其动用的是自己婚前存放的资金，则该部分资金应是王某宁的婚前个人财产，不能认为是夫妻共同财产。如其动用的是婚后收入，则该部分应被认定为夫妻共同财产。衡山阁一栋 15 楼 H 单元房产一套，王某宁购买后已将其中一半产权经过公证赠与王某某，该赠与行为有效，王某宁只对另一半房产拥有所有权。东方花园别墅第一座二楼 B 单元，第二座二楼 E 单元房产 2 套，均是王某宁与第三人王甲共同出资购买，王某宁有一半产权。上述属王某宁所有的房产，均是王某宁婚前个人财产。王某宁死后，这部分房产连同夫妻共同财产中属王某宁所有的财产，以及1991年6月1日王某宁死亡后王某某继续收取的房屋租金，是王某宁的遗产，应由五原告与被告共同继承。

**第一千一百三十一条** 对继承人以外的依靠被继承人扶养的人，或者继承人以外的对被继承人扶养较多的人，可以分给适当的遗产。

## 【条文释义】

本条是对酌分遗产的规定。

酌分遗产，是指对继承人以外的依靠被继承人扶养的人，或者继承人以外的对被继承人扶养较多的人，虽然没有继承权，但是可以根据实际情况分给适当遗产的继承制度。该制度保证曾与被继承人存在相当扶养关系的非继承人能够从被继承人处获得一定的遗产，或作为基本生活的保障，或作为曾对被继承人扶养较多的报偿，同时，该制度也形成对被继承人遗嘱自由的限制。该能够分得适当遗产的权利，被称为酌情分得遗产权。酌情分得遗产权既不属于继承权，也不属于受遗赠权，是我国法定继承制度中的一项独特的权利。世界上直接规定此制度的国家很少。

在继承领域，存在着一部分人，他们与被继承人无婚姻及亲密血亲关系，但因缺乏劳动能力又没有生活来源而曾依靠被继承人扶养，或曾对被继承人扶养较多，在被继承人死后其需要继续得到被继承人遗产的帮助及补偿或慰藉，故在被继承人死后，被继承人对他们原所实施的扶养扶助行为是否需要延伸进行，及他们曾对被继承人实施的扶养扶助行为是否应该得到回报的问题便会产生。如果被继承人生前曾以遗嘱对此类关系人作了财产上的安排，那么他们将会通过遗嘱从被继承人处获得一定的遗产；如果被继承人生前没有以遗嘱对此类关系人作任何安排，那么他们基于与被继承人生前的扶养扶助关系而应该继续获得的扶养、帮助或回报，就需要以法律措施或制度予以保障。如果既想使继承的基础遵循传统而保持在婚姻、亲密血亲的范围之内，又想使被继承人的遗产除能留给法定继承人外，还能受益于其他应从遗产中受益的此类非法定继承人，如受益于那些依靠被继承人生前扶养的缺乏劳动能力又没有生活来源的非继承人，以及那些继承人以外对被继承人扶养较多的人，那么就应采用非继承的方式对之进行规制，以此保证继承传统基础的正常维续与协调统一。如此，对与被继承人生前存有特别扶养扶助关系而应适当分得遗产的非继承人保护的缺位，便以酌分遗产的制度来补充解决。

可以酌分遗产的人有两种：（1）对继承人以外的依靠被继承人扶养的缺乏劳动能力又没有生活来源的人；（2）继承人以外的对被继承人扶养较多的人。这两种人，前者是需要基于一定的遗产以使其生活有着落，后者是依据权利义务相一致原则，因其对被继承人扶养较多而分给适当遗产以资鼓励。具体酌分多少，应当根据实际情况酌定。

酌情分得遗产权与继承权相比，区别在于：第一，继承权既存在法定继承中，也存在遗嘱继承中，而酌情分得遗产权只在法定继承中才会存在。继承权的权利主体是法定继承人范围之内的人，而酌情分得遗产权的主体具有特定性，仅限于法定继承人之外的与死者生前形成某种扶养关系的人。第二，酌情分得遗产的份额同继承人的份额也不同，可以少于法定继承人的继承份额，也可以均等，甚至高于法定继承人的继承份额。

## 【案例评注】

### 王某某诉罗某某继承纠纷案[①]

#### 基本案情

原告王某某与被告罗某某曾是婆媳关系，陈某某与其丈夫王某清生育有一女，即原告。陈某某及其丈夫在生前因与原告关系不好，早年曾将原告逐出家门。1988年11月9日，王某清去世。之后，陈某某与被告共同生活，由被告赡养。王某清生前与陈某某共有木结构房产1处，即本案讼争房产，集体土地建设用地使用证载明：用地面积66.90平方米，其中建筑占地面积56.17平方米。2003年7月29日，原告为改善与其母亲的关系，到被告家中吩咐自己儿子喻某某将陈某某背至原告家中与其共同生活。2003年8月1日，陈某某向公证处申请办理代书遗嘱公证。同日，公证处派出公证员到原告家中为陈某某代书遗嘱，并办理了遗嘱公证书。该遗嘱的主要内容是：（1）她与丈夫王某清（已去世15年）共有木结构房屋一间，坐落于某地。（2）她与丈夫王某清生育有一女，名王某某，女儿长期未照料她，她的生活起居都是由其外孙媳妇罗某某长期照顾；（3）她去世后，将上述房屋产权的一半和继承王某清遗留房产的份额由罗某某所有，其他

---

① 审理法院：四川省屏山县人民法院；案号：（2009）屏山民初字第615号。

人不得继承，且丧事从简，由罗某某负责操办其后事。2003年9月8日，陈某某去世，被告将其为陈某某置办的寿衣、寿被等物品拿出，要求履行安葬义务，被原告拒绝后，由原告主持安葬了陈某某。2003年11月4日，公证处向被告送达了遗嘱公证书。被告罗某某在收到该遗嘱公证书后的两个月内未明确作出是否接受遗赠的意思表示。

另外，被告与原告之子喻某某于1998年12月4日经法院调解离婚。2007年8月20日，政府工作部门在实施实物指标调查复核登记时，确认本案讼争房屋建筑面积为115.07平方米。

原告王某某诉称：她是陈某某唯一的女儿。被告罗某某曾是原告的儿媳妇，于1998年12月4日与原告之子喻某某离婚。2003年8月1日，陈某某立了一份遗嘱，将其房屋赠送给被告，但附有义务，即陈某某死后由被告负责安葬。该遗嘱无效，主要理由：（1）陈某某立遗嘱时正生病，意识不清，不具备立遗嘱的能力；（2）该遗嘱是以遗嘱形式设立的遗赠扶养协议，是双务合同，双方都应当在协议上签字确认，但被告罗某某没有在遗嘱上签字；（3）陈某某立遗嘱时原告已经是60岁的老人，已丧失劳动能力，陈某某立遗嘱时没有为原告保留必要的遗产份额，该遗嘱违反了法律的强制性规定。即使该遗嘱有效，被告在2003年11月4日就已知道陈某某将房产赠与她了，而被告未在两个月内明确表示是否接受赠与，应依法视为放弃遗赠。另外，被告即使未放弃遗赠，仍对诉争房产享有继承权，但该房屋一直由原告占用，被告应当知道自己的权利被侵害，被告未在两年内主张权利，已超过诉讼时效，法院也应当不予支持被告。该房产依法应由原告继承，故请求法院判决确认陈某某所立的遗嘱无效，陈某某名下的房产由原告继承。

被告罗某某辩称：陈某某于2003年8月1日立遗嘱将其与丈夫王某清生前共有房屋产权的一半和继承王某清遗留的房产份额，共计该房产的75%，明确由被告继承，并办理了公证。当时，原告只有五十多岁，没有丧失劳动能力，有子女，有生活来源，不依靠陈某某的遗产维持生活，可以不保留原告的遗产份额，且法律未规定受遗赠人（被告）必须在遗嘱上签字，故该遗嘱意思表示真实，内容合法、有效。多年来，陈某某的户口一直与被告在一个户头上，生活全是由被告照顾，生病也是被告出钱治疗，且被告还准备了陈某某后事所需的寿衣、寿被等。直至2003年7月29日，原告为达到继承房产的目的，强行将陈某某背到其家中。2003年9月8日，陈某某去世，被告要履行安葬义务，原告却不准被告履行这一义务。陈某某立有遗嘱，应按遗嘱继承，原告无权继承。即使原告有权继承，但因其具备赡养能力和条件却长期对陈某某不尽赡养义务，分配遗产时，应当不分或少分。请求法院依法确认公证遗嘱有效，驳回原告的诉讼请求。

## 法院判决

法院经审理认为：公民立遗嘱处分个人财产，既可以在法定继承人之内指定遗嘱继承人，也可以将财产遗赠与法定继承人以外的人。原告王某某、被告罗某某讼争的木结构房的1/4应由原告在其父王某清死亡后继承所有，其余3/4房产为陈某某的遗产。对此双方无异议，本院予以确认。被告罗某某不是陈某某的法定继承人，原告王某某之母陈某某所立公证遗嘱系陈某某将其个人享有的上述财产，即本案讼争房产的3/4份额遗赠与被告罗某某。根据《中华人民共和国继承法》第二十五条第二款“受遗赠人应当在知道受遗赠后两个月内，作出接受或者放弃受遗赠的表示。到期没有表示的，视为放弃受遗赠”的规定，被告在2003年11月4日收到公证处向其送达的遗嘱公证书时，就已经知道本案遗赠事实，但被告未在两个月内明确作出是否接受或者放弃遗赠的意思表示，应视为被告已放弃接受遗赠，陈某某的遗产应按法定继承处理。本案遗产至今未实际分割，不存在权利人权利被侵害的事实，故原告提出被告主张继承遗产的权利已超过诉讼时效的抗辩理由，依法不能成立。按照法定继承，原、被告有无继承权以及应当如何继承？原告王某某为陈某某的法定第一顺序继承人，且无丧失继承权之法定情形，因此原告对陈某某所留遗产依法享有继承权；被告罗某某多年来照顾陈某某的生活，对陈某某尽了主要扶养义务，根据《中华人民共和国继承法》第十四条“……继承人以外的对被继承人扶养较多的人，可以分给他们适当的遗产”的规定，被告应当适当分得陈某某所留遗产。由于原告与其母陈某某的关系未能改善等原因，原告在客观上对陈某某未尽主要赡养义务，根据《中华人民共和国继承法》第十三条第四款“有扶养能力和有扶养条件的继承人，不尽扶养义务的，分配遗产时，应当不分或者少分”的规定，原告应当少分得陈某某的遗产。本院综合本案情况，酌情确定对陈某某的遗产（即本案讼争房产的75%）原告享有60%，被告享有40%，再结合原告因其父王某清死亡应继承该房产之25%的事实，即本案讼争房产由原告享有70%，被告享有30%。鉴于本案讼争房产即将实施搬迁安置，因此本院仅作出比例划分的判决。判决如下：一、以陈某某的名义登记的木结构房屋，由原告王某某享有70%的产权，被告罗某某享有30%的产权；二、驳回原告王某某的其他诉讼请求。

## 专家点评

案中原告王某某为陈某某的法定第一顺序继承人，且无丧失继承权之法定情形，因此原告对陈某某所留遗产依法享有继承权。被告罗某某多年来照顾陈某某的生活，对陈某某尽了主要扶养义务，属于本条所规定的继承人以外的对被继承人扶养较多的人，自然应当依法分得被继承人的适当遗产。在被告依法适当分得被继承人遗产的同时，由于作为法定第一顺序继承人的原告与其母陈某某的关系未能改善等原因，原告在客观上对陈某某也未尽主要赡养义务，结合民法典继承编第1130条有扶养能力和有扶养条件的继承人，不尽扶养义务的，分配遗产时应当不分或者少分的规定，原告应当少分得陈某某的遗产。

**第一千一百三十二条** 继承人应当本着互谅互让、和睦团结的精神，协商处理继承问题。遗产分割的时间、办法和份额，由继承人协商确定；协商不成的，可以由人民调解委员会调解或者向人民法院提起诉讼。

## 【条文释义】

本条是对确定处理继承方法的规定。

多名继承人共同继承遗产的情形，自然就涉及遗产分割事宜。

确定处理遗产继承应当遵守的基本方法是：

1. 继承人应当本着互谅互让、和睦团结的精神，协商处理继承问题。在遗产分割时，强调继承人之间互谅互让、协商分割遗产，有利于促进家庭的和睦团结，有利于精神文明建设。互谅互让要求继承人在分割遗产时要相互关心、相互照顾，对法律规定需要特殊照顾的继承人，如缺乏劳动能力、生活特殊困难的继承人，应当适当多分给遗产。这是大的原则，通过协商处理，使遗产继承能够实现公平合理。

2. 遗产分割的时间、办法和份额，可以由继承人协商确定，根据协商确定的时间、办法和份额，分割遗产。即协商分割要求继承人在遗产分割时，对遗产的分割时间、分割办法、分割份额等都应当按照继承人之间协商一致的意见处理。

3. 如果继承人之间经过协商而协商不成的，可以由人民调解委员会调解或者向人民法院提起诉讼。即如果各继承人对遗产的分割协商不成的，可以向人民调解委员会申请调解，达成调解方案的，按照调解方案处理遗产继承纠纷，确定遗产分割方法。在具体的分割方法上，应当遵照实物分割、变价分割、补偿分割与保留共有的分割方法进行。诉讼作为最终的争议解决方式，在各继承人协商或调解不成时，继承人可以向法院提起诉讼，请求裁判确定遗产分割方法。法院裁判的具体方式，也应当遵照实物分割、变价分割、补偿分割与保留共有的分割方式进行。共同继承人诉请法院解决遗产分割的案件，很少有单纯的遗产分割方法的诉讼，往往与继承权的确认、应继份确定等问题联系在一起。法院应当对存在争议的继承问题作出裁判，对纠纷进行彻底解决。人民法院受理继承案件也应当进行调解，调解不成的，依照本编的规定处理。

就遗产分割时间的确定，此处重点说明。继承从被继承人死亡时开始，在继承开始后，继承人有权随时请求分割遗产，而遗产分割的时间就是在继承人提出分割请求后进行实际分割遗产的时间。遗产分割的时间必须在继承开始之后。遗产分割应当在继承开始后的什么时间内进行，我国没有作出规定。按照遗产分割自由原则，在继承开始后的任何时间，继承人都有权要求分割遗产。具体的分割时间由继承人协商确定，继承人协商不成的，可以通过调解确定，也可以通过诉讼程序由人民法院确定。如果继承人经过协商，确定在一定期限内不分割，或者继承人都不提出分割遗产的要求，这种遗产的共有状况就将持续下去。无论持续多长时间，继承人想分割遗产的，都有权请求分割。即使在继承开始 20 年以后，继承人仍然有权分割遗产。

在遗产分割的时间问题上，应当将遗产分割的时间与继承开始的时间区别开来。它们的区别主要体现在：第一，继承开始时间是法定的，它只能是被继承人死亡的时间，继承人或其他任何人都不能加以变更；而遗产分割时间是约定的，它可以是继承开始后的任何时间，其具体时间是经过继承人协商或其他方式确定的。第二，继承开始时间是一个具体的时间，一般是具体到日，有的还可能具体到时、分、秒；而遗产分割时间可以是一个具体的日期，也可以是期间，即在一段时间内分割遗产，但一般不具体到时。第三，继承开始时间发生的是继承人取得继承既得权的效力，继承人可以行使继承权，但不能处分其应继份；而遗产分割时间发生的是继承人实际取得遗产所有权的效力，继承人可以对其分得的遗产加以处分。

继承人虽得自由行使遗产分割请求权，但有时也会受到一定限制，这就是对遗产分割时间的限制问题。限制遗产分割时间的具体事由主要有以下几种：

1. 非经遗产债务清偿，不得分割遗产。在遗产债务清偿与遗产分割问题上，各国继承立法有两种不同规定：一是非经清偿遗产债务，不得分割遗产。德国、瑞士等国采取这种主张。二是清偿遗产债务不是分割遗产的前提，遗产债务未清偿前，继承人可以分割遗产。法国、日本等国采取这种主张。我国对此没有明确，司法实践一般采取以下两种方法：（1）先清偿债务后分割遗产。先清偿债务后分割遗产是一种总体清偿方式。按照这种清偿方式，共同继承人首先从遗产中清算出遗产债务，并将清算出的相当于遗产债务数额的遗产交付给债权人；然后，根据各继承人应继承的份额，分配剩余遗产。（2）先分割遗产后清偿债务。先分割遗产后清偿债务是一种分别清偿方式。按照这种清偿方式，共同继承人首先根据他们应当继承的遗产份额，分割遗产，同时分摊遗产债务，然后，各继承人根据自己分摊的债务数额向债权人清偿。如果遗产已被分割而未清偿债务的，则应按照《最高人民法院关于贯彻执行〈中华人民共和国继承法〉若干问题的意见》第62条的解释精神处理。即：如果有法定继承又有遗嘱继承和遗赠的，首先由法定继承人用其所得遗产清偿债务。不足清偿时，剩余的债务由遗嘱继承人和受遗赠人按比例用所得遗产偿还；如果只有遗嘱继承和遗赠的，由遗嘱继承人和受遗赠人按比例用所得遗产偿还。

2. 遗嘱禁止在一定期间内分割的不得分割遗产。遗产的分割应尊重被继承人的意愿，被继承人得以遗嘱禁止遗产分割。如果被继承人在遗嘱中禁止分割遗产的时间过长，或无期限地禁止分割，使遗产永远或长期处于共同共有状态，将有碍于遗产的利用。因此，许多国家规定被继承人以遗嘱禁止分割遗产的，须有一定期间限制。《日本民法典》第908条规定："被继承人可以以遗嘱指定或委托第三人确定分割方法，或以遗嘱禁止自继承开始时起不超过5年的期间内实行分割。"《法国民法典》规定遗嘱限制遗产分割的期限为5年，《德国民法典》规定的期限为继承开始后30年，我国台湾地区为10年。我国大陆地区对遗嘱限制遗产分割的期限没有规定，是否应当对限制分割作出规定，立法或司法解释都没有涉及。建议对现实中遇到的遗嘱限制遗产分割，首先应当承认其效力，其次要进行限制，以10年期限为妥。

3. 继承人协议在一定期间内不得分割的不得分割遗产。经共同继承人一致同意，可以订立不分割遗产的协议，继续维持遗产共同共有关系。只要继承人订立的协议不违反法律，不损害公共利益及善良风俗，就应当承认其效力，继承人中的一人或数人不得随时请求分割遗产。以协议禁止遗产分割，不问是就其一部还是全部遗产，均无不可。这种约定不应有时间限制。

4. 有尚未出生继承人的暂时禁止分割遗产。这种限制是为了保护胎儿的继承利益。许多国家规定，在胎儿出生前不得分割遗产。我国没有采纳这种立法方法。我国虽然并不限制在存在胎儿的情况下继承人分割遗产，但为防止继承人之间串通，损害母亲及婴儿的合法权益，特别是在多胞胎的情况下，采用在胎儿出生后分割遗产的方法较为合适。

5. 遗产分割的暂缓。遗产的分割应有利于财产效用的发挥，而不应损害遗产的价值。如果对遗产即时分割将会严重损害其价值的，法院应继承人的请求，得裁决暂缓分割。暂缓分割可适用于全部遗产或仅适用于遗产中的一部分。

## 【案例评注】

### 严某泰等诉严某平等继承纠纷案[①]

**基本案情**

严某某于1988年7月去世，未留有遗嘱。李某某于1994年11月去世，留有遗嘱，表示将愚园路699号房屋出售，并分配了继承份额。本案的原告严某泰等以及三被告是严某某、李某某的孙辈后代。三被告作为代位继承人于1996年诉至人民法院，要求确认遗嘱无效，后经审判认定遗嘱真实有效。后原告严某泰等多次组织召开家庭会议，协商出售房产事宜，但三被告均采取不配合的态度，致使房产无法出售。原告遂诉至法院。

**法院调解**

法院认为，该案继承人人数众多且分居世界各地，纷争已久，继承人虽多次组织召开家庭会议，但仍未解决问题。然而，原被告相互之间毕竟是有血缘的亲人，采用调解协商的办法会更有利于矛盾纠纷的解决。因此，法院经慎重考虑后选择了优先调解的审判方法。首先，承办法官通过与17位当事人推心置腹地沟通，取得了他们的信任。其次，以情入手，借助当事人的亲戚做说服教育工作，消除当事人之间的不信任，就继承份额达成了一致意见。最后，创新调解方法，采取由各继承人推荐买家的房屋变现方案，在金融危机不利影响的背景下，顺利地找到了买家。在买家因为价格过高而退缩时，法官再次与当事人和买家沟通，顺利达成统一的价格。案件最终调解结案，当事人当月领取了继承款。经过一年半的调解工作，一场纷争十多年的继承案件终于得到了圆满解决，受到当事人一致称赞。

**专家点评**

本案是因继承遗产而引发的典型家庭纠纷。被继承人是上海当地名人，继承人人数众多且分居世界各地，矛盾重重，纷争已久，办理难度很大。本案的成功调解，对人民法院审理继承等家庭案件具有很好的示范作用。法院在处理该案的遗产分配问题时，设法让继承人本着互谅互让、和睦团结的精神来协调处理争

① 审理法院：上海市第一中级人民法院；案号：（2006）沪一中民一（民）初字第74号。

端。一是立足亲情，准确寻找调解突破口。法院从亲情着手，耐心释法引导，唤起其对和睦家庭的回忆和向往，并借助当事人的亲戚做说服教育工作，以亲情感化各方当事人，消除各方之间的对立，为调解成功奠定了坚实基础。二是找准调解难点，创新调解方法。法院准确把握确定继承份额和巨额不动产遗产案变现分配两个难点，创新地采取继承人内部竞价的方式成功变现了房屋，确保了调解成功。三是最大限度实现当事人权益。法院调解化解纠纷，既实现了当事人的继承权利，又维护了亲情和家庭和睦这一更高的“利益”，同时弘扬了“以和为贵”的家庭伦理和社会价值。

# 第三章　遗嘱继承和遗赠

**第一千一百三十三条**　自然人可以依照本法规定立遗嘱处分个人财产，并可以指定遗嘱执行人。

自然人可以立遗嘱将个人财产指定由法定继承人中的一人或者数人继承。

自然人可以立遗嘱将个人财产赠与国家、集体或者法定继承人以外的组织、个人。

自然人可以依法设立遗嘱信托。

## 【条文释义】

本条是对遗嘱继承和遗嘱信托的一般规定。

遗嘱是指自然人在生前按照法律的规定对自己的财产处分作出意思表示，安排与此有关的事务，并于死后发生法律效力的单方民事行为。遗嘱有广义与狭义之分，广义的遗嘱包括死者生前对于其死后一切事务作出处置和安排的行为，继承法的遗嘱是指狭义的遗嘱。[①] 随着我国民众生活水平的不断提高和法律意识的增强，大家一般对遗嘱含义理解没有分歧，不会产生疑义。

遗嘱一词，源于 testatio mentis，意指确定意思的证明。罗马法的遗嘱与近现代法上的遗嘱是不同的。到了近现代，遗嘱获得了特定的含义，指自然人所作的于其死亡后发生法律效力的处分遗产的法律行为。我国古代对遗嘱有不同称谓，如遗命、遗令、遗言、遗诏、遗表等，较现代民法上遗嘱的含义要广得多，凡于生前处理死后事务的意思表示，都可称为遗嘱。随着我国立法对西方遗嘱继承的引进，现代遗嘱也具备了对遗产进行身后处分的意思表示的特定含义，不再泛指。在遗嘱中，设立遗嘱的自然人称为立遗嘱人或遗嘱人，而遗嘱指定的继承人则为遗嘱继承人。在订立遗嘱的过程中，有的遗嘱需要有人予以见证，这就是遗

---

① 郭明瑞等：《继承法》（第二版），法律出版社 2004 年版，第 136 页。

嘱见证人。此外，有的遗嘱还规定了遗嘱执行人。

遗嘱的法律特征有：

1. 遗嘱是无相对人的单方法律行为。遗嘱仅有立遗嘱人自己的意思表示即可成立，无需取得遗嘱指定继承人的同意，不存在合意问题，因此遗嘱属于单方法律行为。遗嘱不以立遗嘱人的意思表示到达遗嘱继承人为生效要件，只要立遗嘱人作出自己的意思表示，遗嘱即可成立，并自被继承人死亡时生效。正因为遗嘱是一种单方的且无相对人的民事法律行为，在遗嘱生效前的任一时刻，遗嘱人都可以自己的意思予以变更或撤回。

2. 遗嘱是遗嘱人亲自作出的独立的法律行为。遗嘱是遗嘱人处分自己身后财产的法律行为，影响其处分决定的因素，主要是遗嘱人与有关亲属之间的感情和遗嘱人的愿望，具有强烈的感情色彩，必须由遗嘱人亲自进行，不得代理。[①] 即使是代书遗嘱，立遗嘱人也只是请他人代笔，而遗嘱的具体内容还是由立遗嘱人根据自己的意愿进行口述，代书人的作用仅仅是记录。立遗嘱人必须具有遗嘱能力，其意思表示能力健全，不需征得他人的同意。因此，遗嘱是独立的民事法律行为。

3. 遗嘱是于遗嘱人死亡后发生法律效力的法律行为。遗嘱虽是于遗嘱人生前因其单独意思表示即可成立的行为，但于遗嘱人死亡时才能发生法律效力，因此是死因行为。只要遗嘱人还健在，不管遗嘱订立了多长时间，均不发生法律效力，任何继承人都不能要求按照已订立的遗嘱继承财产。遗嘱为死因行为，但死因行为并不都是遗嘱。例如，死因赠与也是于赠与人死亡后才发生效力的死因行为，但它属于双方法律行为，而不属于遗嘱。[②]

4. 遗嘱是要式法律行为。我国民法典继承编明确规定了自书遗嘱、代书遗嘱、打印遗嘱、录音录像遗嘱、口头遗嘱、公证遗嘱的形式，立遗嘱人必须根据这些形式订立遗嘱，否则无效。因此，遗嘱是一种要式法律行为。

自然人设立合法有效的遗嘱必须具有遗嘱能力。遗嘱能力是指被继承人依据法律享有的，在生前通过订立遗嘱自由处分自己财产的资格。有些国家将遗嘱能力分为三种：一是立遗嘱的能力；二是遗嘱继承能力；三是遗嘱作证能力。[③] 我们认为，所谓的遗嘱继承能力实际上是遗嘱继承人的继承资格问题，这属于继承权范畴内的问题，而遗嘱作证能力则是遗嘱见证人的资格问题。因此，遗嘱能力应当就是立遗嘱的能力。我国有关遗嘱能力的规定也是从订立遗嘱的角度作

---

① 张玉敏：《继承法律制度研究》，法律出版社 1999 年版，第 238 页。

② 史尚宽：《继承法论》，中国政法大学出版社 2000 年版，第 399～402 页。

③ 参见刘文：《继承法比较研究》，中国人民公安大学出版社 2004 年版，第 190 页。

出的。

遗嘱能力虽然与民事行为能力存在联系，都是一种资格，但两者有以下不同：（1）两者的适用范围不同。遗嘱能力仅指被继承人（指自然人）订立遗嘱的资格，而民事行为能力则是指民事主体（包括自然人与法人）能够以自己的行为独立参加法律关系，行使民事权利和设定民事义务的资格。民事行为能力的范围要广泛得多。（2）两者的划分不同。虽然两者都根据行为人的意思表示能力来进行划分，但在具体的划分上不一样。遗嘱能力一般划分为有遗嘱能力与无遗嘱能力两类，而民事行为能力则划分为无民事行为能力、限制民事行为能力与完全民事行为能力三类。只有具有遗嘱能力的人才有设立遗嘱的资格，具有了完全民事行为能力即具有遗嘱能力，而无民事行为能力与限制民事行为能力则为无遗嘱能力。

遗嘱能力关系到遗嘱的效力，进而关系到遗嘱人与指定继承人的切身权益，各国对此都非常重视，根据本国情况对遗嘱能力作出明确规定。虽然各国基本上基于遗嘱人的意思表示能力对遗嘱能力进行划分，但是由于各国关于民事行为能力的划分存在差异，在遗嘱能力的划分上也存在差异，主要在于被继承人的遗嘱能力与民事行为能力是否一致。在遗嘱能力与民事行为能力不一致的立法例中，遗嘱能力与民事行为能力并不完全一致，即使限制民事行为能力人在一定的条件下也可以具有遗嘱能力。这种立法例虽然赋予一部分限制行为能力人一定的遗嘱能力，但该遗嘱能力也是受到限制的，同完全行为能力人的遗嘱能力不完全一样。主要理由在于：因遗嘱对于遗嘱人本身之利益，并无任何损害；而遗嘱既在尊重人之遗志，自应尽可能予人有为遗嘱之机会；且遗嘱又系无相对人之单独行为，故民法对已有相当识别能力之人，即允许其为遗嘱。[①] 在遗嘱能力与民事行为能力一致的立法例中，将遗嘱能力与民事行为能力结合起来，完全民事行为能力人具有遗嘱能力，而限制民事行为能力人与无民事行为能力人则不具有遗嘱能力。虽然遗嘱能力与民事行为能力一致，但并不完全等同。在民事行为能力的划分中，存在限制行为能力的立法例，但是在遗嘱能力上不存在限制遗嘱能力的问题。我国采纳了遗嘱能力与民事行为能力一致的立法例。

遗嘱能力的有无有一个确定时间的问题，各国继承法一般认为确定遗嘱能力的时间为立遗嘱时。我国民法典继承编对此未明确规定，《最高人民法院关于贯彻执行〈中华人民共和国继承法〉若干问题的意见》第41条明确规定："遗嘱人立遗嘱时必须有行为能力。无行为能力人所立的遗嘱，即使其本人后来有了行为

① 参见陈棋炎、黄宗乐、郭振恭：《民法继承新论》，三民书局2001年版，第302页。

能力，仍属无效遗嘱。遗嘱人立遗嘱时有行为能力，后来丧失了行为能力，不影响遗嘱的效力。”明确遗嘱能力的确定应当以立遗嘱时遗嘱能力的有无为标准。无遗嘱能力人所立的遗嘱当然无效。

关于精神病人的遗嘱能力，精神病人，无论是不能辨认自己行为还是不能完全辨认自己行为，在被确定为无民事行为能力或限制行为能力人后，都属于无遗嘱能力人。不过，精神病人的民事行为能力问题需要按照法定程序进行宣告。由于精神病的发生与治疗同法院对无民事行为能力或限制民事行为能力的宣告及撤销存在时间差，对于这段时间差内的精神病人的遗嘱能力问题，我国并未规定。自然人罹患精神病，但在未经过法院无民事行为能力或限制民事行为能力宣告前所订立的遗嘱是否有效？根据遗嘱能力以订立遗嘱时为判断依据，则在该精神病人未经无民事行为能力或限制民事行为能力宣告前，推定其有遗嘱能力，其所立遗嘱有效。当然，如果有关利害关系人有确实的证据证明，该精神病患在立遗嘱时精神不正常、意思表示不真实的，则可以认定所立的遗嘱无效。对精神病患者在治愈后能够正确表达自己的意思时所立的遗嘱或者患有间歇性精神病人在神志清醒时所立的遗嘱，经审查确属代表了本人真实意思的，应当承认其具有法律效力，而不论其是否被撤销了无民事行为能力或限制民事行为能力的宣告。因为对精神病人的无民事行为能力或限制民事行为能力的宣告，仅仅是法律上的形式要求，但确立遗嘱能力，则是探求立遗嘱人的真实意思表示，精神病人在立遗嘱时如果精神正常，其意思表示真实，应当予以尊重，确认其有遗嘱能力，使其所立遗嘱有效。不过，为了保护有关当事人的合法权益，应当在当事人就遗嘱人立遗嘱时确实属于神志正常的人发生争议时，由主张遗嘱有效的当事人举出医疗机构的权威性医疗结论作证据。

关于聋、哑、盲人的遗嘱能力，在古罗马法上，立遗嘱必须履行一定的仪式，聋、哑人基于事实上的不能而无遗嘱能力，而盲人只能按特别方式立遗嘱。① 在近现代法上，虽一般都承认聋、哑、盲人有遗嘱能力，但也多对其设立遗嘱作了特别规定。我国未对聋、哑、盲等无精神障碍的成年人的遗嘱能力问题作出特别规定。根据平等原则，聋、哑、盲的成年人应当与健全的成年人享有同样的遗嘱能力。为了切实落实对残疾人的保护，应当根据具体的情况，对聋、哑、盲等残疾人订立遗嘱提供方便。对这部分人设立的遗嘱不仅要依法定形式作成，而且还应当从设立方式能否真实表达遗嘱人的意思上判别遗嘱的真伪。例如，对不会书写的聋哑人订立的代书遗嘱，代书人、见证人应为会哑语或明白其意思的人。

---

① 参见周枏：《罗马法原论》（下册），商务印书馆2001年版，第490～491页。

如设立遗嘱的聋哑人为文盲，而代书遗嘱的代书人、见证人中又无人会哑语或明白其意思，则该代书遗嘱应当认定为无效。

关于遗嘱继承的定义、特征、适用条件等内容，详见本法第1123条的条文释义，此处不再赘述。

基于继承的非强制性，在遗嘱继承开始后，遗嘱指定的继承人也可以放弃继承。放弃继承应当按照民法典继承编的规定进行，须以明示的方式作出意思表示，并且在特定的时间内，否则即视为接受继承。对于遗嘱指定继承人明确表示放弃继承时，对其放弃继承的遗产部分，不再适用遗嘱继承，而应按法定继承办理。

遗嘱继承自确立以来，在人类历史上发挥了重大作用。我国对遗嘱继承予以规定，而且经过长时间的运作，也体现出了其重要意义：

1. 有利于保护公民的私有财产权和继承权。《宪法》第13条明确规定，公民的合法的私有财产不受侵犯。国家依照法律规定保护公民的私有财产权和继承权。国家不仅应当保护公民生前在不违反国家法律的前提下，按照自己的意志对自己的私有财产进行占有、使用、收益、处分的权利，而且对于公民生前对自己私有财产的身后处分也应当保护，这就是对公民继承权的保护。遗嘱继承正是公民生前对自己私有财产进行的处分，使自己的财产按照自己的意愿传承到继承人手中，体现了公民的私有财产权和继承权。

2. 有利于体现被继承人的意志。作为私权的私有财产权，国家法律没有过度干预的必要，只要权利人不违法，就应当予以尊重。在遗嘱继承中，被继承人对自己的私有财产通过遗嘱进行处分，并且对遗嘱继承人、继承的顺序、继承的份额、遗嘱的执行、遗产的管理等事项都根据自己的意志进行安排，充分地体现了被继承人的意志。尊重遗嘱就是尊重被继承人的意志。

3. 有利于减少继承争议、稳定家庭关系。由于遗产的价值属性，在发生继承时，法定范围内的继承人基于逐利的目的，都希望谋求自己利益的最大化，导致在遗产分割时纷争不断。遗嘱继承同法定继承相比，是由被继承人对遗嘱继承人、遗产份额等在遗嘱中明确的继承方式，只要遗嘱合法有效，有关的当事人就应当予以执行，能够避免继承纠纷。尊重自然人生前对自己财产的遗嘱处分，也有利于稳定家庭关系，促进家庭成员间的和睦团结。

在遗嘱继承中，自然人可以依照此条的规定，用立遗嘱的方法，处分个人在死后的遗产，并且可以指定遗嘱执行人，由遗嘱执行人执行自己的遗嘱。自然人可以在遗嘱中，将个人死后的遗产指定由法定继承人中的一人或者数人继承，为遗嘱继承人，而其他继承人不是遗嘱继承人，无权继承其遗产。自然人可以立遗嘱将个人财产赠与国家、集体或者法定继承人以外的人，即遗赠，设立遗赠，也使其他继承人丧失或者部分丧失继承被继承人遗产的权利。

遗嘱信托，也叫死后信托，是指通过遗嘱而设立的信托，即遗嘱人（委托人）以立遗嘱的方式，将自己的遗产交付信托。设立遗嘱信托时，委托人应当预先将财产的规划内容（包括交付信托后遗产的管理、分配、运用及给付等）订立在遗嘱中。待遗嘱生效时，再将信托财产转移给受托人，由受托人依据信托的内容，管理处分信托的遗产。

遗嘱信托包括下列三方当事人。一是委托人即被继承人。二是受托人即遗嘱执行人。遗嘱信托指定的受托人（遗嘱执行人），一般应当是具有理财能力的律师、会计师、信托投资机构等专业人员或专业机构。三是受益人即继承人。遗嘱信托的受益人可以是法定继承人的一人或者数人。遗嘱人可以将遗产受益人指定为法定继承人以外的人。

遗嘱信托在遗嘱人（委托人）订立遗嘱后成立，并于遗嘱人去世后生效，这也是遗嘱信托的最大特点。通过遗嘱信托，受托人依照遗嘱人的意愿分配遗产，并为照顾特定人而做出财产规划。一方面，这能够很好地解决财产传承问题。遗嘱信托可以使财产顺利地传给后代，还可以运用遗嘱执行人的理财能力，弥补继承人无力理财的缺陷。另一方面，这能够减少因遗产产生的纷争，因为遗嘱信托具有法律约束力，特别是中立的遗嘱受托人介入，可使遗产的清算和分配更公平。

遗嘱信托分为遗嘱执行信托和遗产管理信托两种不同方式。遗嘱执行信托是为实现遗嘱人的意志进行的信托业务，其主要内容有清理遗产、收取债权、清偿债务、税款及其他支付、遗赠物的分配、遗产分割等。遗产管理信托是指主要以遗产管理为目的而进行的信托业务。遗产管理信托的内容与遗嘱执行信托的内容虽有交叉，但侧重于管理遗产方面。遗产管理人可由法院指派，也可由遗嘱人或者其亲属会议指派。

遗嘱信托应当采取书面形式订立。遗嘱信托中的“遗嘱”，应当符合本法的规定。遗嘱信托中的“信托”，应当符合《信托法》的规定。而依《信托法》的规定，遗嘱指定的人拒绝或者无能力担任受托人的，由受益人另行选任受托人；受益人为无民事行为能力人或者限制民事行为能力人的，依法由其监护人代行选任。遗嘱对选任受托人另有约定的，从其约定。

## 【案例评注】

### 张某某诉蒋某某遗赠纠纷案[①]

**基本案情**

蒋某某与黄某某于1963年5月登记结婚，婚后夫妻关系较好。双方未生育，收养一子黄某。1990年7月，被告蒋某某因继承父母遗产取得顺城街67号房屋，面积为51平方米。1995年，因城市建设该房被拆迁，由拆迁单位将77.2平方米的住房一套作还房安置给了被告蒋某某，并以蒋某某个人名义办理了房屋产权登记手续。1996年，遗赠人黄某某与原告张某某相识后，二人便一直在外租房非法同居生活。2000年9月，黄某某与蒋某某将蒋某某继承所得的房产以80000元的价格出售给陈某，但约定在房屋交易中产生的税费由蒋某某承担。2001年春节，黄某某、蒋某某夫妇将售房款中的30000元赠与其子黄某，供其在外购买商品房。

2001年年初，黄某某因患肝癌病晚期住院治疗，于2001年4月18日立下书面遗嘱，将其所得的住房补贴金、公积金、抚恤金和卖房所获款的一半40000元及自己所用的手机一部，赠与原告张某某所有。2001年4月20日，公证处对该遗嘱出具了公证书。2001年4月22日，遗赠人黄某某去世，原、被告双方即发生讼争。

原告张某某诉称：原告与被告蒋某某之夫黄某某是朋友关系，黄某某于2001年4月18日立下遗嘱，将自己价值约60000元的财产在其死亡后遗赠给原告。该遗嘱于2001年4月20日经公证机关公证。2001年4月22日，遗赠人黄某某因病死亡，遗嘱生效，但被告控制了全部财产，拒不给付原告受赠的财产。现请求法院判令被告给付原告接受遗赠约60000元的财产，并承担本案诉讼费用。

被告蒋某某辩称：黄某某所立遗嘱的内容侵犯了被告的合法权益，遗赠的抚恤金不属遗产范围，公积金和住房补贴金属夫妻共同财产，遗赠人黄某某无权单独处理；遗赠涉及的售房款是不确定的财产，所涉及的条款应属无效。此外，遗赠人黄某某生前与原告张某某长期非法同居，黄某某所立遗赠属违反社会公德的无效遗赠行为。请求判决驳回原告的诉讼请求。

法院受理该案后，因原告申请，公证处于2001年5月17日作出《关于部分撤销公证书的决定》，撤销了前一公证书中的抚恤金和住房补贴金、公积金中属

---

① 审理法院：四川省泸州市纳溪区人民法院；案号：（2001）纳溪民初字第561号。

于蒋某某的部分，维持其余部分内容。另查明，遗赠人黄某某在患肝癌病晚期住院期间，一直是由被告蒋某某及其亲属护理、照顾，直至去世。

法院判决

法院经审理认为：遗赠人黄某某患肝癌病晚期临终前于2001年4月18日立下书面遗嘱将其财产赠与原告张某某，并经公证处公证。该遗嘱虽是遗赠人黄某某的真实意思表示且形式上合法，但在实质赠与财产的内容上存在以下违法之处：（1）按照国家有关政策规定，抚恤金是死者单位对死者直系亲戚的抚慰。黄某某死后的抚恤金不是黄某某个人财产，不属遗赠财产的范围；（2）遗赠人黄某某的住房补助金、公积金属黄某某与蒋某某夫妻关系存续期间所得的夫妻共同财产，按照《中华人民共和国继承法》第十六条和司法部《遗嘱公证细则》第二条之规定，遗嘱人生前在法律允许的范围内，只能按照法律规定的方式处分其个人财产。遗赠人黄某某在立遗嘱时未经共有人蒋某某同意，单独对夫妻共同财产进行处理，侵犯了蒋某某的合法权益，其无权处分部分应属无效；（3）争议住房一套，系遗赠人黄某某与蒋某某婚姻关系存续期间蒋某某继承父母遗产所得，根据《中华人民共和国婚姻法》第十七条第四项之规定，为夫妻共同财产。但该房以80000元的价格卖给陈某，遗赠人黄某某生前是明知的，且该80000元售房款还缴纳了有关税费，并在2001年春节，黄某某与蒋某某共同又将该售房款中的30000元赠与其子黄某用于购买商品房，对部分售房款已作处理，实际并没有80000元。遗赠人黄某某在立遗嘱时对该售房款的处理显然违背了客观事实。

公证是对法律事实的真实性和合法性给予认可。公证处在未查明事实的情况下，仅凭遗赠人的陈述，便对其遗嘱进行了公证，违背了《某某省公证条例》第二十二条“公证机构对不真实、不合法的行为、事实和文书，应作出拒绝公证的决定”的规定，显属不当。2001年5月17日公证处作出的《关于部分撤销公证书的决定》，撤销了前一公证书中的抚恤金、住房补贴金、公积金中属于蒋某某的部分，该决定实质上变更了遗赠人黄某某的真实意思，根据2000年3月司法部颁发的《遗嘱公证细则》第二十三条的规定，公证机关对公证遗嘱中的违法部分只能撤销其公证证明。作为公证机关直接变更遗赠人的真实意思没有法律依据。

遗赠属于一种民事法律行为，民事行为是当事人实现自己权利、处分自己权益的意思自治行为。当事人的意思表示一旦作出就成立，但遗赠人行使遗赠权不得违背法律的规定。且根据《中华人民共和国民法通则》第七条的规定，民事行为不得违反公共秩序和社会公德，违反者其行为无效。遗赠人黄某某与被告蒋某某系结婚多年的夫妻，无论从社会道德角度，还是从《中华人民共和国婚姻法》的规定来讲，均应相互扶助、互相忠实、互相尊重。但在本案中遗赠人自1996年认识原告张某某以后，长期与其非法同居，其行为违反了《中华人民共和国婚姻法》第二条规定的一夫一妻的婚姻制度、第三条禁止有配偶者与他人同居以及第四条夫妻应当互相忠实、互相尊重的法律规定，是一种违法行为。遗赠人黄某某基于与原告张某某有非法同居关系而立下遗嘱，将其遗产和属被告所有的财产赠与原告张某某，是一种违反公共秩序、社会公德和违反法律的行为。而本案被告蒋某某忠实于夫妻感情，且在遗赠人黄某某患肝癌病晚期住院直至去世期间，一直对其护理照顾，履行了夫妻扶助的义务，遗赠人黄某某却无视法律规定，违反社会公德，漠视其结发夫妻的忠实与扶助，侵犯了蒋某某的合法权益，对蒋某某造成精神上的损害。在分割处理夫妻共同财产时，黄某某本应对蒋某某进行损害赔偿，却将财产赠与其非法同居的原告张某某，实质上损害了被告蒋某某依法享有的合法的财产继承权，违反了公序良俗，破坏了社会风气。原告张某某明知黄某某有配偶而与其长期同居生活，其行为为法律所禁止、社会公德和伦理道德所不允许，侵犯了蒋某某的合法权益，于法、于理不符，本院不予支持。

综上所述，遗赠人黄某某的遗赠行为违反了法律规定和公序良俗，损害了社会公德，破坏了公共秩序，应属无效行为，原告张某某要求被告蒋某某给付受遗赠财产的主张本院不予支持。被告蒋某某要求确认该遗嘱无效的理由成立，本院予以支持。据此，依照《中华人民共和国民法通则》第七条的规定，判决：驳回原告张某某的诉讼请求。

### 专家点评

本案属遗赠纠纷，首先应当确定遗赠人黄某某临终前立下书面遗嘱将其财产赠与张某某这一遗赠行为本身是否具有合法性和有效性。一个合法的遗嘱成立必须具备其构成要件。自然人既可将遗产以遗嘱形式留给特定的法定继承人，也可将遗产遗赠给国家、集体或法定继承人以外的人，前提是必须符合法律规定。本案中遗赠人黄某某立遗嘱时虽具完全行为能力，遗嘱也系其真实意思表示，且形式上合法，但遗嘱的内容却违反法律和社会公共利益。遗赠人黄某某对售房款的处理违背客观事实。遗赠人黄某某在立遗嘱时，仍以不存在的80000元的一半进行遗赠，显然违背了客观事实，系虚假行为。在本案中，遗赠人黄某某与被告蒋某某系结婚多年的夫妻，本应按照法律规定互相忠实、互相尊重，但黄某某却无视夫妻感情和道德规范，与原告张某某长期非法同居，其行为既违背了我国现行社会道德标准，又违反了“禁止有配偶者与他人同居”的法律规定，属违法行为。黄某某基于其与原告张某某的非法同居关系而订立遗嘱将其遗产和属于被告的财产赠与原告张某某，以合法形式变相剥夺了被告蒋某某合法的财产继承权，使原告实质上因其与黄某某之间的非法同居关系而谋取了不正当利益。依该案发生时有效的《民法通则》第58条的规定，违反法律或者社会公共利益的民事行为无效，遗赠人黄某某的遗赠行为应属无效民事行为。无效的民事行为从一开始就没有法律约束力，故被继承人黄某某的遗赠行为得不到法律的支持。

**第一千一百三十四条** 自书遗嘱由遗嘱人亲笔书写，签名，注明年、月、日。

## 【条文释义】

本条是对自书遗嘱的规定。

遗嘱人表达自己处分其财产的意思的表示方式便是遗嘱的形式。订立遗嘱既反映遗嘱人对自己财产处分的意愿，又影响到法定继承人对遗产的继承，是严肃的行为，需要在形式上予以明确。因遗嘱行为是要式法律行为，遗嘱人非依法定方式作成，遗嘱不能发生效力，故法律必须对遗嘱的形式进行规定。另外，遗嘱只有在遗嘱人死亡后才能生效，遗嘱的订立与生效之间存在时间差，为了确保遗嘱内容的真实性，防止发生纠纷，也需要对遗嘱的形式进行规定。不过，法律规定遗嘱形式的目的不是限制遗嘱人设立遗嘱的自由。民法典继承编从我国的实际情况出发，适应我国的民族习惯与文化水平，对遗嘱的法定形式及有关遗嘱的适用作了规定。

自书遗嘱，也叫亲笔遗嘱，是指由遗嘱人亲笔书写的遗嘱形式。自书遗嘱不需要见证人参加，只要遗嘱人亲笔书写出自己的意思表示即可。自书遗嘱对遗嘱人没有特别要求，只要遗嘱人有文字书写能力的，就可以独立作出自书遗嘱。

自书遗嘱最早源于罗马法，自书遗嘱仅由遗嘱人自己书写遗嘱全文，无须证人在场加以证明，即能产生法律效力。[①] 中世纪，自书遗嘱在法国成为一种较为普遍的遗嘱形式，但在法国的习惯法中，订立自书遗嘱要有见证人。自书遗嘱后来为《法国民法典》第969条所确立，规定遗嘱得自书作成。后来大多数国家的

---

① 周枏：《罗马法原论》（下册），商务印书馆2001年版，第485页。

民法都确立了自书遗嘱，也使自书遗嘱成为应用最广泛的遗嘱形式。我国确认自书遗嘱的形式，并且在实践中适用广泛。

自书遗嘱应当符合以下要求：

1. 须由遗嘱人亲笔书写遗嘱的全部内容。自书遗嘱必须由遗嘱人亲自书写，不能让他人代写，而且还只能由遗嘱人用笔将其意思记录下来。用打字机、打印机打印等方式制作的遗嘱，属于打印遗嘱，遗嘱人应当亲笔签名，以便识别真伪。遗嘱的书写语言，可以采用我国通用的汉语，也可以采用少数民族语言，还可以采用外国语言，只要字迹清楚、意思完整、用词准确即可。

2. 须是遗嘱人关于其死亡后财产处分的正式意思表示。自书遗嘱中必须是遗嘱人对于其死后财产处分的正式意思表示，如果不是正式制作的，仅是在日记或有关的信件中提到准备在其死亡后对某财产作如何处理，不应认定为自书遗嘱。不过，自书遗嘱只要求是遗嘱人处分遗产的真实意思的书面记载，也不要求必须有“遗嘱”的字样。如果遗嘱人在有关的文书中对其死亡后的事务作出安排，也包括对其死亡后的财产处理作出安排，又无相反证明时，则应当认定该文书为遗嘱人的自书遗嘱。《最高人民法院关于贯彻执行〈中华人民共和国继承法〉若干问题的意见》第40条规定：“公民在遗书中涉及死后个人财产处分的内容，确为死者真实意思的表示，有本人签名并注明了年、月、日，又无相反证据的，可按自书遗嘱对待。”

3. 须由遗嘱人签名。遗嘱人签名是自书遗嘱的基本要求，它既证明遗嘱确为遗嘱人亲自书写，也证明遗嘱是遗嘱人的真实意思表示。如果只有遗嘱的全部内容，而没有遗嘱人的签名，则没有法律效力。在自书遗嘱中，遗嘱须由遗嘱人亲笔书写上自己的名字，而不能以盖章、捺印、画押等方式代替。至于签名后是否需要加盖遗嘱人的私章，法律没有强制要求，但也不加禁止，遗嘱人可以自便。

4. 须注明年、月、日。自书遗嘱的年、月、日非常重要，不仅可以确定自书遗嘱的成立时间，在发生纠纷时方便人们辨明遗嘱的真伪，而且可以判明遗嘱人在立自书遗嘱时是否具有遗嘱能力，以确定遗嘱是否有效。注明自书遗嘱的时间，还有助于辨明多份遗嘱的先后顺序，以确定哪份遗嘱是最后的具有法律效力的自书遗嘱。因此，自书遗嘱中必须注明设立遗嘱的时间，而且必须是年、月、日齐备，遗嘱中未注明日期的，或者所注的日期不具体的，如只注明年、月，而未写日，遗嘱都不能有效。

5. 增删或涂改时须签名并注明时间。自书遗嘱关系到遗产的处理，一般要求字迹清楚、意思明确，应当尽量避免增删、涂改。如遗嘱人对自书遗嘱进行涂改、增删时，也须于涂改、增删处签名并注明时间。否则，其涂改、增删的内容无效。

## 【案例评注】

### 田某甲等诉田某丁等遗嘱继承纠纷案①

#### 基本案情

范某某育有六个子女，儿子田某某、田某戊和女儿田某甲、田某乙、田某丙、田某丁。田某某与梁某某系夫妻关系，育有三个子女，儿子田某己和女儿田某庚、田某辛。田某丁与刘某某系夫妻关系。范某某于1998年6月21日去世。1987年，范某某将自有房屋以3000元价格卖给被告田某丁。1987年9月1日，田某某和田某戊共同签名一份书面材料，内容为："本人有叁间壹厢房屋，经本人同意并与子女商量，决定将此房售予次女田某丁，由田某丁支付人民币叁仟元作购房费，其中壹仟伍佰元给次子田某戊，捌佰元给长子田某某，柒佰元给本人作医药费用。此嘱。"落款处为"立嘱人：范某某"及"子女签字：田某某、田某戊"。1998年范某某去世前，政府土地管理所在对农村宅基地统一更换权利凭证时，将宅基地的权利人由范某某变更为刘某某。刘某某系被告田某丁的丈夫。

原告田某甲、田某乙、田某丙共同诉称：原告姐妹三人与被告田某丁、被告田某戊是亲兄弟姐妹，被告梁某某是原告的大哥田某某的妻子，被告田某己、田某庚、田某辛是原告大哥田某某的子女，原告大哥田某某于2004年去世。原告的母亲范某某生前居住在本案诉争的房产内，因被告田某丁当年居住条件不好，借住在原告母亲的房内，这样可以适当照顾母亲。原告的母亲于1998年病故，原告母亲的房屋一直由被告田某丁一家居住。2012年年底，原告听说母亲的老房子将要拆迁，被告田某丁依据遗嘱将拆迁安置给母亲的四套安置房全部占为己有，并不考虑困难兄弟的恳求，此时原告才知道有这份遗嘱。经三名原告辨认，遗嘱并不是原告的母亲亲笔书写和签名，且遗嘱的形式也不合法，该遗嘱严重侵犯了原告的合法权益。据此，诉至法院，请求法院判决确认原告的母亲范某某于1987年9月1日所立的，将范某某名下的房产给被告田某丁的遗嘱无效。

被告田某丁辩称：原告提交的所谓的"遗嘱"实际上是房屋买卖合同，不能仅以落款"立嘱人"三个字就认为是遗嘱，因此原告的诉求没有事实和法律依据。关于母亲范某某及田某某、田某戊卖房子一事，原告及其他被告都是知晓的。本人当年出价3000元购买了母亲的房子，而且母亲还与两个儿子将该卖房款

① 审理法院：江苏省扬州市邗江区（县）人民法院；案号：（2014）扬邗民初字第1338号。

进行了分配。另外，原告无论是以遗嘱无效还是以合同无效提起诉讼，均已经超过诉讼时效。综上，请求法院驳回原告的诉求。

**法院判决**

法院经审理认为：当事人对自己提出的主张，有责任提供证据。原告诉请确认范某某于1987年9月1日立的“遗嘱”无效，并提供了一份书面材料证明自己的主张，但是该材料的内容仅记载了范某某将房屋以3000元价格出卖给田某丁及所得房款如何分配的事实，并未涉及范某某对身后如何处分个人财产的内容，故本院认为原告所诉称的“遗嘱”也即原告提供的书面材料在本质上不是遗嘱。原告主张确认遗嘱无效，应当举证证明遗嘱存在的事实，现原告所举证据未能充分证明范某某生前立有遗嘱，故原告的主张没有事实依据，本院不予支持。故判决：驳回原告田某甲、田某乙、田某丙的诉讼请求。

**专家点评**

本案为一起确认自书遗嘱是否有效的诉讼。遗嘱是否有效，直接决定着遗嘱人的财产处分自由是否能得到实现，同时也决定着遗嘱继承人是否能够因此而获得遗嘱人的遗产。故在遗产继承中，确认遗嘱的效力是被继承人遗产能否依遗嘱得以继承的关键。本案中，争议的焦点在于内容为“本人有叁间壹厢房屋，经本人同意并与子女商量，决定将此房卖给次女田某丁，由田某丁支付人民币叁仟元作购房费，其中壹仟伍佰元给次子田某戊，捌佰元给长子田某某，柒佰元给本人作医药费用。此嘱”的文书是否为合法有效的自书遗嘱。自书遗嘱应由遗嘱人亲笔书写，签名，注明年、月、日，其内容须是遗嘱人对其死亡后财产处分的正式意思表示。该文书落款处虽有“立嘱人：范某某”及“子女签字：田某某、田某戊”，但双方当事人均不认为其是遗嘱。依民事诉讼的举证规则，当事人对自己提出的主张，有责任提供证据。原告诉称确认范某某于1987年9月1日立的“遗嘱”无效，并提供了一份书面材料证明自己的主张，但是该材料的内容仅记载了范某某将房屋以3000元价格出卖给田某丁及所得房款如何分配的事实，并未涉及范某某对身后如何处分个人财产的内容，且不具备自书遗嘱的形式要件。原告主张确认遗嘱无效，应当举证证明遗嘱存在的事实，现原告所举证据未能充分证明范某某生前立有遗嘱，自然就不存在判断遗嘱有效无效的基础，原告的主张没有事实依据，故法院认为原告所诉称的“遗嘱”也即原告提供的书面材料在本质上不是自书遗嘱，对其主张不予支持实为正确。

**第一千一百三十五条** 代书遗嘱应当有两个以上见证人在场见证，由其中一人代书，并由遗嘱人、代书人和其他见证人签名，注明年、月、日。

## 【条文释义】

本条是对代书遗嘱的规定。

代书遗嘱，亦称代笔遗嘱，是指由他人代为书写的遗嘱形式。遗嘱人无文字书写能力或者由于其他原因不能亲笔书写遗嘱的，为了保护遗嘱人的遗嘱自由，允许遗嘱人在符合法定条件的情形下请他人代为书写遗嘱。代书遗嘱简便易行，方便遗嘱人，而且我国民间遗嘱并未十分普及，有必要特设此方法以应需要。代书遗嘱须符合以下要求：

1. 须由遗嘱人口授遗嘱内容，并由一个见证人代书。遗嘱，作为自然人在生前按照法律的规定对自己的财产处分作出意思表示并对与此有关的事务作出安排，于其死亡后发生法律效力的单方民事行为，从理论上其必须由遗嘱人亲自进行，不允许他人代理。但在遗嘱人无文字书写能力或因特别原因而不能亲笔书写遗嘱时，为保护其遗嘱自由，法律允许代书遗嘱的存在。而且，对不会书写的聋哑人，也允许其订立代书遗嘱，但代书人、见证人应为会哑语或明白其意思的人。如设立遗嘱的聋哑人为文盲，而代书遗嘱的代书人、见证人中又无人会哑语或明白其意思，则该代书遗嘱一般应当认定为无效。所以，即使是在代书遗嘱中，遗嘱人也必须亲自表述自己处分财产的意思，并进行口述，由他人代笔书写下来。代书人仅仅是遗嘱人口授遗嘱的文字记录者，不是遗嘱人的代理人，而不能就遗嘱内容提出任何意见。代书人须忠实地记载遗嘱人的意思表示，而不得对遗嘱人的意思表示作篡改或修正。

2. 须有两人以上在场见证。代书遗嘱作为非由遗嘱人亲笔书写的遗嘱，其是否为遗嘱人真实意思的反映，必须有相应措施作保证。故本条规定代书遗嘱须有两人以上在场见证，以证明遗嘱真实记录了遗嘱人的意愿。遗嘱的见证人便是参加代书遗嘱，能够证明代书遗嘱真实性的人。为了保证代书遗嘱的真实性，应当有两个以上见证人在场见证。如果只有代书人一人在场制作的代书遗嘱，不具有代书遗嘱的效力。

3. 须代书人、其他见证人和遗嘱人在遗嘱上签名，并注明年、月、日。这是对代书遗嘱形式所作的最基本的要求。代书人在书写完遗嘱后，应向遗嘱人宣读遗嘱，在其他见证人和遗嘱人确认无误后，在场的见证人和遗嘱人都须在遗嘱上签名，并注明年、月、日。在实践中，存在着遗嘱人可否用捺印来代替签名的不同意见，我们同意可用捺印代签名的观点。因为法律规定代书遗嘱的原因主要就是因为有的人不具有自书遗嘱的能力，从现实看，确有许多人连自己的名字也不会写，所以，遗嘱人如确实是不会书写自己名字的，可用捺印或者盖章方式代替签名，但是遗嘱的见证人、能够书写名字的遗嘱人须在遗嘱上签名而不能以捺印或盖章方式代签名。

## 【案例评注】

### 范某某诉李某确认遗嘱继承效力纠纷案[①]

#### 基本案情

原告范某某早年丧夫，膝下有一儿李某，一女李某某。现儿子已成家另过。女儿李某某远嫁湖北与邢某某结为夫妇，并生育一子取名邢某强。双方因感情不和于 2002 年由法院判决离婚。婚生子邢某强随邢某某生活。2003 年，经法院主持调解，李某某取得 63.66 平方米房屋所有权。之后李某某办理了房屋所有权证书。2011 年 4 月，李某某患重病住院，同年 4 月 24 日在李某某清醒时，委托两名律师代写遗嘱一份，内容为：我所有的房屋一套，由我母亲范某某继承。其他继承人不得干涉。该行为过程有录音录像资料为证。2011 年 4 月 25 日，李某某死亡。

原告范某某诉称：我有一儿一女，丈夫已故多年。女儿李某某多年前远嫁湖北，2002 年经法院判决女儿与前夫邢某某离婚。2003 年经法院调解，把房屋一套（63.66 平方米）判归女儿李某某所有，之后李某某办理了房产证。2011 年 4 月，李某某患重病住院，同年 4 月 24 日在女儿李某某清醒时，委托二位律师代写遗嘱一份，内容为：我所有的房屋一套，由我母亲范某某继承。其他继承人不得干涉。2011 年 4 月 25 日，李某某死亡。当原告持相关手续办理继承事宜时遭李某无理阻挠，为维护我的合法权益，故依法起诉，请求人民法院判令确认 2011 年 4 月 24 日李某某所立遗嘱合法有效，被告李某不得妨碍原告依法办理相关继承手续。

被告李某辩称：答辩人不构成侵权。被告母亲年纪较大，行动不便，李某某生前委托律师让其继承房产，是因为母亲生了她，她想报养育之恩，但是其母亲

① 审理法院：河南省沈丘县人民法院；案号：（2011）沈民初字第 974 号。

年纪大了，去湖北继承房产，对被告、对母亲都不方便。故被告决定替母亲继承，但母亲坚决不同意，怕被告对该房产私自处理。曾有几回母亲偷着准备搭车前去，被被告强行拦下，但被告是好心，是为了母亲的健康着想。该房产由邢某强和被告继承是天经地义的事，亲戚邻居都同意，就母亲不愿意。请求法院支持被告的请求，判令李某某的房产由被告继承。另外原告与第三人是外甥与外祖母关系，都是骨肉血亲，也没有必要闹到这步田地，就是一套房子我不要也可以，直接交给外甥邢某强，大家都省事。

第三人邢某强未作陈述。

本案在审理中，本院依法通知李某某之子邢某强参加诉讼，邢某强于2011年11月15日接到相关诉讼文书，同年12月5日向本院提出管辖权异议申请。

**法院判决**

法院审理后认为：作为第三人的邢某强就本案管辖权问题无权提出异议申请，即使按被告身份有权提出，也超过法律规定的期限，该申请法院不予支持。审理后判决：2011年4月24日范某某之女李某某所作遗嘱有效。被告李某、第三人邢某强不得干预原告办理相关继承事宜。

**专家点评**

本案为一起代书遗嘱继承实现受阻的纠纷。本案中，被继承人李某某于2011年4月患重病住院，同年4月24日在李某某清醒时，其委托两名律师代写遗嘱一份，该行为过程有录音录像资料为证。次日，李某某死亡。依原《继承法》第17条对代书遗嘱的具体规定，此代书遗嘱合法有效。本案中的原告范某某既是遗嘱继承人又是第一顺序法定继承人，其继承李某某的房产任何人无权干涉。在被继承人所立代书遗嘱符合法律所规定的代书遗嘱生效条件的情况下，根据遗嘱继承优先于法定继承的原理，被告以自己为原告的儿子自居继而认为应由其继承李某某的房产，该请求于法无据。在本案中，如果被继承人在遗嘱中没对遗产做全部处理，没处理的部分就按法定继承规则继承，但因被告仅为第二顺序继承人，而第三人邢某强是本案的第一顺序法定继承人，故即使存在法定继承的情形，也是由第三人邢某强以第一顺序继承人的身份来继承，案中被告作为第二顺序继承人仍无机会继承遗产。

**第一千一百三十六条**　打印遗嘱应当有两个以上见证人在场见证。遗嘱人和见证人应当在遗嘱每一页签名，注明年、月、日。

## 【条文释义】

本条是对打印遗嘱的规定。

打印遗嘱，是指遗嘱人通过电脑制作，用打印机打印出来的遗嘱。在电脑应用普及之后，已经很少有人用笔写作，通过电脑写作和打印，已经是书写的常态。近年来，很多人制作遗嘱都是用电脑写作，之后用打印机打印出来，形成打印遗嘱。由于原《继承法》没有规定打印遗嘱这种遗嘱形式，因而在司法实践中对打印遗嘱的效力存在较多争议，有的认为是自书遗嘱，有的认为是代书遗嘱，其实都不准确。鉴于打印遗嘱应用的普遍性，本条采纳专家的意见，规定打印遗嘱是法定的遗嘱形式，符合条件的，应当确认其法律效力。

打印遗嘱有效的要件是：

1. 遗嘱为电脑制作、打印机打印出来的文本形式。打印遗嘱是新增加的法定遗嘱形式，实为新技术发展及电脑普及运用的产物。其突破了遗嘱主要以手写形态出现的局限，允许遗嘱人以电脑制作并以文本形式打印出来。

2. 打印遗嘱应当有两个以上见证人在场见证，并在打印遗嘱文本的每一页都签名。打印遗嘱实为电子打印制作出来的书面文本，因其缺乏特性而较易复制改动，故其是否为遗嘱人本人制作并反映其真实遗愿，相较自书遗嘱而言，实难证明。因此，当遗嘱人以打印形式设立遗嘱时，要求其应当有两个以上的见证人在场见证，并在打印遗嘱文本上逐页签名，以证明该遗嘱为遗嘱人的真实遗愿，而非他人随意伪造。

3. 遗嘱人在遗嘱文本的每一页都签名。为保证打印遗嘱的真实性，除需有两名见证人依法见证签名外，还需保证打印遗嘱的每一页都有遗嘱人的签名，以防止打印遗嘱伪造的可能。

4. 最后注明年、月、日。在打印遗嘱的末页，应以签字的形式注明遗嘱设立的年、月、日。

具备这些要件，打印遗嘱发生遗嘱效力。

## 【案例评注】

### 李某丙、李某丁诉李某甲等人继承纠纷案[①]

**基本案情**

李某甲、李某乙、李某丙、李某丁系李某某（2011 年 12 月 2 日去世）的子女；邓某甲、邓某乙、邓某丙、邓某丁系谢某某（2007 年去世）的子女，其中邓某丁于 2010 年去世，张某某为邓某丁的妻子，邓某戊系邓某丁的女儿。李某某与谢某某于 1984 年 6 月登记结婚，双方均系再婚。二人结婚时，双方子女均已成年。一审中，双方当事人对邓某甲、邓某乙、邓某丙、张某某、邓某戊只继承谢某某名下的遗产，李某某名下的所有财产由李某甲、李某乙、李某丙、李某丁继承或参照遗产分割均无异议。登记在李某某名下的成渝西路 88 号的房产系李某某与谢某某的夫妻共同财产。李某某去世后，该房屋由李某甲对外出租，租金由李某甲收取。一审中，李某乙、邓某甲、邓某乙、邓某丙、张某某、邓某戊与李某丙、李某丁同意放弃对该房屋的租金主张。

一审中，李某甲提供了一份李某某于 2010 年 2 月 21 日所立的“遗嘱”，其主要内容为：“……李某甲因放弃生意照顾我失去了主要经济来源，我决定从个人财产中拿出五万元补贴她……我的住房卖出前的租金拿给李某甲治病，卖出后拿出五万元给她，其余房款存入我个人账户；我去世后的账户余额由四个子女共同继承，谁无理取闹、破坏团结就取消其继承权。”该份遗嘱为打印遗嘱，据李某甲陈述，该份遗嘱系其以轮椅推父亲李某某到某打印部找打印员打印，后李某甲先将李某某送回家，之后李某甲请律师杨某某、段某到家，在杨某某、段某的见证下，由李某某亲自对该遗嘱签字确认，李某甲向两位律师支付了见证费 200 元。据此，李某甲拟证明李某某房屋遗产的价款首先由李某甲享有 50000 元，且该房产由李某甲享有产权。李某丁、李某丙对该份遗嘱的真实性、合法性均不予认可。

一审中，李某丙亦出示 1993 年 8 月 20 日李某某亲笔立下的遗嘱一份，其主要内容为：“……1993 年我所购建筑面积 64.56 平方米房屋……坐落在成渝西路 88 号内，因全部房价款是我女儿李某丙支付的，同时由她承担我晚年的生活照料，故我百年去世后，上项房屋及家具设备由李某丙一人继承，谢某某可终身居

---

① 审理法院：重庆市高级人民法院；案号：（2015）渝高法民抗字第 00004 号。

住使用，此嘱。”李某甲认可该遗嘱为李某某亲笔书写，但认为本案继承应以李某某生前最后一次所立遗嘱为依据。

另查明，李某某晚年生活不能自理期间，由子女李某丁、李某甲、李某丙分别照顾。2003 年谢某某生病后，李某某随李某丙生活。后因李某丙丈夫生病，李某某随其他子女生活。2011 年 8 月后李某某生病住院直至在医院病逝，其起居护理主要由李某丁、李某丙负责。李某某去世后，留有现金遗产共计 12289 元，现由李某丁、李某丙保管。李某某去世后，其生前所在单位于 2011 年 12 月 12 日为其家属发放抚恤金 33580 元，丧葬费 2000 元，共计 35580 元。李某某住院期间产生医疗费 6684.61 元，该费用由李某丁、李某丙垫付。李某某去世后，因办理丧葬花费 20278 元，该费用由李某丁、李某丙垫付。

2012 年 2 月 27 日，李某甲、邓某甲、邓某乙、邓某丙、张某某、李某乙、邓某戊因与李某丁、李某丙产生继承纠纷，起诉至法院，其诉讼请求为：(1) 李某某名下成渝西路 88 号的房屋一套，按照双方协商的 100000 元价格进行分割。谢某某的 50000 元房屋遗产由邓某甲、邓某乙、邓某丙、张某某共同继承，每人继承 12500 元，李某某的 50000 元房屋遗产由李某甲继承；(2) 李某某个人收入余款 45693 元、抚恤金 33580 元、丧葬费 2000 元，共计 81273 元，由李某甲、李某乙、李某丙、李某丁各享有 1/4 即 20318 元。

2012 年 10 月 18 日，一审法院作出判决，认为继承开始后，按照法定继承办理；有遗嘱的，按照遗嘱继承或者遗嘱办理。成渝西路 88 号的房屋为李某某与谢某某的夫妻共同财产，二人各享有 50% 的份额，谢某某去世后，其个人享有的 50% 的份额由李某某、邓某甲、邓某乙、邓某丙、邓某丁 5 人各继承 1/5，据此李某某享有该房屋 60% 的份额，邓某甲、邓某乙、邓某丙、邓某丁享有该房屋 40% 的份额即各享有 10%，其中邓某丁继承的 10% 的份额在其去世后发生转继承由其妻子张某某及女儿邓某戊继承所得。李某甲与邓某甲、邓某乙、邓某丙、张某某、邓某戊达成的遗产转让协议涉及其他法律关系，不属于本案处理范围，对此不予处理。

关于李某某 60% 的房产份额的继承，双方分别举示了李某某的 2 份遗嘱。遗嘱为要式民事法律行为。依照原《继承法》第 17 条的规定，自书遗嘱由遗嘱人亲笔书写，签名，注明年、月、日。代书遗嘱应当有两个以上见证人在场见证，由其中一人代书，注明年、月、日，并由代书人、其他见证人和遗嘱人签名。李某甲出具的李某某的第一份“遗嘱”，既没有见证人在场（李某某口述遗嘱内容的现场），也没有代书人打印员的签名，不符合代书遗嘱的形式要件；关于该“遗嘱”能否认定为自书遗嘱，该院认为，自书遗嘱应由遗嘱人亲笔书写，而李某甲提供的该份遗嘱显然不符合法律规定。李某甲坚持认为该遗嘱事后得到李某某的签字确认，应该视为符合法律要求。从本案查明事实看，除李某甲本人口述外，无其他证据证明该“遗嘱”系李某某亲自口述，即使有杨某某、段某见证该“遗嘱”由李某某事后签字确认，也难以认定该“遗嘱”为其真实意思表示，故认定该份遗嘱无效。

李某丙、李某丁出具的1993年8月20日李某某亲笔立下的遗嘱为李某某的亲笔，是其真实意思表示，虽李某某立该份遗嘱距其病逝长达18年，但李某某并未以其他有效方式改变自己的该份遗嘱，因此认定该份遗嘱有效。同时，该遗嘱内容载明由李某丙承担李某某晚年的生活照料，因此该遗嘱应为附义务遗嘱。依照原《继承法》第21条、《最高人民法院关于贯彻执行〈中华人民共和国继承法〉若干问题的意见》第43条之规定，遗嘱继承附有义务的，继承人应当履行义务。没有正当理由不履行义务的，经有关单位或者个人请求，人民法院可以取消他接受遗产的权利。经庭审查明，李某某自2003年初至2011年12月去世8年多时间内，由李某甲照顾了2年多，李某丙照顾了1年多，李某丁照顾了5年多。遗嘱继承人李某丙履行了对李某某的照顾义务，虽然因丈夫生病未能持续照顾李某某，但系有正当理由未履行该份遗嘱，因此本院认为李某丙的行为不属于没有正当理由不履行义务的情形。同时，李某甲、李某丁也对父亲李某某尽了照顾义务，并且从照顾时间来看，二人照顾老人的时间比李某丙更长。综合考虑上述情况，本着公平合理、家庭和睦的原则，在确认该份遗嘱合法有效的前提下，酌定李某某享有的上述60%房产份额由李某丙、李某甲、李某丁平均分割各继承20%。李某某死亡后，成渝西路88号的房屋由李某甲对外出租。李某乙、邓某甲、邓某乙、邓某丙、张某某、邓某戊与李某丁、李某丙同意放弃对该房屋的租金主张，故对该房屋租金不作处理。

该院查明的李某某现金遗产为12289元，该遗产按照法定继承由李某某的4个子女平均分割，即由李某甲、李某乙、李某丙、李某丁各得3072.55元。另，李某甲要求分割李某某生前所在单位为其家属发放的抚恤金、丧葬费35580元，李某丙、李某丁同意该笔款项在扣除李某某自付医药费、丧葬费等必要支出后参照遗嘱继承由李某某子女4人平均分配，故对该分配方案予以认可。同时，对李某某的必要花费，确认如下：李某某生前产生的自付医疗费6684.61元，李某某去世后因办理丧葬花费的20278元。因此，李某某家属所得的抚恤金、丧葬费35580元，减去李某某必要支出医疗费6684.61元、丧葬费20278元的余额为8617.39元，由李某某的4个子女平均分割各得2154.35元。李某甲主张分割的李某某生前单位补发的抚恤金71798元，因未补交诉讼费，如双方无法协商分割可另案起诉。综上，判决如下：一、登记在李某某名下的成渝西路88号的房屋由李某甲享有20%的份额，邓某甲享有10%的份额，邓某乙享有10%的份额，邓某丙享有10%的份额，张某某、邓某戊享有10%的份额，李某丙享有20%的份额，李某丁享有20%的份额；二、李某丙、李某丁于本判决生效后15日内分别支付李某甲、李某乙李某某现金遗产3072.25元，参照遗产分配现金收入2154.35元，即由李某丙、李某丁分别支付二人5226.6元；三、驳回李某甲、邓某甲、邓某乙、邓某丙、张某某、邓某戊的其他诉讼请求。

李某甲不服一审判决，提起上诉。二审法院于2013年4月25日作出判决，认为本案争议的焦点是对1993年8月20日所立遗嘱和2010年2月21日所立遗嘱效力的认定。李某某于2010年2月21日所立的遗嘱，虽非李某某亲笔书写，但鉴于立该份遗嘱时李某某已年逾90岁，亲自书写有一定困难，打印后由其本人签名并按捺手印是现代社会自书惯用方式，该遗嘱应视为李某某的自书遗嘱。且李某某对该遗嘱的签字确认过程经两名律师见证，证明该遗嘱是李某某的真实意思表示。根据原《继承法》第20条规定，“遗嘱人可以撤销、变更自己所立的遗嘱。立有数份遗嘱，内容相抵触的，以最后的遗嘱为准”。李某某于2010年2月21日所立的遗嘱为其最后所立遗嘱，对其遗产分割应以该遗嘱为准。但该遗嘱处分了李某某与谢某某的共同财产，对属于谢某某的财产部分的处分无效，而仅对属于李某某的遗产分割有效。据此，对登记在李某某名下的成渝西路88号的房屋中40%属于谢某某的份额应由谢某某的继承人继承，即邓某甲享有10%的份额，邓某乙享有10%的份额，邓某丙享有10%的份额，张某某、邓某戊享有10%的份额。对该房屋中60%属于李某某的份额的继承按照李某某于2010年2月21日所立遗嘱执行，即在房屋变现后，从该60%的份额对应的价款中先行支付50000元给上诉人李某甲，其余部分由李某甲、李某丙、李某丁、李某乙各享有15%的份额；对李某甲提出的讼争房屋全部判由其继承，没有事实及法律依据，对此不予支持。对李某甲提出的李某某未处分的300000元存款按法定继承办理的请求，李某甲未能充分提供证据予以证实，对此不予支持。一审法院对查明的李某某的现金遗产和抚恤金已按法定继承进行了分割，且并无不当，应予以维持。因李某甲未补交诉讼费，一审法院未处理的李某某生前单位补发的抚恤金部分，当事人可协商或另诉解决，故二审中不予处理。综上所述，李某甲的上诉理由部分成立，对其上诉请求部分予以支持，判决：一、维持原民事判决第二项；二、撤销原民事判决第一项、第三项；三、登记在李某某名下的成渝西路88号的房屋中40%属于谢某某的份额由邓某甲享有10%的份额，邓某乙享有10%的份额，邓某丙享有10%的份额，张某某、邓某戊享有10%的份额。对该房屋中60%属于李某某的份额，在房屋变现后，从该60%的份额对应的价款中先行支付50000元给李某甲，其余部分由李某甲、李某丙、李某丁、李某乙各享有15%的份额；四、驳回李某甲、邓某甲、邓某乙、邓某丙、张某某、李某乙、邓某戊的其他诉讼请求。

李某丁、李某丙不服二审判决，申请再审。法院裁定驳回李某丁、李某丙的再审申请。后李某丁、李某丙向检察机关申请审判监督。2014年8月29日，人民检察院以民事抗诉书向法院提出抗诉。理由如下：

1. 原二审判决李某甲、李某丙、李某丁、李某乙四人各自享有房款余额15%的份额，系划分继承比例错误。因成渝西路88号房屋60%的份额属于李某某，根据原二审判决认定为部分有效的2010年2月21日李某某所立“遗嘱”的相关内容，该房屋变现后应从该60%份额对应的价款中先行支付50000元给李某甲，其余部分再由李某甲、李某丙、李某丁、李某乙四人平分，即各自享有剩余价款25%的份额，但原二审法院却判决上述继承人各自继承其余部分15%的份额，显然没有事实和法律依据。

2. 原二审判决认定李某某于2010年2月21日所立“遗嘱”为自书遗嘱且部分有效确有错误。原《继承法》第17条第2款规定：“自书遗嘱由遗嘱人亲笔书写，签名，注明年、月、日。”可见“亲笔书写”是自书遗嘱的应有之义。而据李某甲在一审中陈述，其于2010年2月21日以轮椅推李某某到某打印部先打印遗嘱内容，之后将李某某送回家中，李某甲再找律师杨某某、段某到家中，见证李某某对遗嘱的签字过程。可见该遗嘱并非李某某亲笔书写，不符合法律规定的自书遗嘱的有效形式。加之，两位律师并未亲眼见证遗嘱的形成过程，仅见证了李某某在遗嘱上签名，而当时李某某已年逾90岁高龄，距其辞世仅一年且久在病中，其神智是否清楚、打印的遗书是否系其真实意思表示，李某甲均未提供证据证明。并且，如果李某某亲笔书写遗嘱确有一定困难，法律另规定有公证遗嘱、代书遗嘱和录音遗嘱等方式来解决。但该“遗嘱”均不具备上述遗嘱的法律规定的有效形式，当属无效遗嘱。因此，原二审判决将不是李某某亲笔书写的“遗嘱”认定为自书遗嘱且合法有效确有错误。

## 法院判决

本案按何种方式继承，关键在于对李某某2010年2月21日和1993年8月20日两份遗嘱性质及效力的认定。

关于李某某2010年2月21日遗嘱的性质及效力。《中华人民共和国继承法》第十七条第二款规定：“自书遗嘱由遗嘱人亲笔书写，签名，注明年、月、日。”

打印遗嘱在法律层面究竟应解读为何种遗嘱，应重点审核遗嘱人是否对该打印遗嘱的形成与固化具有主导力或完全的控制力。本案中，按李某甲述称，李某某并未亲自操作电脑和电子打印系统将其主观意思转化为文字记载保存即固化于书面文件上，李某某只是口述，制作该打印遗嘱的行为由打印店他人实施，从遗嘱的形成方式看，不符合自书遗嘱的法律要件，故其不应认定为自书遗嘱。从该遗嘱的形成方式看（李某某口述，而由他人实施制作该打印遗嘱），该遗嘱与代书遗嘱相似。而《中华人民共和国继承法》第十七条第三款规定："代书遗嘱应当有两个以上见证人在场见证，由其中一人代书，注明年、月、日，并由代书人、其他见证人和遗嘱人签名。"此遗嘱由打印店打印员实施了制作该打印遗嘱的行为，打印人应为代书人，在场人员除李某甲、李某某外只有打印人，之后在该遗嘱上签字的二律师并未见证该遗嘱的形成制作过程，二律师既不是遗嘱的代书人，也不能称为法律意义上的遗嘱见证人，二律师只能作为证人证明李某某在该遗嘱上的签名为真实的，由此，该遗嘱无代书人签名，也无二见证人见证，故李某某2010年2月21日打印遗嘱因缺乏代书遗嘱的法定必备要件，属无效遗嘱。

关于李某某1993年8月20日遗嘱的性质及效力。双方当事人对李某某1993年8月20日遗嘱属亲笔书写并签名的自书遗嘱并无异议，该遗嘱理应为有效遗嘱。但该遗嘱的内容显示，遗产继承人李某丙须承担李某某"晚年的生活照料"，然后才有遗产"由李某丙1人继承"的表述，因此该遗嘱为附义务的遗嘱。从法院查明的事实看，李某某的晚年生活由李某甲、李某丙、李某丁三人照料，李某丙只履行了遗嘱所附的部分义务，其未能履行虽有其客观原因，但未能全部履行遗嘱所附义务却是不争的事实，原一审法院既尊重遗嘱人的真实意愿，同时秉承公平合理、家庭和睦的原则，将遗嘱所涉遗产平均分给履行遗嘱所附义务的李某甲、李某丙、李某丁三人继承，既符合法律规定，又兼顾情理，对此应予以认可。李某某1993年8月20日遗嘱所涉及的财产只有房产，本案所涉房产按1993年8月20日遗嘱继承，而除该房产外的其他遗产则按法定继承处理。故原一审判决将李某某除该房产外的其他遗产按法定继承判决由李某某四个子女平等继承，适用法律正确。综上，原二审判决适用法律不当，导致判决结果错误，应予以纠正。抗诉机关的抗诉理由成立，应予以支持。

## 专家点评

本案中，关于李某某2010年2月21日遗嘱的性质及效力问题，根据纠纷发生时有效的原《继承法》的规定，与案中争议遗嘱最为接近且具有法律效力的遗嘱类型是自书遗嘱与代书遗嘱。案中被继承人李某某只是口述，制作该打印遗嘱的行为由打印店他人实施，从遗嘱的形成方式看，不符合自书遗嘱的法律要件，故其不应认定为自书遗嘱。从该遗嘱的形成方式看，李某某口述，而由他人实施制作该打印遗嘱，该遗嘱与代书遗嘱相似，但依代书遗嘱的规定，代书遗嘱应有两个以上见证人在场见证，由其中一人代书，注明年、月、日，并由代书人、其他见证人在场见证。此遗嘱由打印店打印员打印，而非如法律规定代为书写，且在场人员除李某甲、李某某外只有打印人，之后在该遗嘱上签字的两名律师也并未见证该遗嘱的形成过程，两名律师既不是遗嘱的代书人，也不能称为法律意义上的遗嘱见证人，其只能作为证人证明李某某在该遗嘱上的签名真实，该遗嘱既无代书人代书及签名，也无两名见证人见证，故李某某 2010 年 2 月 21 日制作的遗嘱因缺乏代书遗嘱的法定必备要件，属无效遗嘱。该案如果发生于民法典继承编生效后，该打印遗嘱制作时如果有两个以上的合法见证人在场见证，且与遗嘱人一并在遗嘱每一页签名，最终注明年、月、日，那么该遗嘱将会成为具有法律效力的打印遗嘱。

**第一千一百三十七条**　以录音录像形式立的遗嘱，应当有两个以上见证人在场见证。遗嘱人和见证人应当在录音录像中记录其姓名或者肖像，以及年、月、日。

## 【条文释义】

本条是对录音录像遗嘱的规定。

录音录像遗嘱，是一种新型的遗嘱方式，是指以录音或者录像方式录制下来的遗嘱人的口述遗嘱，其实就是视听遗嘱。这是我国原《继承法》所规定的录音遗嘱的进一步扩展。这种界定随着科学技术的发展还可能进一步扩展，因为现在不再仅仅是录音，录像机、电脑等也日益普及，影像技术大为进步，应当将录音录像遗嘱扩展为视听遗嘱，即使遗嘱人通过摄像机等拍摄的音像资料，只要符合录音录像遗嘱的要求，也应当予以认可。事实上，录音录像遗嘱就是用录音录像技术记录的口头遗嘱。录音录像遗嘱应当符合下列要件：

1. 须有两个以上的见证人在场见证。见证人在场见证的目的，是保证录制的遗嘱确为遗嘱人的真实意思。在录制遗嘱时，见证人应当把各自的姓名、性别、年龄、籍贯、职业、所在工作单位和家庭住址等基本情况予以说明。

2. 须由遗嘱人亲自叙述遗嘱的内容。遗嘱人必须亲自清楚地口述遗嘱的全部内容，即不能由他人代述或转述遗嘱内容，且口述的内容要清楚、明白，而不能含混不清。而且口述的内容应当具体，对有关财产的处分，应当说明财产的基本情况，说明财产归什么人承受。

3. 须遗嘱人、见证人将有关视听资料封存，并签名、注明日期。在遗嘱人录制完遗嘱后，见证人也应当将自己的见证证明录制在录制遗嘱的音像磁带上。由于录音带、录像带等视听资料容易被他人剪辑、伪造，需要履行严格的封存程序，只有这样才能确保录音录像遗嘱的真实性。遗嘱人与有关见证人在封存遗嘱时，应在封缝处共同签名，并注明年、月、日，以确定遗嘱的订立时间。

4. 须当众开启录音录像遗嘱，在继承开始后，在参加制作遗嘱的见证人和全体继承人到场的情况下，当众启封，维护录音录像遗嘱的真实性。具备这些要件的录音录像遗嘱发生法律效力。

## 【案例评注】

### 闫某某诉闫某遗产纠纷案[①]

#### 基本案情

原告闫某某与被告闫某为同胞兄弟。其母亲张某某生有三子二女，长子闫某某，幼子为闫某，名下有58平方米房屋一套。张某某晚年生病期间，全凭闫某某照顾，生活和医疗各项费用也都由闫某某负担。基于其他子女没有尽到全部的赡养义务，张某某于2007年1月21日，在两位律师的见证下，由他人代书，立下了内容为自己逝世后所有财产都由闫某某继承的遗嘱。遗嘱由闫某某保管。2009年1月20日，张某某逝世，留下的房屋实际为闫某控制。

闫某某认为闫某的行为严重侵犯了自己的合法权益，遂依法以姐姐、弟、妹四人为被告诉至法院，要求按母亲的遗嘱继承房屋。

诉讼过程中，长女同意闫某某的诉讼请求，二女儿对遗嘱不认可，要求所有子女都继承遗产，二儿子放弃继承。幼子闫某另外提供了一份遗嘱和录像，认为房屋应由自己继承。该遗嘱由闫某之妻代写，张某某按的手印。录像显示的是有位邻居问张某某财产是否都由幼子继承，张某某只以“嗯”应答，而没有独立的表述。

① 审理法院：北京市朝阳区人民法院；案号：（2009）海民初字第14259号。

法院判决

法院经审理认为：本案中，闫某某提供的代书遗嘱有母亲本人签名及手印，有代书人及两位见证律师的签名，其内容指向为母亲所有的房屋，故该代书遗嘱的形式和内容均合法有效。而闫某提供的录像和代书遗嘱则存在瑕疵：母亲在录像中对于诉争房屋如何处理无清晰完整的表述，而是在提问人引导性提问下被动应答；该代书遗嘱内容指向的并非诉争房屋；代书人是小儿媳，与继承人具有利害关系；闫某未能提供证据证明代书人及见证人将代书遗嘱的内容详细告知母亲。鉴于该录像和代书遗嘱存在上述瑕疵，不能据此确定张某某的真实意思表示，故法院对该录像和代书遗嘱的效力不予认定。现大儿子依据其提供的《见证书》及所附《遗嘱》要求确认瑞祥里的房屋由其继承，其请求合法有据，法院予以支持。法院认为，长子的遗嘱合法有效，而小儿子持有的遗嘱存在瑕疵，故判决：一、张某某生前留下的房屋、退休金及报销所得药费由长子继承；二、由长子给付幼子闫某母亲的住院押金、医疗费、生活用品费及轮椅费17993.88 元。

专家点评

本案中，原告提供的代书遗嘱有母亲本人签名及手印，有代书人及两位见证律师的签名，其内容指向为母亲自己所有的房屋，无论是形式还是内容，该遗嘱均有效。但被告提供的代书遗嘱，代写人为被告之妻，与继承人具有利害关系，仅有张某某按的手印，无论内容还是形式都不合法，故无效。其提供的录像，仅有的内容也显示被继承人是在提问人引导性提问下被动应答，更无被继承人对诉争房屋如何处理的清晰完整表述，均不符合原《继承法》对录音遗嘱的规定，故这仅有的内容不足以构成录音遗嘱。法院对该录像的效力不予认定正确。另，案发时，我国原《继承法》仅有录音遗嘱的规定，即第 17 条第 4 款规定："以录音形式立的遗嘱，应当有两个以上见证人在场见证。"但如果录像里的内容及录音能清楚表达被继承人设立遗嘱的真实意愿，其也为有效遗嘱。在当时，即使遗嘱人通过摄像机等拍摄的音像资料，只要符合录音遗嘱的要求，也予以认可。而此条正是对旧有规定的进一步完善。本案中法院对录像效力的认定合法。

**第一千一百三十八条** 遗嘱人在危急情况下，可以立口头遗嘱。口头遗嘱应当有两个以上见证人在场见证。危急情况消除后，遗嘱人能够以书面或者录音录像形式立遗嘱的，所立的口头遗嘱无效。

## 【条文释义】

本条是对口头遗嘱的规定。

口头遗嘱早在罗马法就已存在，是要式买卖遗嘱的简化方式，即遗嘱人于证人前口述遗嘱内容而成立的遗嘱。[①] 由于口头遗嘱简便易行，后世各国对口头遗嘱莫不承认，但口头遗嘱的内容完全靠见证人表述证明，容易发生纠纷，各国也都对口头遗嘱的适用予以严格限制。

口头遗嘱，是指在危急情况下，由遗嘱人口头表述，由见证人予以见证的遗嘱，也称口授遗嘱。口头遗嘱应当有两个以上见证人在场见证。危急情况解除后，遗嘱人能够以书面或者录音形式立遗嘱的，所立的口头遗嘱无效。口头遗嘱须具备以下条件：

1. 须遗嘱人处于危急情况下，不能以其他方式设立遗嘱。危急情况，是指遗嘱人生命垂危、在战争中或者发生意外灾害，随时都有生命危险，而来不及或无条件设立其他形式遗嘱的情况。如果遗嘱人不处于危急情况下，可以通过自书、代书、公证等其他的方式设立遗嘱，则无适用口头遗嘱的余地，即使遗嘱人立了口头遗嘱，该口头遗嘱也无效。

2. 须有两个以上的见证人在场见证。订立口头遗嘱必须有两个以上的与遗产继承无利害关系的见证人在场见证。订立口头遗嘱时，见证人应将遗嘱人口授的遗嘱记录下来，并由记录人、其他见证人签名，注明年、月、日；见证人无法当场记录的，应于事后追记、补记遗嘱人口授的遗嘱内容，并于记录上共同签名，并注明年、月、日，以保证见证内容的真实、可靠。

3. 须不存在危急情况解除后遗嘱人能够利用其他形式立遗嘱的情形。在危急情况解除后，遗嘱人能够用书面或者录音形式立遗嘱的，所立的口头遗嘱无效。口头遗嘱的效力受到限制，必须是不存在危急情况解除后遗嘱人可以利用其他形式订立遗嘱的情形，如果危急情况一旦解除，则在一定时间内遗嘱人应当另立遗嘱，否则即使遗嘱人没有另立遗嘱，该口头遗嘱也失去法律效力。

本条没有明确在危急情况解除后，遗嘱人应于多长时间内另立遗嘱，即没有规定口头遗嘱的有效期间。口头遗嘱属遗嘱的简易方式，是在不得已时使用，因

---

① 周枏：《罗马法原论》（下册），商务印书馆2001年版，第484页。

而设立有效期间十分必要。通常认为在危急情况解除后，遗嘱人应于3个月内用书面或者录音、录像等方式设立遗嘱。如果遗嘱人于危急情况解除后不足3个月内未另立遗嘱而死亡的，应当承认其所立的口头遗嘱。如果遗嘱人于危急情况解除后3个月后仍未设立其他形式遗嘱的，则对其所立的口头遗嘱不予认可。

## 【案例评注】

### 杨某甲诉杨某乙等继承纠纷案①

#### 基本案情

杨某和郭某系夫妻关系，双方生育五个子女，分别为杨某甲、杨某乙、杨某丙、杨某丁、杨某戊，无其他养子女和继子女。杨某于1999年7月1日因病去世，郭某于2013年12月11日因病去世。二被继承人的父母均早于二被继承人去世。二被继承人留有登记在杨某名下的坐落于河西区的房屋以及现在被告杨某戊处的古瓶一对。

原告杨某甲诉称：(1) 原告继承杨某、郭某坐落于河西区份额；(2) 本案诉讼费用及其他费用均由原、被告平均承担。事实理由如下：原、被告为兄弟姐妹关系，原、被告的父母杨某、郭某分别于1999年7月1日和2013年12月11日去世。杨某生前名下拥有河西区房屋一套，该房屋属于夫妻共同财产。杨某、郭某二人生前无遗嘱，去世后各子女均未对房屋进行继承。现因继承该套房屋协商未果特诉至法院，望判如所请。

被告杨某乙辩称，不同意原告的诉讼请求，认为诉争房屋应当归其所有，不应该继续继承。(1) 父母口头遗愿并告知亲属、朋友及邻里，由被告杨某乙继承杨某、郭某所有的坐落于河西区的房屋。(2) 被继承人分别于1991年7月1日和2013年12月11日去世，母亲郭某亡故在后，遗兄妹五人，被告杨某乙是长子，剩余四姐妹依次为杨某丙、杨某丁、杨某戊、杨某甲，均在父母在世期间出嫁，至今30余年，各有两套住房。杨某生前在市委纪检委工作，1990年杨某分得市委家属院气象南里60号房产一套，同时上交215室和216室两间。1992年8月，经父母主张并征得近亲属的意见，将217室、418室分给了四个妹妹，各有所得，现住房产气象南里60号房产作为养老腾宅，由被告杨某乙继承，四个妹妹均无其他异议。(3) 1998年房改时买产权的钱是杨某让被告杨某乙拿出现金交纳

---

① 审理法院：天津市河西区人民法院；案号：(2018) 津0103民初3409号。

的，以杨某名义办理手续，全程由被告杨某乙办理。

被告杨某丙辩称，被告杨某丙结婚后，1984 年单位分了一套尖山路的房子，后来用这套房屋与二被继承人换的房子，当时二被继承人口头表达过把体院北的房子给被告杨某乙继承，把杨某乙名下的房子交出来平分给被告杨某丙和被告杨某甲。被告杨某丙认为应当多补偿给被告杨某乙和原告杨某甲一些份额，服从法院判决。

被告杨某丁辩称，要求继承气象南里房屋五分之一的份额。

被告杨某戊辩称，要求继承气象南里房屋五分之一的份额，因为原告杨某甲生病，基于此应当多补偿原告杨某甲。

庭审中，被告杨某丙、被告杨某丁，原告杨某甲均不要求分割古瓶。各方对于诉争房屋现价值无法达成一致，被告杨某乙不同意分割诉争房屋，原告及其他被告均不留买，只主张房屋折价款。

## 法院判决

原、被告均为杨某和郭某的第一顺位的合法继承人，享有平等的继承权，同一顺序继承人继承遗产的份额，一般应当均等。本案中主要遗产为登记在杨某名下的坐落于河西区私产房屋。

关于被告杨某乙认为诉争房屋属于被继承人通过家庭协议的形式分配给杨某乙的抗辩意见。本院认为，被告对于其陈述的家庭财产分配的内容应当承担举证责任，现无书面形式的家庭协议，且原告及其他被告对于该家庭协议的内容陈述不一致或不认可，另被告杨某乙无其他证据证明二被继承人有赠与房产的意愿，诉争房屋也未进行过户，故对于被告此辩称事实和内容，法院不予认定。

关于被告杨某乙认为被继承人有口头遗愿，并告知亲属及朋友邻里，由被告杨某乙继承诉争房屋的抗辩意见。遗嘱人在危急情况下，可以立口头遗嘱。口头遗嘱应当有两个以上见证人在场见证。危急情况解除后，遗嘱人能够用书面或者录音形式立遗嘱的，所立的口头遗嘱无效。根据被告杨某乙提供的证人出庭证言及书面证言均显示，二被继承人陈述诉争房屋归被告杨某乙所有时不处于危急情况，且诸位证人均系在不同时间、不同场合听到上述内容，时间跨度较大，缺少口头遗嘱的危急情况的构成要件，故对于被告杨某乙的此抗辩意见，法院不予采纳。

关于该房屋被告杨某乙不同意分割，原告及其他被告均不留买，主张房屋折价款，鉴于各方对于诉争房屋分配方案以及诉争房屋现价值无法达成一致，且无人留买，故对于该房屋原、被告各自享有 20% 的所有权。关于保存在被告杨某戊处的古瓶一对，被告杨某戊陈述系分家时给她的，但其并未提供证据证明，且其他原、被告并不认可，故应当作为遗产进行分割，被告杨某乙要求分割，其他原、被告均放弃分割，系各方当事人真实意思表示，依法予以准许，该古瓶应当由被告杨某戊和杨某乙分割继承。

综上，法院判决：一、原告杨某甲与被告杨某乙、被告杨某丙、被告杨某丁、被告杨某戊各自分割继承登记在杨某名下的坐落于河西区的房屋20%的份额；二、本判决生效之日起十五日内，被告杨某戊给付被告杨某乙古瓶一个。

专家点评

本案中，被告杨某乙主张被继承人有口头遗愿并告知亲属、朋友及邻里，由被告杨某乙继承诉争房屋。但其提供的证人出庭证言及书面证言均显示，二被继承人陈述诉争房屋归被告杨某乙所有时并非处于危急情况，且诸位证人均系在不同时间、不同场合听到上述内容，非同时在场，且时间跨度较大。遗嘱人只有在危急情况下方可设立口头遗嘱，且必须同时有两个以上见证人在场见证。被告杨某乙举证证明的情形不符合口头遗嘱的法定构成要件，二被继承人的陈述不构成口头遗嘱，法院不予认可正确。

## 第一千一百三十九条　公证遗嘱由遗嘱人经公证机构办理。

### 【条文释义】

本条是对公证遗嘱的规定。

公证遗嘱在罗马法就已出现，公证遗嘱由遗嘱人到法官或地方官处口述遗嘱的内容，由负责人把它记录在特定的簿册中。[①] 公证遗嘱在中世纪的欧洲得以发展。寺院法的遗嘱方式要求在寺院执事和两名或三名证人面前订立遗嘱。13世纪，意大利将这种寺院法的遗嘱方式世俗化，以公证人代替寺院执事，近现代民法上的公证遗嘱制度正式确立。此后，这种遗嘱形式传入德国，14世纪的日耳曼有了在公证人和证人面前订立的公证遗嘱。到了近现代，大陆法系的许多国家都明文规定了公证遗嘱形式。[②]

公证遗嘱，是指通过法律规定的公证形式订立的，有关的订立程序、形式都由法律规定的遗嘱。公证遗嘱与遗嘱公证不能等同，遗嘱公证是公证处按照法定

---

① 周枏：《罗马法原论》（下册），商务印书馆2001年版，第485页。

② 参见刘文：《继承法比较研究》，中国人民公安大学出版社2004年版，第217~218页。

程序证明遗嘱人设立遗嘱行为真实、合法的活动。公证遗嘱是最为严格的遗嘱，较之其他的遗嘱方式更能保障遗嘱人意思表示的真实性；在当事人发生继承纠纷时，公证遗嘱是证明遗嘱人处分财产的意思表示的最有力的和最可靠的证据。

根据民法典继承编以及司法部《遗嘱公证细则》的规定，公证遗嘱的办理须符合的要求是：

1. 须由遗嘱人亲自申办。遗嘱人亲自申办，是指立遗嘱人应当亲自作出遗嘱，不仅是指对有关遗嘱的内容，而且对申办公证也应当亲自进行。申办遗嘱公证，遗嘱人应当填写公证申请表，并提交下列证件和材料：（1）居民身份证或者其他身份证件；（2）遗嘱涉及的不动产、交通工具或者其他有产权凭证的财产的产权证明；（3）公证人员认为应当提交的其他材料。当事人确有困难（如因病或者其他原因）不能亲自到公证机关办理公证的，可以要求公证人员到其住所或者临时处所办理遗嘱公证。但无论在何种情形下，遗嘱人不能由他人代理办理遗嘱公证。

2. 须于公证员面前亲自书写遗嘱或者口授遗嘱。遗嘱人提供自书或者代书的遗嘱或者遗嘱草稿，由公证人员对该遗嘱或者遗嘱草稿进行审核，由遗嘱人签名确立公证遗嘱；如果遗嘱人未提供遗嘱或者遗嘱草稿的，公证人员可以根据遗嘱人的意思表示代为起草遗嘱，并由遗嘱人核对、签名。遗嘱人也可以在有两个以上的公证人员参加的情形下，在公证人员面前以书面或口头表述出遗嘱的内容来确立公证遗嘱。遗嘱人亲笔书写遗嘱的，要在遗嘱上签名或盖章，并注明年、月、日；遗嘱人口授遗嘱的，由公证人员作出记录，然后公证人员须向遗嘱人宣读，经确认无误后，由在场的公证人员和遗嘱人签名盖章，并应注明设立遗嘱的地点和年、月、日。

3. 须公证员遵守回避的规定。以公证方式订立遗嘱的，必须遵守法律、法规有关公证管理的规定。为保证公证遗嘱的真实性，遗嘱人与公证人员有近亲属身份关系的，公证人员应当回避；遗嘱人认为出场办理公证的人员有某种利害关系会影响公证的，有权要求公证人员回避。遗嘱人要求公证人员回避时，公证人员应当回避，由公证机关另行派出公证人员。违反公证管理规则订立的遗嘱，不能产生公证遗嘱的效力。

4. 须公证员依法作出公证。对于符合下列条件的，公证处应当出具公证书：（1）遗嘱人身份属实，具有完全民事行为能力；（2）遗嘱人意思表示真实；（3）遗嘱人证明或者保证所处分的财产是其个人财产；（4）遗嘱内容不违反法律规定和社会公共利益，内容完备，文字表述准确，签名、制作日期齐全；（5）办证程序符合规定。不符合前款规定条件的，应当拒绝公证。应当注意的是，公证人员对遗嘱的真实性、合法性的审查只能是形式上的，而不应也不能是对遗嘱内容的实质性审查。对遗嘱内容进行实质性审查是不合理的，因为这样做既不符合公证工作的保密原则，也容易延长办理公证的时间；同时也是不必要的，因为遗嘱内容是否有效是以遗嘱人死亡时的状态来确定的，于遗嘱设立时尚无法确定。

对于公证遗嘱是否要有见证人见证的问题，民法典继承编没有规定。不过，见证人见证公证遗嘱，可以确保遗嘱人确系其人，精神状态正常，意思表示真实成立，此外还能起到防止公证人滥用职权的作用。

## 【案例评注】

### 王某甲诉刘某确认公证遗嘱效力纠纷案[①]

#### 基本案情

王某沆和于某某系夫妻关系，在荣成市崖头街道办事处石桥子村有正房四间、平房两间。后因政府规划拆迁，新建房屋一栋。王某沆和于某某生育一子王某乙，并收养一女王某兰。王某乙及其妻子张某荣、儿子张某华先后于 1978 年、1996 年、1998 年去世。1999 年 10 月 7 日，王某沆因病去世。王某兰与其夫刘某田育有一子刘某，一女刘某芬。2000 年 5 月 2 日，王某兰去世。2012 年 8 月 9 日，于某某因病去世。

2012 年，原告刘某就确认公证遗嘱效力纠纷诉至法院，提交 1996 年和 2007 年的公证遗嘱，要求确认两份公证遗嘱有效，被告王某甲协助其办理遗嘱所涉房产的变更登记。

原告刘某提交的由荣成市公证处于 1996 年 4 月 8 日所作的公证遗嘱内容为："立遗嘱人：王某沆，于某某。我们夫妇有一男两女，儿子王某乙于 1978 年因车祸死亡，女儿王某兰、王某甲已成家立业，各自生活。现我们年事已高，且身体多病，为防止久后子女发生纠纷，特立此遗嘱对我们的财产作如下处理：我们原有正房四间、平房两间，因市政府规划已经拆迁，并补偿新建房款三万七千八百元，因我们无能力建新房，我们委托大女儿王某兰来承建新房，资金不足由王某兰承担。政府补偿的建房款在建房中使用，其中二万元作为建房的基本资金，余

---

① 一审法院：山东省荣成市人民法院；案号：（2012）荣民初字第 462 号。二审法院：山东省威海市中级人民法院；案号：（2013）威民一终字第 836 号。再审法院：山东省威海市中级人民法院；案号：（2014）威民申字第 74 号。

下一万七千八百元待我们二人去世后由王某兰、王某甲各得50%。该房建成后，我们有永久居住的权利，我们夫妇去世后，房权遗留给大女儿王某兰所有，他人不得干涉。我们夫妇不管谁先去世，在世方不得变更本遗嘱。本遗嘱委托本村王某贵执行。”立遗嘱人处加盖了王某沆和于某某的印章。

原告刘某提交的由荣成市公证处于2007年10月29日所作的公证遗嘱内容为：“立遗嘱人于某某……坐落在山东省荣成市双河西区……为预防我百年后因此房产发生纠纷，特立遗嘱如下：上述房产中，依法属于我个人所有的房产份额全部遗留给我的外孙刘某个人所有，其他人不得干涉。”立遗嘱人签名处由公证员张某代签了于某某的名字，名字上有手印。

## 法院判决

一审法院认为，公证遗嘱必须符合法定程序并受法律保护。一审法院审理后作出（2012）荣民初字第462号民事判决书，认定两份公证文书基本符合公证法定程序，被告王某甲提出的异议不足以证明公证文书虚假或严重违反程序，不能推翻公证文书的效力，确认1996年4月8日由荣成市公证处所做的公证遗嘱和2007年10月29日由荣成市公证处所做的公证遗嘱有效；因不属于审理范围，对原告刘某要求被告协助办理房产变更登记的请求不予审理。

被告王某甲不服一审法院判决，上诉至威海市中级人民法院。2014年3月10日，威海市中级人民法院作出（2013）威民一终字第836号民事判决书，判决驳回上诉，维持原判。

王某甲不服威海市中级人民法院作出的（2013）威民一终字第836号民事判决书，申请再审。王某甲申请再审时称：（1）于某某于2011年4月22日在两位律师的见证下重新作了一份遗嘱，对诉争楼房于某某个人所有部分全部由王某甲继承；（2）荣成市公证处办理公证时未录音录像，也没有立遗嘱人签名，未尽到相应的审查义务，属于形式违法，况且1996年的公证遗嘱表明在世方不得更改本遗嘱，故2007年的公证遗嘱属内容违法，不应采信；（3）对于上述违法行为，荣成市公证处未出庭质证。

刘某提交意见称：律师见证遗嘱系伪造，且在原审中均未提交，王某甲的再审理由不成立，应予驳回。

再审法院审理后认为，涉案楼房先由王某甲父母、刘某外祖父母王某沆、于某某共同申请形成1996年公证遗嘱，所涉财产包括整栋楼房；后于某某在王某沆去世后单独形成2007年公证遗嘱，所涉财产是上述楼房中于某某个人所有份额。对于上述二份公证遗嘱，一审法院经调取荣成市公证处档案查实，立遗嘱人虽未签名但有加盖私章或按手印，且明确表示不录音录像，根据《公证程序规则》相关规定，申请人应当在申请表上签名或者盖章，不能签名、盖章的由本人捺指印，故上述公证文书不能认定为无效。

对于律师见证遗嘱，王某甲自始知道并留存保管原件，但在一、二审中均未提交，故该证据非属《最高人民法院关于适用〈中华人民共和国民事诉讼法〉审判监督程序若干问题的解释》第十条规定的“新的证据”；况且律师见证遗嘱属于代书遗嘱，根据《中华人民共和国继承法》第二十条规定，代书遗嘱不得撤销、变更公证遗嘱，故上述律师见证遗嘱不足以推翻原判决。

关于王某甲认为荣成市公证处未参与质证的理由，荣成市公证处非本案当事人亦非证人，本就不该参与庭审；更何况本案认定事实的主要证据是二份公证遗嘱，而原审对二份公证遗嘱均组织当事人进行了质证，并依职权调取了荣成市公证处上述二份公证文书档案，故王某甲的该项理由不属应当再审的情形。最后，王某甲虽在二审中提交了另案行政判决书作为例证，但该判决书与本案无法律关系，更非一项独立的诉讼请求，故不符合遗漏诉讼请求的再审情形。

**专家点评**

公证遗嘱是我国原《继承法》所规定的效力最高的遗嘱，依原规定，它可排除自书、代书、录音、口头遗嘱，当因公证遗嘱发生纠纷产生诉讼时，法院应当对公证遗嘱是否为遗嘱人的真实意思表示、是否符合法律规定的形式要件进行审查。对于公证遗嘱的审查，当然涉及公证程序问题。法院对于违反公证程序的公证行为可以不作效力上的评判，但对于违反公证程序的公证书能否作为定案的依据，人民法院应当依照民事证据规定进行审核。本案中，再审申请人王某甲认为荣成市公证处办理公证时未录音录像，也没有立遗嘱人签名，未尽到相应的审查义务，属于形式违法，同时也主张公证内容违法。但事实证明，被主张形式违法的公证遗嘱，立遗嘱人虽然未在遗嘱上签名但有在上面加盖私章或按手印，且明确表示不录音录像，根据《公证程序规则》相关规定，申请人应当在申请表上签名或者盖章，不能签名、盖章的，由本人捺指印，遗嘱的形式并未违反规定，故公证遗嘱有效。而被主张内容违法的公证遗嘱，是遗嘱人合法处分楼房中个人财产份额的行为，且符合公证遗嘱的基本要求，故该公证遗嘱也有效。

**第一千一百四十条** 下列人员不能作为遗嘱见证人：

（一）无民事行为能力人、限制民事行为能力人以及其他不具有见证能力的人；

（二）继承人、受遗赠人；

（三）与继承人、受遗赠人有利害关系的人。

## 【条文释义】

本条是对遗嘱见证人资格的规定。

遗嘱见证人，是指订立遗嘱时亲临遗嘱制作现场，对遗嘱真实性予以证明的第三人。除自书遗嘱外，其他各种遗嘱皆须有见证人参与，是借此确保遗嘱的真实及其他方式的正确，因而见证人及其信用如何，直接关系着遗嘱的效力，也关系到对遗产的处置。根据民法典继承编规定，遗嘱人订立代书遗嘱、打印遗嘱、录音录像遗嘱、口头遗嘱时都须有两个以上的见证人在场见证。

遗嘱见证人必须是能够客观公正地证明遗嘱真实性的人，应当具备的条件是：（1）具有完全民事行为能力。因为有完全民事行为能力的人才能对事物有足够的认识能力和判断能力，无完全民事行为能力人对事物缺乏足够的认识能力和判断能力。未成年人、精神病患者不得充当遗嘱见证人。（2）与继承人、遗嘱人没有利害关系。与继承人、遗嘱人有利害关系的人参加见证，有可能受其利益的驱动而作不真实的证明，会损害遗嘱人以及有关继承人的合法权益。（3）知晓遗嘱所使用的语言。遗嘱见证人必须知晓遗嘱所用的语言，才能对遗嘱进行见证。遗嘱见证人中有的见证人为代书人，则遗嘱见证人还应当具有相应的文化知识，不能为文盲。

本条规定的是对遗嘱见证人的资格限制，即凡属下列人员均不能作为遗嘱见证人，其证明不能起到见证的效力：

1. 无民事行为能力人、限制民事行为能力人以及其他不具有见证能力的人。基于见证人是证明遗嘱真实性的证人，见证人是否具有民事行为能力，应当以遗嘱见证时为准，如果于遗嘱人立遗嘱时为有完全民事行为能力人，而其后丧失行为能力，则不影响遗嘱见证的效力。相反，如果见证时为无民事行为能力或者限制民事行为能力人，即使其后具有完全民事行为能力，也不能认定其为遗嘱见证人，于不具有完全民事行为能力时对遗嘱人所作的见证仍不具有效力。成年人为无民事行为能力人、限制行为能力人，应经人民法院宣告，如果未经人民法院被宣告为无民事行为能力或限制民事行为能力人的成年人，其虽为精神病患者但于遗嘱人立遗嘱时确属于神志正常的人，也应当认定其为见证人。

2. 继承人、受遗赠人。继承人、受遗赠人与遗嘱有着直接的利害关系，由他们作见证人难以保证其证明的客观性、真实性，易生弊端。所以，继承人、受遗赠人不能作为遗嘱的见证人。

3. 与继承人、受遗赠人有利害关系的人。与继承人、受遗赠人有利害关系的人是指继承人、受遗赠人能否取得遗产、取得多少遗产会直接影响其利益的人，因此应当包括：继承人、受遗赠人的近亲属（如配偶、子女、父母、兄弟姐妹、祖父母、外祖父母），以及继承人、受遗赠人的债权人和债务人、共同经营的合伙人。这部分人因与遗嘱实际上有着间接的利害关系，也有可能对遗嘱作出不客观、不公正的见证。所以，与继承人、受遗赠人有利害关系的人也不能作为遗嘱见证人。不具备遗嘱见证人资格的人不能作为遗嘱的见证人，其所作的见证不具有法律效力。但这并不是说，不具备遗嘱见证人资格的人不能出现在设立遗嘱的现场。例如，遗嘱人设立代书遗嘱，当时有 3 人在场，其中有一个人不具备见证人的资格，如果该人为代书人，则该遗嘱不合法定形式；但若该人不为代书人，不过是作为一般见证人在遗嘱上签名，则不能因此而认定该遗嘱不合法定形式。因为虽然该人不具备见证人的资格，其见证无效，但该遗嘱仍有两个人在场见证，其他两个具有见证人资格人的见证应当是有效的。[①]

遗嘱见证人见证事项包括以下几个方面：

1. 证明立遗嘱人的遗嘱能力。遗嘱见证人应当证明遗嘱人在订立遗嘱时的遗嘱能力，也就是遗嘱人是否是完全民事行为能力人。

2. 证明立遗嘱时的情况。主要是证明遗嘱人立遗嘱时是否出于自愿，有无不当影响。在口头遗嘱中，遗嘱见证人还应当证明遗嘱人当时所处的危急情况。

3. 记录遗嘱内容。在代书遗嘱中，应当由其中一名见证人代书，该见证人应当记录遗嘱内容。在口头遗嘱中，也需要见证人记录遗嘱内容。

4. 进行签名并注明年、月、日。在代书遗嘱、录音录像遗嘱中，有关见证人应当在代书的遗嘱与封存的录音、录像制品上签名，并注明年、月、日。

## 【案例评注】

### 宋某甲诉宋某乙等继承纠纷案[②]

**基本案情**

原、被告系兄弟姐妹关系，父亲宋某某于 1974 年 3 月 4 日去世，母亲杨某于

---

① 郭明瑞等：《继承法》，法律出版社 2004 年版，第 149 页。

② 审理法院：江苏省连云港市海州区人民法院，案号：（2018）苏 0706 民初 716 号。

2014年10月30日去世。宋某某去世前所居住的房屋是铁路部门的公有住房，去世后由其妻杨某一直居住，杨某于1992年6月按房改房价格购买该房屋。2003年7月3日因拆迁安置，置换为该涉案房屋。原、被告父母生前育有六个子女，分别是宋某乙、宋某丙、宋某丁、宋某戊、宋某己、宋某甲。

原告宋某甲诉讼请求：(1) 判令争议房屋归原告所有，被告协助原告办理房屋过户手续。(2) 由被告承担本案诉讼费用。事实和理由：原告与五被告系兄弟姐妹关系，母亲杨某于2014年10月30日去世，生前留有房屋一套。2003年5月23日，母亲留有遗嘱一份，将其本人的全部财产由小女儿宋某甲一人继承。故原告向法院提起诉讼，请求支持原告的诉讼请求。

原告宋某甲提供2003年5月23日杨某的证明、遗嘱各一份，其中证明载明："因我房屋面临拆迁问题，为了避免以后儿女引起纠纷，所以我现在特此声明，我房子对面南屋和小厨房是我本人财产，由宋某甲继承，并委托苏某帮我代书，田某、赵某帮我证明。"证明上有声明人杨某签章、捺印，代书人苏某，证明人赵某、田某签名，日期为2003年5月23日。遗嘱载明：本人长期有病直至今日卧床不起，生活均由小女儿宋某甲护理，因此我本人的全部财产（包括房屋拆迁，补偿费用部分等），将由我小女儿宋某甲一人继承（包括本人应继承的一切财产也全部由宋某甲继承）。遗嘱上有立遗嘱人杨某签章、捺印，代书人苏某，证明人赵某、田某签名，日期为2003年5月23日。

被告宋某乙辩称，对继承案不想参与，尊重法庭判决，本人放弃继承权。

被告宋某丙辩称：(1) 诉争的房屋有本案被告建造的部分，该房屋有部分的所有权系被告宋某丙的，剩余的部分可以进行法定继承。(2) 原告的母亲处分了原、被告父亲的遗产，如果要遗嘱继承，也应该划分出宋某某的遗产部分。(3) 杨某立遗嘱时意识不清，按原《继承法》第17条规定的内容，该遗嘱无效。(4) 被告不熟悉代书人及证明人，故该遗嘱无效。

被告宋某丁辩称，母亲一直是由宋某甲照顾，母亲的意愿也是遗产归宋某甲所有，如果我有继承的份额，我给原告。

被告宋某戊辩称，老母亲多次说把房子给宋某甲，我尊重老母亲的意见，立遗嘱时我也在现场，我本人放弃继承权，由宋某甲所有。

被告宋某己辩称，遗嘱应该有街道参与见证，我尊重法律，请法庭依法判决。

## 法院判决

继承开始后，按照法定继承办理；有遗嘱的，按照遗嘱继承或者遗赠办理；

有遗赠扶养协议的，按照协议办理。本案中，被继承人杨某于 2014 年 10 月 30 日去世，生前留有遗嘱一份，证明一份，涉案房屋是 2003 年 7 月 3 日因拆迁安置置换的。被继承人将自己所有的遗产赠与原告宋某甲继承。注明了年、月、日，并由代书人、两名见证人及遗嘱人签章、捺印，本院认为该份遗嘱符合代书遗嘱的形式要件，对其法律效力予以确认。原告要求将被继承人名下的房屋过户到其名下的诉讼请求，本院予以支持。关于被告宋某丙辩称涉案房屋中有自己所建房屋，但没有提供证据予以证明。关于被告提出原告提供的被继承人的遗嘱是无效遗嘱，该涉案房屋应按法定继承的观点，本院认为该份遗嘱符合代书遗嘱的形式要件，被告又不能提供该遗嘱无效的证据，庭审中遗嘱代书人、见证人出庭作证，均反映被继承人将自己的遗产赠与原告的意愿。关于代书人苏某的签名问题，其居民身份证的名字是“永”，且单位组织身体体检、单位员工花名册填写的名字均为“勇”，居民身份证号也一致，应认定为同一人。对被告宋某丙的辩称意见因没有法律和事实依据，本院不予采信。关于被告宋某己的辩称，如果该遗嘱有街道等组织见证便不持异议，对此观点，本院认为代书遗嘱必须是公民，组织不能作为遗嘱见证人，因此其辩称理由不能成立，不予采信。故本案诉争涉案房产应按被继承人杨某的遗嘱进行继承。综上，判决：诉争房屋归原告宋某甲所有。

**专家点评**

本案中，被继承人杨某留有代书遗嘱对自己遗产进行了处分，而被告对原告所提供的该代书遗嘱予以质疑并请求法院宣布无效。经查，该代书遗嘱注明了年、月、日，并由代书人、两名见证人及遗嘱人签章、捺印。其中，遗嘱代书人符合原《继承法》有关代书遗嘱的规定，见证人资格符合原《继承法》第 18 条遗嘱见证人的条件规定，并不存在会导致代书遗嘱无效的情形。案中代书人、见证人不仅符合法定条件，而且均到庭作证以证明被继承人设立遗嘱将自己遗产留给原告的真实意愿，而被告却不能提供相反的证据予以推翻。故该代书遗嘱真实有效，被告的请求不应得到支持。

**第一千一百四十一条**　遗嘱应当为缺乏劳动能力又没有生活来源的继承人保留必要的遗产份额。

## 【条文释义】

本条是对必留份的规定。

必留份，又称必继份，是指被继承人在遗嘱处分自己的遗产时，必须依法留给特定继承人而不得自由处分的遗产份额。必留份制度，其本质是为保障对财产有急迫需要的法定继承人的利益，因而排除被继承人相关遗嘱的适用，强制将被继承人遗产中的一部分无负担地划归法定继承人继承的权利保障制度。必留份制度在大陆法系和英美法系都不存在，我国规定必留份借鉴的是前《苏俄民法典》第535条规定。

在现实生活中，对被继承人财产有急迫需要的法定继承人，往往与被继承人存在扶养关系。在社会福利保障尚不健全的情况下，基于此类法定继承人所处的“既缺乏劳动能力又没有生活来源”的“双无”情况，如果让其失去继承遗产的机会，其生存都有困难。同时，对于这些缺乏劳动能力又没有生活来源的法定继承人，被继承人生前多对他们负有法律上的扶养、抚养甚至赡养等义务。尽管被继承人死后，其对他们已不存在法律上的义务，但在被继承人死亡时如留有遗产，且只要法定继承人缺乏劳动能力又无生活来源的状况仍然存在，法律便不允许被继承人以遗嘱的方式来排除他们继承必要遗产的权利。而且，依据《宪法》和相关法律的规定，公民行使权利时，必须遵守国家法律和社会公德，不得以行使自己的财产权利为由滥用自己的权利。尽管被继承人死后不再对曾经的被扶养人具有法定义务，但基于其与被继承人间存在血亲关系及他们对遗产的客观需要，被继承人死后留下部分遗产归其所有，这既遵从了人道主义精神，又与传统伦理道德相符。因此，对“双无”继承人享有必留份的规定，既符合遗产在血亲内流动的继承法原理，又能缓解社会负担及保障制度的压力，还兼顾伦理道德及社会感情，客观上能取得较好的效果。所以，只要存在满足条件的法定继承人，均应有资格从被继承人遗产中享有必留份。

本条规定的遗嘱应当对缺乏劳动能力又没有生活来源的继承人保留必要的遗产份额，就是必留份。遗嘱人在遗嘱中未为缺乏劳动能力又无生活来源的继承人保留必要份额的，也称为违反保留“必要的遗产份额”的规定，即违法处分必留份。遗嘱非法处分必留份的，该部分遗嘱内容无效。民法典继承编规定必留份的意义主要是：（1）对遗嘱自由给予一定的限制；（2）保护那些缺乏劳动能力又无生活来源的继承人的利益；（3）减轻社会的负担，以防遗嘱人将应由家庭承担的义务推给社会。

对于遗嘱因未对缺乏劳动能力又没有生活来源的继承人保留必留份而无效的情形，需要说明三点：[①]

第一，享有继承“必要的遗产份额”的继承人，必须同时具备缺乏劳动能力和没有生活来源两个条件。有劳动能力而没有生活来源的或者缺乏劳动能力而有生活来源的继承人都不在此列。基本生活需要是指能够维持当地群众一般生活水平的需要。

第二，法定继承人是否为缺乏劳动能力又无生活来源的人，应以继承开始时为准，不能以遗嘱人立遗嘱时的继承人的状况为准。立遗嘱时为缺乏劳动能力又没有生活来源的人，于继承开始时具有了劳动能力或有了生活来源的继承人，不在此限。立遗嘱时有劳动能力或有生活来源而于被继承人死亡时丧失劳动能力又没有生活来源的，属于应为其保留必要遗产份额的继承人，遗嘱中没有为其保留必要的遗产份额的，仍无效。缺乏劳动能力又没有生活来源的法定继承人应为被继承人死亡之时生存之人，此为当然。

第三，遗嘱中未为缺乏劳动能力又没有生活来源的继承人保留必要的遗产份额时，遗嘱并非全部无效，而仅是涉及处分应保留份额遗产的遗嘱内容无效，其余内容仍可有效。遗产处理时，应当为该继承人留下必要的遗产，所剩余的部分可参照遗嘱确定的分配原则处理。

同遗嘱继承一样，遗赠也不能损害缺乏劳动能力又没有生活来源的继承人的合法权益。如果继承人中有缺乏劳动能力又没有生活来源的人，而遗赠人又没有为其保留必留份，涉及这一必留份的遗赠无效。继承人中有无缺乏劳动能力又没有生活来源的人，以遗赠人死亡时继承人的状况为准。如果遗赠侵害了继承人的必留份权，受侵害的继承人于保全必留份必要的限度内，得主张遗赠无效。

## 【案例评注】

### 曲某诉刘某某、曹某某法定继承纠纷案[②]

**基本案情**

原告之父曹某甲与曲某某于 1995 年 12 月 13 日登记结婚。1996 年 12 月 20 日，婚生一子曹某乙，即本案原告曲某。2000 年 6 月 20 日，原告父母经法院调

① 郭明瑞等：《继承法》，法律出版社 2004 年版，第 159～160 页。

② 审理法院：山东省龙口市人民法院；案号：（2012）龙民初字第 653 号。

解离婚，调解书确定："婚生子曲某随被告曲某某抚养，原告曹某甲自2000年7月每月付给被告曲某某子女抚养费150元，于每年6月30日、12月30日各付900元，至子女独立生活止。"2003年12月19日，被告刘某某与曹某甲登记结婚，婚后夫妻共同财产为房屋一栋。2009年6月4日曹某甲因身患重病，由两名律师为之见证立遗嘱一份："一、将曹某甲现住房属于其个人所有的份额指定由侄子曹某某继承。二、将住房公积金、养老保险金属于立遗嘱人所有部分指定由曹某某个人继承。三、补充说明：曹某甲生病治疗花费均由家庭积蓄支付，无外债。"2009年8月9日，曹某甲因病去世。2010年8月16日，被告曹某某将刘某某诉至法院，要求继承曹某甲的遗产。（2010）龙民初字第730号民事调解书确定："一、房屋一栋及曹某甲住房公积金、养老保险金归被告刘某某所有，被告刘某某给付原告曹某某财产差价款55000元。二、曹某甲债务5000元由被告刘某某负责偿还，原告曹某某给付被告刘某某应承担份额款2500元。"2011年8月31日，原告诉至法院，请求依法判令二被告给付原告应得的遗产份额20000元，后于2012年8月21日申请撤回诉讼。2012年10月30日，原告再次诉至法院，请求依法判令二被告给付原告应得遗产份额20000元。

原告曲某诉称：原告的父亲曹某甲和原告的母亲曲某某于2000年6月离婚，原告与母亲共同生活。2009年8月9日，原告之父因病去世，去世前于2009年6月4日立遗嘱，遗嘱中将其个人财产全部赠与其侄子曹某某，没有给原告留出应得的遗产份额。当时原告只有12岁，且无其他生活来源。该遗嘱违反了原《继承法》第19条的规定，属部分无效。另外，曹某甲的遗产由二被告分得，故二被告应将原告应得的遗产份额给付原告。请求二被告给付原告应得的遗产份额20000元。

被告刘某某辩称：本案是遗嘱继承，被继承人死亡前立下遗嘱，已经对其遗产作了处分，被告没有取得被继承人的任何遗产。被告对于被继承人的遗产既无权处分，也与被告无关，请求驳回原告对被告的诉讼请求。

被告曹某某辩称：遗嘱是我叔叔曹某甲给我的，目的是赡养我奶奶及作为我叔叔曹某甲的殡葬费。遗嘱的意思是将我叔叔曹某甲的所有的遗产都给我，让我用来赡养我奶奶。

## 法院判决

法院经审理认为，《中华人民共和国继承法》第十九条规定，遗嘱应当对缺乏劳动能力又没有生活来源的继承人保留必要的遗产份额。遗嘱必须符合法律规定的条件，才具有法律效力，违反法律强制性规定会导致遗嘱无效或部分无效。

抚养未成年和丧失劳动能力的子女、赡养父母是我国公民的法定义务。继承人具有上述情形的，遗嘱人设立遗嘱时应当保留他们的必要继承份额。被告虽辩称原告之父曹某甲的遗产纠纷经龙口市人民法院（2010）龙民初字第730号民事调解书调解结案，但该案调解时，二被告并未告知存在着本案原告继承人。虽该调解书已生效，但作为曹某甲全部遗产继承人的被告曹某某，应将法律规定的“必留份”返还给原告曲某。考虑被继承人曹某甲家庭成员情况，对原告请求的遗产“必留份”应以15000元为宜。因被告刘某某未继承曹某甲的遗产，原告对被告刘某某的诉讼请求，本院依法不予支持。

判决如下：一、被告曹某某于本判决生效之日起十日内给付原告曲某应继承遗产15000元；二、驳回原告曲某对被告刘某某的诉讼请求。

**专家点评**

本案中，被继承人立遗嘱时将其个人财产全部赠与其侄子曹某某，而没有给年仅12岁的原告留下任何遗产份额，当时的原告既没有劳动能力又没有生活来源。依原《继承法》第19条规定，遗嘱应当为缺乏劳动能力又没有生活来源的继承人保留必要的遗产份额，然而，遗嘱人并没有这样做。因此，该遗嘱因违反法律对必留份的强制性规定自当部分无效。在我国，抚养未成年和丧失劳动能力的子女、赡养父母是我国公民的法定义务。案中被继承人去世前，有权以遗嘱对自己的财产进行处分，但其应该为缺乏劳动能力又没有生活来源的原告保留必要的遗产份额。故法院判令被告从其所继承的遗产中返还适当的必要遗产份额给原告正确。

**第一千一百四十二条** 遗嘱人可以撤回、变更自己所立的遗嘱。

立遗嘱后，遗嘱人实施与遗嘱内容相反的民事法律行为的，视为对遗嘱相关内容的撤回。

立有数份遗嘱，内容相抵触的，以最后的遗嘱为准。

## 【条文释义】

本条是对遗嘱撤回、变更和遗嘱效力冲突的规定。

遗嘱撤回，是指遗嘱人在订立遗嘱后又通过一定的方式取消原来所立的遗嘱。遗嘱变更，是指遗嘱人在遗嘱订立后对遗嘱内容的部分修改。遗嘱变更与遗嘱撤回的区别主要在于遗嘱人对原立的遗嘱内容改变的程度不同。变更仅是遗嘱人部分地改变了原设立遗嘱时的意思，是对遗嘱部分内容的撤销；而撤回是遗嘱人改变原设立遗嘱时的全部意思，是对遗嘱内容的全部变更。

遗嘱变更与遗嘱撤回，与一般民事法律行为的变更与撤销不同：（1）是否无因不同。一般民事法律行为的变更、撤销须有法定的变更或撤销民事行为的事由，或者须征得对方当事人同意，否则不得变更或撤销。而遗嘱的变更或撤回是遗嘱人的自由，遗嘱人可以单方面随意、随时、随地撤回或变更原来所立的合法遗嘱，而无需问其撤回或变更遗嘱的原因。（2）对象不同。遗嘱变更或撤回的对象为成立的尚未发生效力的遗嘱，而一般民事法律行为的变更或撤销的对象是已经发生法律效力的行为。（3）能否代理不同。遗嘱是必须由遗嘱人亲自实施的行为，同理，遗嘱的变更或撤回也必须由遗嘱人亲自实施，不得由他人代理。而一般民事法律行为的变更或撤销，除了行为人本人以外，其代理人或继承人也可以代理行使。（4）行使的时间不同。遗嘱变更或遗嘱撤回没有时间限制，只要在遗嘱人生存期间，可以随时随地变更或撤销遗嘱。而一般法律行为的变更或撤销只有在具备法定事由时才能撤销，而且撤销权为形成权，受到除斥期间的限制。

遗嘱人虽可在遗嘱设立后的任一时间、以任一理由变更或撤回遗嘱，但撤回或变更遗嘱也须具备一定条件，才能发生遗嘱变更或撤回的效力。遗嘱人撤回或变更遗嘱的要件是：

1. 遗嘱人须有遗嘱能力。只有具有遗嘱能力的人才能订立遗嘱，而遗嘱的变更或撤回等于重新订立遗嘱，因此，遗嘱人只有在具有遗嘱能力的情形下才可以变更或撤回遗嘱。若遗嘱人于设立遗嘱后丧失遗嘱能力，则在其遗嘱能力恢复前对遗嘱所作出的变更或撤回不生效力，原来的遗嘱仍有效。

2. 须为遗嘱人的真实意思表示。订立遗嘱须为遗嘱人的真实意思表示，遗嘱变更、撤回亦须为遗嘱人的真实意思表示。伪造遗嘱的变更和撤回，不为遗嘱人的意思表示，不能发生遗嘱变更和撤回的效力。遗嘱人因受胁迫、受欺诈而变更、撤回遗嘱的，不发生遗嘱变更、撤回的法律后果，原遗嘱仍有效，利害关系人可以主张撤回遗嘱人的遗嘱变更和撤回的意思表示。

3. 须由遗嘱人亲自依法定的方式和程序为之。遗嘱的订立须遗嘱人亲自进行，作为对原遗嘱的变更、撤回，也须由遗嘱人亲自依法定的方式和程序为之。遗嘱变更、撤回同样不适用代理，只能由遗嘱人亲自为之。遗嘱是一种要式法律行为，遗嘱变更或撤回必须采用一定的方式。遗嘱变更、撤回的方式有明示方式和推定方式两种。（1）明示方式，是指遗嘱人以明确的意思表示撤回、变更遗嘱。遗嘱人依明示方式变更、撤回遗嘱的，须依照法律规定的设立遗嘱的方式作成。不具备遗嘱法定形式的变更、撤回遗嘱的意思表示，不能发生遗嘱变更、撤回的效力。(2) 推定方式，是指遗嘱人虽未以明确的意思表示撤回、变更遗嘱，但法律根据遗嘱人的行为推定遗嘱人撤回、变更了遗嘱。这种推定不许当事人以反证推翻。推定遗嘱人变更、撤销遗嘱的情形主要有以下几种：第一，遗嘱人立有数份遗嘱，且内容相抵触的，推定变更、撤销遗嘱。第二，遗嘱人生前的行为与遗嘱的内容相抵触的，推定遗嘱变更、撤销。生前的行为，是指遗嘱人生前对自己财产的处分行为。《最高人民法院关于贯彻执行〈中华人民共和国继承法〉若干问题的意见》第 39 条规定："遗嘱人生前的行为与遗嘱的意思表示相反，而使遗嘱处分的财产在继承开始前灭失、部分灭失或所有权转移、部分转移的，遗嘱视为被撤销或部分被撤销。"例如，遗嘱人在遗嘱中指定某财物由某继承人继承或者赠与某人，而其后遗嘱人却将该财物出卖或赠送给他人。遗嘱中有关处分该财物的内容视为被变更和撤销。第三，遗嘱人故意销毁、涂销遗嘱的，推定遗嘱人撤销原遗嘱。例如，遗嘱人在立遗嘱后并未另立遗嘱撤销原遗嘱，而只是自己将原遗嘱毁坏，这表示遗嘱人废除了自己原立的遗嘱。遗嘱不是由遗嘱人自己销毁而是由他人毁坏的，不能视为遗嘱人撤销遗嘱；遗嘱因意外的原因损毁、丢失而遗嘱人又不知道的，也不能推定遗嘱人撤销遗嘱。

遗嘱撤回或者变更只要符合撤回或者变更的条件，自作出之时即发生效力。遗嘱撤回或者变更的效力，是使被撤回或者变更的遗嘱内容不生效力：

1. 遗嘱撤回的，自撤回生效时起，被撤回的遗嘱作废，以新设立的遗嘱为遗嘱人处分自己财产的真实意思表示，以新设立的遗嘱来确定遗嘱的效力和执行。遗嘱撤回后遗嘱人未设立新遗嘱的，视为被继承人未立遗嘱。

遗嘱人撤销的意思表示再次被撤销时，原先被撤销的遗嘱是否恢复其效力，各国规定的立法例有三种：(1) 原先被撤销的遗嘱恢复其效力；(2) 原先被撤销的遗嘱不恢复其效力；(3) 原先的遗嘱限制恢复效力，即只有在撤销遗嘱的行为是由于被欺诈、被胁迫造成的，才恢复其效力。我国对此没有明文规定，上述第三种立法例比较符合情理、符合实际。因为遗嘱人在被欺诈、胁迫的情形下撤销原先的遗嘱，这种撤销不符合遗嘱人的本意，不是遗嘱人的真实意思，在该撤销原先遗嘱的行为被撤销时，应当恢复原先遗嘱的效力。不过，不是被欺诈、胁迫撤销原先遗嘱的，即使后来遗嘱人又撤销了撤销原先遗嘱的行为，该再次撤销也未必与原先的遗嘱意思表示相符，因此不能恢复原先遗嘱的效力。

2. 遗嘱变更的，自变更生效时起，以变更后的遗嘱内容为遗嘱人的真实意思表示，应以变更后的遗嘱来确定遗嘱的有效或者无效，依变更后的遗嘱执行。即使变更后的遗嘱内容无效而原遗嘱内容可有效的，也应按变更后的遗嘱内容确认遗嘱无效。

立有数份遗嘱，内容相抵触的，应当视为以在后设立的遗嘱取代或者变更了在先设立的遗嘱，因此，遗嘱人设立数份遗嘱，内容相抵触的，应当以最后设立的遗嘱为准，即“遗嘱设立在后效力优先”。本条的这一规定，改变了原《继承法》第20条规定的公证遗嘱优先原则，是更为合适的立法选择。

## 【案例评注】

### 车某某诉万某昌等返还原物纠纷案[①]

#### 基本案情

车某某与万某某（于1979年12月死亡）系夫妻，共生育5个子女，分别是万甲珍、万某龙、万乙珍、万某昌、万某兴。万某昌与李某某系夫妻。2002年10月，车某某向他人购买一房屋，并于次月领取房屋所有权证。为了便于今后继承房屋，2005年5月，车某某与万某昌以虚构房屋买卖事实的方式将上述房屋过户至万某昌、李某某名下。同年6月1日，万某昌、李某某领取了房屋所有权证。6月20日，车某某在一份打印的“遗产继承书”上盖章、按手印，该“遗产继承书”载明：“本人车某某，现年83岁，生有万甲珍、万某龙、万乙珍、万某昌、万某兴子女五位。本人在世时，有产权房一间，本人百年后，本人的产权房由五位子女平均继承，为此本人特立遗产书一份，本书五位子女各留一份，签字生效。本人为了减少百年后遗产继承手续上的麻烦，于2005年6月把本人现有的房屋产权过户给儿子万某昌，并委托儿子万某昌待本人百年后，代本人将房屋产权分割为五份，让本人的子女：万甲珍、万某龙、万乙珍、万某昌、万某兴五位继承遗产，特此立据为凭。”万甲珍、万某龙、万乙珍、万某昌、万某兴亦在该遗嘱“遗产继承人签字”处签字。2009年7月8日，车某某以受到万某昌骚扰，撤销“遗产继承书”中关于将房屋过户到万某昌名下由其今后负责执行遗产分配的内容为由诉讼来院，要求万某昌、李某某返还上述房屋所有权。

原告车某某诉称：车某某名下原登记有房屋一套。2005年5月，万某昌称继承遗产要征收遗产税，应将房产在车某某生前过户到万某昌名下，在车某某去世后再分配给其他继承人。车某某信以为真，便依据万某昌、李某某的要求在相关

---

① 审理法院：江苏省无锡市南长区人民法院；案号：（2009）南民一初字第1627号。

房屋产权过户协议上按手印。2005 年 6 月 6 日，该房屋所有权人变更登记为万某昌、李某某。2005 年 6 月 20 日，车某某与万某昌及其他 4 个子女共同签署“遗产继承书”，写明是为了减少百年后遗产继承手续上的麻烦才把房屋产权过户给被告，并委托万某昌在车某某逝世后代为分割遗产。此后，车某某仍继续居住在上述房屋中。2008 年 7 月，万某昌、李某某称车某某所居住的房屋产权系其所有，要求车某某搬出该房屋，并对车某某实施辱骂、砸坏财物等骚扰行为，导致车某某无奈寄住在其他子女家中。现基于万某昌、李某某的行为，车某某决定撤销“遗产继承书”中关于将房屋过户给万某昌、李某某的内容，要求万某昌、李某某返还该房屋所有权。

被告万某昌辩称：“遗产继承书”是车某某及所有子女间所签，万某昌并不存在车某某所述的侵权行为，并且是遵循车某某的意愿进行过户，万某昌并没有作出违背车某某真实意愿的行为，故不同意将房屋产权过户给车某某。“遗产继承书”并非遗嘱而是一份分产协议，其形式上也不符合遗嘱形式要件。车某某已于 2005 年 6 月完成了对讼争房屋的处分行为，将房屋交由 5 个子女所有，现已无权再提出反悔意见要求返还。且车某某在 2005 年 6 月 20 日即已知道房屋产权过户给了万某昌，因此其返还主张现已超过诉讼时效，应驳回车某某的诉讼请求。

被告李某某辩称：同意万某昌的答辩意见，并且万某昌、李某某并没有欺诈车某某，不同意车某某的诉讼请求。

审理中，车某某对 2006 年 6 月 20 日以打印方式所立“遗产继承书”内容予以认可，并再次明确撤销“遗产继承书”中有关将房屋过户到万某昌名下，并委托万某昌为遗产执行人分割遗产的内容。

## 法院判决

法院经审理认为：“遗产继承书”是遗嘱而非分产协议，理由如下：（1）遗嘱是自然人生前按照法律规定处分自己财产及安排与财产相关事务，并于死亡后发生继承效力的单方民事行为，被继承人有变更和撤销遗嘱的自由，遗产权属在被继承人死亡及继承开始后发生转移；而分产协议是财产权人在生前对自己的财产作出分配，财产权属转移不以财产权人死亡为必需条件。（2）本案的“遗产继承书”强调讼争房屋为车某某生前所有，车某某并无生前将房屋处分权转移的意思表示，而是其对其死亡后财产继承意愿的反映，符合遗嘱特征。（3）虽然该遗嘱由立遗嘱人与继承人双方签字，但遗嘱是被继承人单方的财产处分意愿，遵循自由自愿原则，不受他人干涉，故即使形式上有继承双方签字，亦并不属于合约。（4）本案的“遗产继承书”虽然系车某某在打印的文字下方签字盖章而形成，但因立遗嘱人车某某尚未死亡，其在诉讼中对遗嘱内容的确认可以表明该“遗产继承书”系其真实意思表示。(5) 该“遗产继承书”载明是为了减少其死亡后遗产继承的麻烦将房屋过户给儿子万某昌，故万某昌仅是名义上的登记所有权人。因此，本案“遗产继承书”是遗嘱，而非分产协议，本院对被告万某昌提出的该“遗产继承书”系分产协议的意见，依法不予采纳。

车某某有权单方变更遗嘱，要求返还房屋。理由如下：(1) 遗嘱人可以撤销、变更自己所立的遗嘱，即本案车某某有权撤销、变更“遗产继承书”的内容。(2) 车某某在诉讼中对“遗嘱继承书”的真实性予以确认，同时也明确表示了撤销“遗产继承书”中关于将作为遗产的房屋过户到万某昌名下并委托万某昌为遗产执行人分割遗产的内容，这是其对遗嘱内容的变更，符合法律规定，依法应予准许。(3) 万某昌、李某某虽然已取得讼争房屋的所有权登记，但该房屋所有权是基于车某某的遗嘱意愿而非实质性转移，车某某并无放弃该房屋所有权的意思表示，万某昌仅为名义上的登记所有权人，并不因此而享有完全所有权。(4) 李某某虽非遗嘱继承人，但其取得房屋共有权的登记是基于其与万某昌的特殊身份关系，在万某昌接受将来作为受托人执行分割的遗产时，同样仅是名义上的房屋登记所有权人，不享有实质性权利。(5) 基于车某某对“遗产继承书”中有关将房屋过户到万某昌名下，并委托万某昌为遗产执行人分割遗产的遗嘱内容撤销的事实，故车某某有权要求万某昌、李某某返还上述作为遗产的房屋。

“遗产继承书”作为遗嘱，因立遗嘱人车某某尚未死亡而未生效，车某某随时有权变更或撤销遗嘱内容，且本案系围绕房屋所有权产生争议，故对被告提出的车某某的诉讼请求已超过诉讼时效的抗辩意见，不予采纳。

综上所述，车某某要求万某昌、李某某返还房屋的请求，符合法律规定，依法应予支持，因其变更遗嘱所产生的房屋过户费用及本案诉讼费，应由车某某自行承担。法院判决：万某昌、李某某于本判决发生法律效力后立即将房屋返还给车某某，变更房屋所有权登记所需费用由车某某承担。

## 专家点评

本案中，“遗产继承书”是车某某为减少百年后遗产继承手续麻烦而提前对自己财产所作的预先安排，其明确表示待本人百年后，被委托人应将房屋产权在子女之间进行分割，表达了对其死后财产应如何分配的意愿，其中更无生前将房屋处分权转移的意思表示，故该文书实为遗嘱而非合约或分产协议，继承人在文书中签字与否并不影响该文书的法律效力。依原《继承法》第 20 条遗嘱人可以撤销、变更自己所立的遗嘱之规定，当车某某生前对继承人的行为不满而不愿再将自己遗产留归遗嘱中所列继承人时，其均有权依其真实意愿对自己所立的遗嘱予以撤回、变更，任何人均无权干涉。被告以该“遗产继承书”非遗嘱而是分产协议为理由意图阻碍遗嘱人车某某行使变更、撤回自己所留遗嘱的权利，实为非法，故得不到法院的支持。

**第一千一百四十三条** 无民事行为能力人或者限制民事行为能力人所立的遗嘱无效。

遗嘱必须表示遗嘱人的真实意思，受欺诈、胁迫所立的遗嘱无效。

伪造的遗嘱无效。

遗嘱被篡改的，篡改的内容无效。

## 【条文释义】

本条是对遗嘱无效的规定。

遗嘱无效，是指遗嘱因不符合法律规定而不能发生法律效力。遗嘱无效的后果是遗嘱人在遗嘱中处分其财产的意思表示无效，不能依照遗嘱处置被继承人的遗产，遗嘱人在遗嘱中的意思不能实现，不发生遗嘱人所预期的法律后果。本条规定的遗嘱无效事由包括：

1. 无民事行为能力人或者限制民事行为能力人所立的遗嘱。无民事行为能力人、限制民事行为能力人属于无遗嘱能力的人，不具有以遗嘱处分其财产的资格，因此无民事行为能力人、限制民事行为能力人所立的遗嘱无效。完全民事行为能力人于设立遗嘱后被宣告为无民事行为能力人或限制民事行为能力人的，其原设立的遗嘱仍可有效；但其于民事行为能力变动以后对原设立遗嘱变更或撤回的，遗嘱的变更或撤回无效。

2. 受欺诈、胁迫所设立的遗嘱。遗嘱必须是遗嘱人的真实意思表示，遗嘱人因受胁迫、受欺诈所立的遗嘱，不是遗嘱人的真实意思表示，因欠缺遗嘱的合法要件而无效。受欺诈所立的遗嘱，是指遗嘱人因受他人故意的、歪曲的、虚假的行为或者言辞的错误导向下而产生错误的认识，作出了与自己的真实意愿不相符合的遗嘱。受胁迫所立的遗嘱是指遗嘱人受到他人非法威胁、要挟，为避免自己或亲人的财产或生命健康遭受侵害，违心地作出与自己真实意思相悖的遗嘱。胁迫、欺诈遗嘱人的人，既可以是继承人，也可以是继承人以外的人；既可以是因遗嘱人受胁迫、受欺诈所立的遗嘱得到利益的人，也可以是不会从遗嘱人的遗嘱中得到任何利益的人。胁迫和欺诈行为都是故意的，行为人不是故意而只是因其向遗嘱人提供了不正确的情况而导致遗嘱人改变处分财产的意思的，不能构成欺诈行为。受胁迫、受欺诈订立的遗嘱，在遗嘱人生前可以通过另订遗嘱、事实行为以及法律行为将该遗嘱撤销，使其不发生效力；在遗嘱人死后，有关的利害关系人可以向法院请求遗嘱无效，应负证明遗嘱是遗嘱人因受胁迫、受欺诈所设立的举证责任。应当注意的是，受胁迫、受欺诈所设立的遗嘱，虽然也是民事法律行为，但是不适用民法典总则编第148～150条的规定，不属于可撤销的民事法律行为，而是无效的民事法律行为。

3. 伪造遗嘱及代理订立遗嘱。伪造遗嘱就是假遗嘱，是指以被继承人的名义设立，但根本不是被继承人意思表示的遗嘱。制造假遗嘱的人一般是出于为自己或亲属取得财产或者不因遗嘱人的处分而失去取得财产机会的目的，但伪造遗嘱者的动机和目的并不是伪造遗嘱的构成要件。只要不是遗嘱人本人的意思表示而名义上是遗嘱人的遗嘱，都属于伪造遗嘱。因为伪造遗嘱根本就不是被继承人的意思表示，所以不论遗嘱的内容如何，也不论遗嘱是否损害了继承人的利益，当然无效。主张遗嘱无效的当事人只需证明遗嘱并不是遗嘱人的意思表示即可。因代理订立的遗嘱违反代理制度的强制性规定，故代理订立遗嘱无效。虽然代理订立遗嘱与伪造遗嘱在法律效果上都是无效，但存在不同，代理订立遗嘱是经被继承人同意的，而伪造遗嘱是假借被继承人的名义订立的。

4. 被篡改的遗嘱内容。被篡改的遗嘱，是指遗嘱的内容被遗嘱人以外的其他人作了更改的遗嘱，如对遗嘱的修改、删节、补充等。篡改只能是被继承人以外的人对真正遗嘱人的遗嘱的更改，如果是遗嘱人自己对遗嘱进行修改、删节、补充，则属于遗嘱人对遗嘱的变更。被篡改的遗嘱，经篡改的内容已经不再是遗嘱人的意思表示，而是篡改人的意思表示，不再符合遗嘱的法定要件，不能发生遗嘱的效力，应为无效。遗嘱不因被篡改而全部无效，遗嘱中未被篡改的内容仍然是遗嘱人的真实意思表示，仍然有效。篡改遗嘱与伪造遗嘱，虽然在法律效果上都是无效，但表现不同。伪造的遗嘱不是遗嘱人的意思表示，无所谓篡改。篡改只能是对遗嘱的部分内容的更改。如果是对遗嘱的全部内容更改，则为伪造遗嘱。

5. 遗嘱中处分不属于遗嘱人自己财产的部分内容。遗嘱人以遗嘱处分了属于国家、集体或他人所有的财产，遗嘱的这部分应认定无效。不过，由于遗嘱在遗嘱人死亡后才生效，如果遗嘱人通过遗嘱处分的他人财产，在遗嘱人死亡时已经被遗嘱人取得的，则应当视为有效。遗嘱中处分不属于遗嘱人自己财产，仅仅是该有关不属于遗嘱人自己财产的部分无效，其他部分应当有效。

6. 遗嘱非法处分必留份。遗嘱人在遗嘱中未为缺乏劳动能力又无生活来源的继承人保留必要份额的，也称为违反保留“必要的遗产份额”的规定，即违法处分必留份。遗嘱非法处分必留份的，该部分遗嘱内容无效。

## 【案例评注】

### 张某甲等诉张某丁等法定继承纠纷案[1]

#### 基本案情

原告张某甲、吴某甲、吴某乙、吴某丙、张某乙、张某丙与被告张某丁、张某戊、张某庚、张某己以及张某良之间分别是同父异母、同母异父和同父同母兄弟姐妹关系，其父母是张某某和邢某某，张某某于2008年去世，邢某某于1998年去世。被告张某辛是张某良之女，张某良先于其父亲去世。张某某和邢某某生前有民房三间，2005年5月1日，张某某立有遗嘱，内容是将民房全部给被告张某丁，今后一切费用由张某丁负责，与其他儿女不发生任何关系，其他儿女全部同意并签字，张某某在自己名字上按手印，原、被告均自己签名按手印或由他人代签，另有两名证明人签名按手印。2010年10月13日，被告张某丁与拆迁改造指挥部就张某某名下民房签订拆迁补偿安置协议，将该房置换成楼房，被告张某丁填补房款11250元。2016年12月13日，被告张某丁缴纳继承更名费2000元，将楼房更名到自己名下。被告张某丁就张某某名下房屋问题曾出资10万元给其他十名原、被告，由十名原、被告按约定进行分割。2017年年初，关于张某某名下平房动迁事宜，王家街道办事处给付房屋补偿差价款101550元，六原告认为此款是其父母遗产，要求分割。

张某甲、吴某甲、吴某乙、吴某丙、张某乙、张某丙向一审法院起诉请求：1. 判决原、被告父母所有的平房动迁补差款101550元，原、被告平均继承；2. 本案诉讼费由被告承担。

#### 法院判决

一审法院认为，继承开始后，按照法定继承办理；有遗嘱的，按照遗嘱继承或者遗赠办理；有遗赠扶养协议的，按照协议办理。本案中，被告张某丁提供证据证明其按遗嘱继承了被继承人张某某、邢某某的遗产，虽然所有原告对遗嘱中

---

① 审理法院：辽宁省锦州市中级人民法院；案号：（2018）辽07民终852号。

原告签名的真实性不认可，但所有被告均承认是自己或委托他人在遗嘱上签名，且有证明人签名，结合该房屋在2010年拆迁时，房屋拆迁补偿安置协议由被告张某丁自己在被拆迁人处签名和2016年被告张某丁缴纳继承更名费将动迁安置的楼房更名到自己名下的客观事实，本院认定被告提供的遗嘱客观存在，故被继承人张某某和邢某某的遗产民房三间按遗嘱继承办理，原告要求按法定继承分割被继承人遗产的诉讼请求本院不予支持。关于原告提出的被告张某丁出资100000元购买动迁安置楼房，而被继承人名下平房补发的补偿款仍是其父母遗产的说法，因被告否认买卖之说，而原告也无证据证明其主张，故原告该说法本院不予采信。依法判决：驳回原告张某甲、吴某甲、吴某乙、吴某丙、张某乙、张某丙的诉讼请求。

张某甲、吴某甲、吴某乙、吴某丙、张某乙、张某丙不服一审判决，提起上诉，请求撤销一审判决，依法改判平房动迁补偿款101550元由上诉人与被上诉人按法定继承平均分配。事实和理由：一、原审判决所认定事实错误。被上诉人张某丁提交的张某某所立遗嘱是伪造的。六上诉人根本就没有在所谓的张某某遗嘱上签过什么字、按过什么手印。判决认定为遗嘱继承错误。二、判决书认定所有被告均承认自己或委托他人在遗嘱上签名与事实不符。三、判决书自相矛盾，既认定张某丁按遗嘱继承，又认定张某丁出资100000元给其他十名原、被告。综上所述，请求二审法院查明本案事实，公正裁判。

张某丁辩称，我出资买的房子，并对老人养老送终，一审法院判决正确，要求维持原判。

张某己辩称，同意一审判决。

张某庚辩称，同意一审判决。

张某辛当庭表示放弃，庭审后表示如法定继承，将继承其父亲所应分得的份额。

二审中，当事人虽没有提交新证据，但经法院审查，双方当事人均认可此份遗嘱系在被继承人张某某去世后，由继承人张某乙书写，并由其在立遗嘱人处签写张某某的名字及按手印。对当事人二审争议的事实，二审法院认为一审认定的事实除遗嘱外，其他认定的事实属实。

二审法院经审理认为：本案争议的焦点是案涉房屋补偿差价款101550元是否按照法定继承予以分割。《中华人民共和国继承法》第三条规定："遗产是公民死亡时遗留的个人合法财产，包括……（二）公民的房屋、储蓄和生活用品……"第十条规定："遗产按照下列顺序继承：第一顺序：配偶、子女、父母。继承开始后，由第一顺序继承人继承……子女，包括婚生子女、非婚生子女、养子女和有扶养关系的继子女……”第十一条规定：“被继承人的子女先于被继承人死亡的，由被继承人的子女的晚辈直系血亲代位继承……”第十三条规定：“同一顺序继承人继承遗产的份额，一般应当均等……”经查，案涉遗嘱是在被继承人张某某死亡后，由继承人张某乙书写，并由其在立遗嘱人处签写张某某的名字及按手印，故该份遗嘱因不具有遗嘱效力，不予采信。本案所涉的101550元，在原审卷宗所载的房屋（民房）产权调换政策补差明细基本信息一栏注明张某某，可以认定此款是基于原被继承人张某某、邢某某共有的房屋因产权调换所得到的政府补偿，故此款属于被继承人张某某、邢某某的遗产，且各继承人作为被继承人张某某、邢某某的子女及晚辈直系血亲，均属第一顺序继承人，应由各方当事人按法定继承和代位继承的法律规定予以平均分割，而原审法院认定遗嘱有效，并按照遗嘱继承驳回各上诉人的诉求有误，予以纠正。

综上所述，张某甲、吴某甲、吴某乙、吴某丙、张某乙、张某丙的上诉请求成立，应予支持。依法判决：被上诉人张某丁于本判决生效后10日内分别给付上诉人张某甲、吴某甲、吴某乙、吴某丙、张某乙、张某丙、被上诉人张某戊、张某己、张某庚、张某辛人民币9231.8元。

**专家点评**

本案中，案涉遗嘱是在被继承人张某某死亡后，由继承人张某乙书写，并由其在立遗嘱人处签写张某某的名字及按手印，实为伪造的遗嘱。依原《继承法》第22条伪造的遗嘱无效之规定，在被继承人无遗嘱且法定继承人无丧失继承权的情形下，根据本案的具体情况，案中被继承人的遗产应依法按法定继承和代位继承的规则在继承人之间进行分割。然而，一审法院却在所有原告对遗嘱中原告签名的真实性不认可，所有被告也均承认是自己或委托他人在遗嘱上签名的情况下就认可该遗嘱合法有效，这实属错误。自书遗嘱必须本人亲笔书写，代书遗嘱必须遗嘱人亲自签名并满足证人条件方可有效，而案中遗嘱连签名都由继承人签写并按手印，一审法院却认定遗嘱成立且有效，实属错误，二审法院对此错误予以纠正正确。

**第一千一百四十四条**　遗嘱继承或者遗赠附有义务的，继承人或者受遗赠人应当履行义务。没有正当理由不履行义务的，经利害关系人或者有关组织请求，人民法院可以取消其接受附义务部分遗产的权利。

## 【条文释义】

本条是对遗托的规定。

遗托，也叫作附负担的遗嘱继承或遗赠，或者附义务的遗嘱继承或遗赠，是指遗嘱人在遗嘱中向遗嘱继承人或受遗赠人附加提出必须履行某项义务的要求。在遗托中，受遗赠人一面取得遗赠的利益，一面却须负担一定的义务，不像不附义务的遗赠那样，受遗赠人纯得财产上的利益。遗托中的“托”，是委托之“托”，即通过遗嘱形式，向遗嘱继承人或者受遗赠人委托事项，只不过这种委托之“托”附有继承遗产或者接受遗赠的权利而已。最典型的遗托如遗赠房屋，受遗赠人须看护及扶养遗赠人的祖母。构成遗托，受遗赠人称之为负担义务人，相对人称之为负担受益人，双方为遗托关系的当事人。本条没有使用遗托的术语，但内容一致。有时候，负担义务人与负担受益人为同一人，如某人遗赠 100 万元给某学校，负担为在该校设立以遗赠人为名称的奖学金基金。该遗托生效，则该学校既是负担义务人，也是负担受益人。

在罗马法上，遗托叫作信托遗赠，不限于继承人，对于由被继承人取得遗产者，无论遗赠或信托遗赠的受遗赠人，均可以设置遗赠或者遗嘱继承的负担。在查士丁尼时期，罗马法融合了遗赠与信托遗赠，将其称为对于受遗赠人所课负担的遗赠。《德国民法典》承认遗托，以对于受遗赠人所课的遗赠义务为负担，信托遗赠须在继承人所得财产以下，对于受遗赠人所课遗赠的负担，亦限定于遗赠利益的范围。受遗赠人抛弃遗赠时，负担受益人可以自己为受遗赠人。《日本民法典》第 1002 条也承认遗托制度：“受附负担遗赠者，只于不超过遗赠标的价额的限度内，负履行负担义务的责任。”《奥地利民法典》称遗托为委任，第 709 条规定：“被继承人将遗产以委任给与他人者，其委任视为解除条件，因委任的不履行，其遗产给予失去效力。”现代各国民法基本都承认遗托制度。

遗托的法律特征是：（1）遗托以遗嘱方式作出。遗托必须以遗嘱的形式作出，只有遗嘱人以遗嘱的方式作出要求遗嘱继承人或者受遗赠人履行某项义务时，才能发生遗托的法律效力。（2）遗托是遗嘱继承和遗赠的附加义务。遗托必须以遗嘱的形式作出，只有遗嘱人以遗嘱的方式作出要求遗嘱继承人或者受遗赠人履行某项义务时，才能发生遗托的法律效力。（3）履行遗托的义务以接受遗产和接受遗赠为前提条件。履行遗托义务不是无条件的，而是有条件的，只有遗嘱指定的遗嘱继承人接受遗产或受遗赠人接受遗赠，遗嘱继承人或受遗赠人才有义务履行遗托义务，否则可以拒绝履行遗托义务。遗嘱继承人或受遗赠人已经接受了遗产或者遗赠，就必须履行遗托的义务。

遗托所设负担的内容必须是能够实现的一定给付，不一定必须是金钱的价值。例如，托受遗赠人管理事务、照顾坟墓，都可以作为负担的内容，甚至消极的不作为也可以作为遗托的负担，如不公布遗嘱人的文学作品等。至于负担的设置究竟为谁的利益所设，是遗嘱人的利益还是第三人的利益，在所不论。但一般认为，如果设定的负担是法律上的义务，而不是法律义务之外的约定义务，则不是负担。设定依托负担的给付内容不能是不确定事项、不法事项，所设负担不得违背公序良俗。凡是以不确定的、违法的或者违背公序良俗的事项为负担的，一律无效。

遗赠与遗托都为遗嘱人在遗嘱中指定的内容，但两者是不同的，在以下方面存在区别：（1）性质不同。遗赠是遗赠人通过遗嘱对他人赠与财产的单方民事法律行为，而遗托则是遗嘱人在遗嘱中向遗嘱继承人或受遗赠人附加提出的必须履行的某项义务的要求。由此可见，遗赠与遗托在性质上存在根本区别。（2）对象的权利不同。在遗赠中，受遗赠人是获得财产利益，一般并不承担义务，即使附负担的遗赠，所承担的负担一般也不具有对价。在遗托中，遗托指向的义务人必须履行遗嘱中指定的义务要求，而且有的遗托中仅仅要求义务人履行义务，而不享受权利。[①]（3）独立性与附随性。遗赠具有独立性，只要遗赠人作出了意思表示，在遗赠人死亡后即发生效力。而遗托是附随于受遗赠权或遗嘱继承权的，受遗赠人、遗嘱继承人履行遗托的义务是以接受遗赠、遗嘱继承为前提条件的。如果受遗赠人不接受遗赠，或者遗嘱继承人放弃继承权，则无履行遗托义务的责任。（4）遗托因必须履行而具有不可免除性[②]。《瑞士民法典》第 482 条中规定，“被继承人得为其处分附加条件或要求。在处分生效时，各利害关系人得请求履行上述附加的条件和要求”。该条同时规定，“有违反善良风俗或违法的附加条件或要求的，其处分无效”。“如上述条件或要求令人讨厌或无任何意义时，得视其为不存在。”我国未对遗托的义务作出限制性规定，但从理论上看，可作与瑞士法相同的解释。在遗托的义务违反社会公德、违反社会公共利益或者违法时，该遗托无效。只要遗嘱人的遗托不违背法律和社会公德，不违反社会公共利益，又是可以履行的，接受了遗产的受遗赠人或者遗嘱继承人就必须履行遗托的义务，不得免除。

遗赠可以附条件。遗嘱是否可以附条件，有不同观点。一般认可遗赠可以附条件。附生效条件的遗赠，于所附条件成就时生效，而于被继承人死亡时并不生

① 史尚宽：《继承法论》，中国政法大学出版社 2000 年版，第 560 页。
② 郭明瑞等：《继承法》，法律出版社 2004 年版，第 177 页。

效。对于遗嘱继承，一般认为不可以附条件，有的也承认可以附停止条件，附停止条件的遗嘱自条件成就时生效。《日本民法典》第985条中就规定，“遗嘱附停止条件场合，其条件在遗嘱人死亡后成就时，遗嘱自条件成就时起，发生效力”。如果通过遗嘱进行遗嘱继承，则不允许附条件，因为附停止条件，无论对于遗产的及时分配还是合理利用都是不利的。而且遗嘱继承自被继承人死亡时开始，但附停止条件的遗嘱则仅在条件成就时方为有效，这就使得两者之间存在时间差，形成继承开始了，但遗嘱尚未生效的谬误。因此，遗嘱继承不得附条件，附停止条件的，所附的条件无效，应视为未附条件，遗嘱的其他内容仍应有效。通过遗嘱进行遗赠的，由于遗赠不同于遗嘱继承，对于遗赠可以附停止条件。[①] 例如，遗嘱人立下遗嘱，将一架钢琴遗赠其侄女，但以其侄女考上某音乐学院为条件。这就是附停止条件的遗赠，该遗赠在遗嘱人死亡后其侄女考上某音乐学院时发生效力。

遗托与附条件的遗赠很相似，但是存在以下区别：（1）性质不同。遗托所附的义务是负担，附条件遗赠所负的是条件。遗托的负担是接受遗赠的附款，是接受遗赠应当履行的义务；而附条件遗赠中的生效条件，是遗赠生效的条件，完全不是义务。附解除条件的遗赠，其条件是某种条件的成就而使遗赠失效，而不是负担的义务。二者的性质完全不同。（2）发生的时间不同。遗托义务发生的时间，是在受遗赠人接受遗赠之时，即接受遗赠就要承担负担的义务。遗赠所附生效条件时，只有条件成就，遗赠的遗嘱才能生效，才能够发生遗赠的问题。而附解除条件的遗赠，尽管是在遗嘱生效之后发生，但并非在遗嘱生效之时发生，也与遗托不同。（3）效力不同。遗托生效后，约束遗托的负担义务人应当履行负担义务，负担受益人产生请求权。即使遗托的负担义务人不履行负担义务，遗托也不必然无效，而是通过负担义务履行的纠纷方式解决，或者继续履行，或者由负担受益人请求撤销遗赠。而附生效条件的遗赠，其所附条件不成就，遗嘱就不发生效力，不存在遗赠的效力问题。在附解除条件的遗赠中，所附条件成就，遗嘱解除，溯及既往地消灭，不再发生遗赠问题。

遗托的效力主要表现在受遗托人接受或者承认遗托时确定其负履行负担的义务。具体表现在以下两个方面：

1. 负担义务的归属和开始时间。遗赠的负担义务人为受遗赠人，其相对人就是接受遗赠负担的权利人。这种权利从根本上说并不是债权，不具有债权的性质，但仍然是一种权利，因此也存在权利归属及其时间问题。其归属，就是负担

---

① 参见郭明瑞、房绍坤、关涛：《继承法研究》，中国人民大学出版社2003年版，第126~127页。

义务的承认和接受，受遗赠人决定接受或者承认遗赠，这时，负担受益人开始产生请求负担履行的权利。在此之前，负担受益人对于负担仅享有一种期待权，还不是现实的既得权，只有受遗赠人承认遗赠、接受遗赠，其权利才变为既得权，发生权利的归属问题。归属的时间，是继承开始的时间，从继承开始之时起，遗赠的负担受益人就产生这种权利，而受遗赠人作为负担义务人产生负担义务，必须履行负担。例如，遗赠房屋而使受遗赠人负担看护及扶养自己的祖母事例中，受遗赠人就是负担义务人，死者的祖母就是负担受益人。在负担权利义务没有归属之前，依据有效遗嘱，祖母只享有负担接受的期待权，待归属后，其祖母即享有现实的既得权，可以请求负担义务人履行义务。依《最高人民法院关于贯彻执行〈中华人民共和国继承法〉若干问题的意见》第43条规定，“附义务的遗嘱继承或遗赠，如义务能够履行，而继承人、受遗赠人无正当理由不履行，经受益人或其他继承人请求，人民法院可以取消他接受附义务那部分遗产的权利，由提出请求的继承人或受益人负责按遗嘱人的意愿履行义务，接受遗产”。

2. 受遗赠人以其所受利益为限负履行的义务。遗赠负担的范围以受遗赠人所接受的遗赠利益为限。遗赠人确定遗赠负担的限度，不能超过遗赠的利益范围，超过遗赠利益范围的部分为无效。如果遗赠人所设负担超过了遗赠利益的范围，负担受益人无权请求超出遗赠利益范围的负担部分。负担受益人主张负担义务人承担超出遗赠利益范围的部分负担的，负担义务人有权拒绝。确定负担义务是否超出遗赠利益范围的时间标准，可以选择以遗赠发生效力或者受遗赠人承认和接受遗赠时为准，但由于设置负担不得对受遗赠人课以不利益，通说认为应当以负担义务人履行义务时为准，即负担义务人在履行义务时，考察其所履行的义务与其所接受的遗赠利益的量的关系，负担的义务应当少于遗赠利益。如果出现负担利益超出遗赠利益的范围的情况，并非遗赠全部无效，而仅仅超出遗赠利益范围的部分负担无效。如果遗赠利益存在金钱以外的利益，负担义务人不抛弃遗赠而准备履行负担义务时，其遗赠和负担仍然为有效。如果负担义务人与负担受益人对此发生争议，应当提请人民法院裁决。

总体来看，遗托因必须履行而具有不可免除性，只要遗嘱人的遗托不违背法律和社会公德，不违反社会公共利益，又是可以履行的，接受了遗产的遗嘱继承人或者受遗托人就必须履行遗托的义务，不得免除。没有正当理由不履行义务的，经受益人或其他继承人请求，人民法院可以取消其接受附义务那部分遗产的权利，由提出请求的继承人或受益人按遗嘱人的意愿履行义务，接受遗产。遗托负担的范围以受遗托人所接受的遗赠利益为限。

## 【案例评注】

### 张某某诉蔡某某遗赠纠纷案①

#### 基本案情

张甲与张某生婚后先后生育长女张乙、长子张某胜。张某生病故后，张某仁与张甲再婚，并生育儿子张某元。张某胜与张某元系同母异父的兄弟关系。母亲张甲于1994年8月去世，张某元之父张某仁于2004年11月去世。1994年5月蔡某某与张某元以夫妻名义共同生活，于2006年10月31日办理结婚登记手续，双方未生育子女。张某元已于2006年12月4日病故，生前与蔡某某共同居住在二层楼房和三间平房内。张某元于2006年11月19日在病重期间书写遗书一份，载明："我去世后，东面三间楼房使用权归我妻蔡某某，西面三间平房也归我妻蔡某某安身之处，如我妻蔡某某今后嫁人，三间平房归我侄子张某某所有。"在遗书上有蔡某某、张某胜、兄长朱某某、姐夫孙某某、蔡某东等作为见证人签名。遗书中所列张某某系张某胜之子、张某元之侄。

另查明：蔡某某与张丙于2007年6月12日登记结婚，于2007年10月对三间平房进行修缮和墙面粉饰，2008年4月生育一女，同年11月在该平房内为女儿举办"百日酒"。

原告张某某诉称：其系张某元侄子，蔡某某系张某元妻子，蔡某某与张某元婚后未生育子女，张某元于2006年12月4日去世。张某元去世之前就其居住的房屋立下遗嘱：张某元去世后如妻子蔡某某嫁人，则归张某某所有。在张某元去世后，蔡某某即与张丙结婚，一直占据上述房屋，张某某曾多次要求蔡某某将房屋归还，但无果，故现要求判令上述房产归张某某所有。

被告蔡某某辩称：其与张某元于1994年5月以夫妻名义共同生活，不久即购买了三间二层楼房，该楼房系夫妻共同财产，其中属于张某元遗产的份额应由第一顺序法定继承人即妻子蔡某某继承，故张某某无权分得该楼房的房产份额；另三间平房系张某元建造，其与张某元婚后一直居住在该平房内，张某元遗嘱的真实意思是其如在张某元病故后离开所居住的平房嫁到别处去，平房才归张某某所有，而在张某元病故后蔡某某与张丙再婚一直居住在该平房内，实际未离开该平

① 一审法院为江苏省无锡市锡山区人民法院，案号为（2012）锡法湖民初字第0307号；二审法院为江苏省无锡市中级人民法院，案号为（2013）锡民终字第0453号。

房，且蔡某某与张丙婚后对该三间平房进行了翻造，在翻造平房及蔡某某与张丙结婚、养育女儿、摆女儿百日酒席等过程中，张某某从未提出过将平房归其所有，故张某某现主张平房归其所有已超过继承时效，请求驳回张某某的诉讼请求。

**法院判决**

法院审理后认为：公民可以依照继承法规定设立遗嘱处分个人财产，可以公证但并非必须公证；公民并可就遗嘱向继承人附加义务，其处分私权的权利应予尊重，但所附义务不得违反宪法和法律规定的基本精神，否则应认定无效。本案中张某元亲笔书写遗书及签名，注明年、月、日，并经数名见证人见证签名，故其书写的遗书为自书遗嘱。公民立遗嘱将个人财产赠给国家、集体或者法定继承人以外的人，为遗赠。张某某系张某元之侄子，属于法定继承人以外的人，其诉讼主张基于遗赠法律关系而提出，故本案案由应为遗赠纠纷。张某某在本案中提起的诉讼主张涉及两处房产，即三间平房与三间二层楼房，本案的争议焦点是上述两处房产是否应归张某某所有。

关于三间二层楼房，因张某元书写的遗书中涉及遗赠的部分为三间平房，而三间二层楼房并未列入遗赠的范围，张某某也非张某元的法定继承人，也不存在代位继承、转继承等情形，故张某某要求判令二层楼房归其所有的诉讼请求，于法无据，本院不予支持。

关于三间平房，因张某元所立遗嘱中就该处遗产的继承或赠与设定了约束他人内容，即“如我妻蔡某某今后嫁人，三间平房归我侄子张某某所有”，此系附义务的遗嘱继承，不履行义务即转为遗赠，即蔡某某获得三间平房的继承权所附的义务是不得改嫁。对张某元生前所立以约束配偶婚姻自由为前提方可享有继承财产权利的遗嘱，有违宪法和法律规定，是对蔡某某婚姻自由的限制，根据《中华人民共和国继承法》第二十一条的规定，遗嘱继承或者遗赠附有义务的，继承人或者受遗赠人应当履行义务。没有正当理由不履行义务的，经有关单位或者个人请求，人民法院可以取消其接受遗产的权利。此条中的义务应当合法。而本案中，蔡某某有正当理由不履行该遗嘱中所附义务，并仍对该三间平房享有继承权利，故涉及张某某受遗赠权利的内容无效，张某某无受遗赠权。因为婚姻自由是我国宪法规定的一项公民基本权利，具体而言体现为婚姻自主权这一人格权利，即自然人有权在法律规定的范围内，自主自愿决定本人的婚姻，不受其他任何人强迫与干涉。张某元去世后，蔡某某是否再婚应完全由蔡某某自行决定，如蔡某某选择再婚也是法定权利。张某元立下遗嘱但设定了约束内容，限制蔡某某的婚姻自由，违反了有关婚姻自由的宪法和法律的规定，故张某元所立遗嘱中“如我妻蔡某某今后嫁人，三间平房归我侄子张某某所有”的内容应属无效，即张某某受遗赠的内容无效。

需要指出的是，即使张某元的遗嘱前述内容有效，根据法律规定，受遗赠人应当在知道受遗赠后两个月内，作出接受或者放弃受遗赠的表示。到期没有表示的，视为放弃受遗赠。本案中张某元死亡后，蔡某某与张丙于2007年6月起在原蔡某某与张某元共同生活的房屋中结婚、共同生活、修缮房屋，且于2008年11月为女儿举办“百日酒”，张某某作为遗书持有人并居住在同村，应当知道张某元遗产内容中其受遗赠的“条件”成就，但张某某未举证证明其在“条件”成就后两个月内作出接受遗赠的表示，亦应视为放弃受遗赠。综上，张某某在本案中的诉讼主张，于法无据，本院不予支持。故判决：驳回张某某的诉讼请求。

一审宣判后，张某某提起上诉，后在二审期间申请撤回上诉。二审法院裁定：准许张某某撤回上诉，原审判决即发生法律效力。

### 专家点评

依原《继承法》第21条的规定，公民设立遗嘱时，可对继承人设定相应的义务，继承人或受遗赠人如欲继承遗产就应履行相应义务，如其没有正当理由不履行义务的，经利害关系人或者有关组织请求，人民法院可以取消其接受附义务部分遗产的权利，但遗嘱人为继承人或受遗赠人设定的义务不得违法。本案中，被继承人设立遗嘱时附加义务为“如我妻蔡某某今后嫁人，三间平房归我侄子张某某所有”，即被继承人妻子蔡某某获得三间平房继承权的义务是不得改嫁，如果在被继承人死后其妻改嫁他人，该遗产便归非法定继承人即被继承人的侄子张某某。该义务对蔡某某的婚姻自由构成了限制，与宪法和法律规定的基本精神相违。凡是以不确定的、违法的或者违背公序良俗的事项作为遗嘱或遗赠附加义务的，一律无效。故蔡某某有正当理由不履行该义务且不丧失继承该遗产的权利，原告张某某的请求自然得不到法院的支持。

# 第四章 遗产的处理

**第一千一百四十五条** 继承开始后，遗嘱执行人为遗产管理人；没有遗嘱执行人的，继承人应当及时推选遗产管理人；继承人未推选的，由继承人共同担任遗产管理人；没有继承人或者继承人均放弃继承的，由被继承人生前住所地的民政部门或者村民委员会担任遗产管理人。

## 【条文释义】

本条是对遗产管理人产生方式的规定。

遗产管理是指对死者遗产负责保存和管理的制度。在继承开始后到遗产的最终分割、处理时止，为了保护遗产不被损毁或散失，必须确定遗产管理人，对被继承人的遗产进行管理。

关于遗产的管理，各国继承法规主要有两种立法例：（1）由法院或主管官署依职权进行管理。德国、瑞士等国继承法采取此立法例，如《德国民法典》第1960条规定："遗产法院尤其可以命令存放印章，提存金钱、有价证券和贵重物品，以及编制遗产目录，并为成为继承人的人选任保佐人（遗产保佐人）。"（2）由民事法院根据利害关系人或者检察官的请求，指定遗产管理人。法国、日本等国继承法采此立法例，如《日本民法典》第936条中规定："继承人有数人时，家庭法院应从继承人中选任继承财产管理人。"

遗产管理人是指对死者遗产负责保存和管理的人。遗产管理人在许多情形下都存在，如在法定继承中由承认继承的继承人作为管理人，遗嘱继承中的遗嘱执行人作为管理人，还有无人继承遗产中被指定的遗产管理人。对此，各国继承法都明确作了规定，如《日本民法典》第918条规定，"继承人应以对自己固有财产同样的注意，管理继承财产"。本条规定遗产管理人的产生方式包括：

1. 继承开始后，遗嘱执行人为遗产管理人。被继承人在遗嘱中指定遗嘱执行人，但未另行指定遗产管理人，应当由遗嘱执行人行使遗产管理人的职责。

2. 被继承人在遗嘱中明确指定了遗产管理人的，属于被继承人根据自己的意志对遗产管理事项作出的安排，法律自应尊重，继承人也应服从。遗嘱指定的遗产管理人并非不可改变，如果遗嘱指定的遗产管理人未尽其义务或损害继承人及遗产债权人利益的，利害关系人可以请求法院予以撤换。

3. 没有遗嘱执行人的，继承人应当及时推选遗产管理人。在继承开始后，由于我国采取当然继承主义，遗产的权利应当归属于各继承人。继承人为一人的，则遗产直接转化为该继承人的个人财产，其进行的管理就是所有权人的管理。继承人为多人的，各继承人皆可为遗产管理人，但为了遗产管理更好地进行，全体继承人可以推选一人或数人作为遗产管理人，由其进行遗产的管理活动。

4. 继承人未推选遗产管理人的情况下，应由全体继承人共同担任遗产管理人，行使遗产管理人的职责。

5. 没有继承人或者继承人均放弃继承的，由被继承人生前住所地的民政部门或者村民委员会担任遗产管理人。法定继承人、村民委员会、居民委员会担任遗产管理人的，不得辞任，但继承人放弃继承权的除外。遗产管理人的行为已经或者将要损害其利益的，继承人可以请求人民法院更换遗产管理人。人民法院在指定遗产管理人之前，经利害关系人的请求，可以对遗产进行必要处分。

依本条规定，继承开始后，遗嘱执行人为遗产管理人，履行遗产管理职责。虽然遗嘱执行人也能起到遗产管理作用，但是遗产管理人与遗嘱执行人不能完全等同，两者存在一定区别：（1）适用范围不同。遗嘱执行人只适用于遗嘱继承的情况，而遗产管理人还可在法定继承、遗赠、无人继承遗产等所有继承事件中设定。（2）产生方式不同。在遗嘱执行人由被继承人生前在遗嘱中指定的情况下，依本条规定，其自然为遗产管理人。只有在无遗嘱执行人的情况下，遗产管理人才由继承人及时推选产生或由继承人共同担任，或当没有继承人或者继承人均放弃继承的情况下，由被继承人生前住所地的民政部门或者村民委员会担任，在特定情形下，经利害关系人申请，还可由人民法院指定遗产管理人。（3）担任条件不同。遗嘱执行人必须是完全民事行为能力人，而遗产管理人在少数情况下可能是无行为能力人或限制行为能力人。在仅有一个继承人而该继承人是无行为能力或限制行为能力人的情况下，该继承人是法定的遗产管理人。但无行为能力人的遗产管理行为应当由其法定代理人代理，限制行为能力人则应得到其法定代理人的允许。

## 【案例评注】

### 蒋某诉李某代位权纠纷案[①]

**基本案情**

2007年1月4日，曹某因经营所需向蒋某借款人民币10万元。同年12月21日，曹某将其妻子、母亲、岳母杀死后随即自杀身亡。12月24日，李某在接受公安机关调查该起凶杀案原因时承认：其于2006年5月因买地向曹某借款人民币10万元，并于2007年12月初被曹某催还过，其已允诺曹某于2007年年底归还。嗣后，曹某之子明确表示放弃继承，曹某无其他第一顺序继承人和第二顺序继承人，曹某居住地的村委会负责接收曹某的厂房、设备等遗产并清偿了部分债务。蒋某获悉曹某死亡后，向村委会申报了上述债权，并告知村委会有关李某向曹某上述借款一事。事后，村委会未向李某主张此笔遗产债权，蒋某也未从金山村委会处分得遗产清偿款。2008年6月26日，蒋某对李某提起本案诉讼。

原告蒋某诉称：曹某向其借款人民币10万元已到期，而被告李某向曹某借款人民币10万元亦已到期，但曹某怠于向被告李某主张债权权利。现曹某死亡，继承人之子放弃继承，接管曹某遗产的金山村委会又怠于清算，致使其对曹某的债权存在难以实现的可能，其要求代位曹某或金山村委会向被告李某主张曹某对被告李某的债权人民币10万元。

被告李某辩称：原告蒋某行使代位权缺乏必要条件，要求驳回原告蒋某的诉讼请求。

审理中，被告李某确认，其对曹某的借款于2007年5月到期，因资金紧张且双方是多年好友，故拖欠至今，亦未与曹某讲明原委。

另查明，曹某及其妻子、母亲、岳母均为村委会村民。

**法院判决**

法院经审理认为：曹某死亡后，其生前财产包括债权债务均应纳入遗产范围进行清算。曹某生前是否怠于向被告李某行使债权权利及金山村委会接管曹某遗产后是否怠于清算，均不成立代位权，故原告蒋某的代位权请求不予支持。判决：驳回原告蒋某的诉讼请求，案件受理费由原告负担。

---

① 审理法院：江苏省苏州市吴中区（吴县市）人民法院；案号：（2008）吴民一初字第1609号。

**专家点评**

本案中，曹某自杀身亡，其子明确表示放弃继承后，曹某便已无其他第一、第二顺序继承人。依原《继承法》第32条的规定，无人继承又无人受遗赠的遗产便归国家所有，死者生前是集体所有制组织成员的，归所在集体所有制组织所有。曹某居住地的金山村村民委员会是群众性自治组织，当然属于集体所有制组织，其也正是依此规则负责接收曹某的厂房、设备等遗产并清偿了部分债务，事实上该村委会已经开始履行遗产管理人与遗产继受者的职责。这也正符合原《继承法》第33条“继承遗产应当清偿被继承人依法应当缴纳的税款和债务，缴纳税款和清偿债务以他的遗产实际价值为限”所规定的规则。蒋某作为曹某的债权人，在曹某生前，其为实现自己的到期债权有权以行使代位权的方式向曹某的债务人李某主张到期债务。然而，在曹某死后，即被代位人已死亡，也就没有了可以代位的对象，债权人的代位权也就无从说起，所以代位权不成立。从法律关系来说，债权人与次债务人的法律关系是以债务人与次债务人的原生法律关系为基础构建的，当债务人死亡时，债务人与次债务人的法律关系即终止，债权人也就无法代位债务人而与次债务人发生关系。故蒋某在曹某死后以向李某主张代位权为由提起诉讼，法院不予支持正确。金山村村民委员会作为曹某的无人继承又无人受遗赠的遗产的管理者与继受者，其既有义务向他人主张曹某所享有的债权，也有义务以曹某遗产的实际价值为限清偿其依法应当缴纳的税款和债务。而蒋某虽不能以代位权的方式直接向被告李某主张债权，但其可以向村委会主张其对曹某的债权。原《继承法》对无人继承的遗产仅规定了归谁所有的规则，对被继承人生前住所地的民政部门或者村民委员会担任无人继承或继承人放弃继承的遗产管理人未有具体明确的规定，本条正是对此予以完善。

**第一千一百四十六条**　对遗产管理人的确定有争议的，利害关系人可以向人民法院申请指定遗产管理人。

## 【条文释义】

本条是对法院指定遗产管理人的规定。

在特定情况下，应当由法院直接指定遗产管理人：

1. 遗嘱未指定遗嘱执行人或遗产管理人，继承人对遗产管理人的选任有争议的。

2. 没有继承人或者继承人下落不明，遗嘱中又未指定遗嘱执行人或遗产管理人的。

3. 对指定遗产管理人的遗嘱的效力存在争议的。

4. 遗产债权人有证据证明继承人的行为已经或将要损害其利益的。

出现上述情形，利害关系人可以向法院起诉，申请指定遗产管理人。为保证遗产的安全，避免遗产的损毁，人民法院在指定遗产管理人之前，经利害关系人的申请，可以对遗产进行必要的处分，即在紧急情况下（如遗产有毁损、灭失危险时），法院可代行遗产管理人的部分职责。

## 【案例评注】

### 田某甲诉田某乙等继承纠纷案[①]

**基本案情**

原告田某甲的祖父田某庚与祖母李某共婚生四名子女，即长子田某乙、次子田某己（原告田某甲、被告田某戊之父）已死亡、三子田某丙、长女田某丁。1990 年，原告父母离婚，原告随母生活；2002 年 11 月 22 日，原告祖父田某庚去世；2016 年 4 月 20 日，原告父亲田某己去世；2016 年 6 月 18 日，李某留下代书遗嘱；2017 年 11 月 30 日李某去世。李某去世后留下两处住宅，产权皆为李某单独所有。营业用房为直管产，承租人均为李某，李某生前拥有使用权和收益权（现由田某乙代管，年营业房租金为 130000 元）。

原告田某甲诉讼请求：依法继承其父田某己并代位继承其祖母李某的遗产（139.5 平方米的商业用房；两处住宅），请求转继承其祖父田某庚的遗产，继承遗产数额为其父田某己应继承田某庚遗产数额的百分之五十；指定遗产管理人为被告田某戊。事实及理由：原告诉称，原告之父田某己系被代位继承人李某次子，于 2016 年 4 月 20 日死亡。原告祖母李某与丈夫田某庚共育有三子一女，即长子田某乙、次子田某己、三子田某丙、长女田某丁。原告祖父田某庚于 2002 年 11 月 22 日病逝，夫妻俩留下四处房产，面积为 139.5 平方米的营业用房、两住宅，面积约为 55 平方米的营业用房，产权人均为李某。其中商业城 2 套营业用房出租中，年租金约 13 万元，由原告伯父田某乙代管，住宅 1 由田某乙居住，住宅 2 原由父亲田某己居住，现由姐姐田某戊管理。因原告父母于 1990 年离婚，婚生

---

① 审理法院：吉林省辽源市西安区人民法院；案号：（2018）吉 0403 民初 221 号。

长女田某戊归父亲田某己抚养，次女田某甲由母亲赵某抚养。原告因亲情关系与祖母一家始终没有中断联系。现因祖母去世，其伯父田某乙、老叔田某丙、姑姑田某丁对遗产分配不均，剥夺原告的代位继承权，损害了原告作为代位继承人应得的合法权益，故原告诉至本院。

被告田某乙、田某丙、田某丁辩称：(1) 本案原告起诉的依据不足，原告要求继承营业用房是直管产，不是原告祖父、祖母生前留下的合法财产；(2) 原告从小因父母离婚，由其母亲抚养，没有对其父田某己尽到赡养义务，因此不具有代位继承和转继承资格；(3) 原告的祖母在生前立有遗嘱对直管房在营业中取得利益进行了分割，该行为有效；(4) 原告祖母生前就其合法财产住宅2在代书遗嘱中已加以说明，住宅1为被告田某乙的个人财产。

被告田某戊辩称：我要求依法继承我该得的财产。我祖母住院大部分时间都是我护理，我尽到责任了，要求继承包括门市房和小区的住宅。

## 法院判决

法院审理后认为：公民的继承权受法律保护，原告不应因父母的离异而丧失继承权。李某的代书遗嘱不符合法律规定的形式要求，故不予采信。原告祖父田某庚、父亲田某己、祖母李某先后去世，原、被告均未提供证据证明田某庚、田某己死后留有遗产。原告田某甲及被告田某乙、田某丙、田某丁、田某戊均享有继承李某遗产的权利，原告田某甲及姐姐田某戊对祖母李某的遗产享有代位继承的权利。李某生前承租的门市房为直管产，李某生前享有使用权和收益权。原告田某甲及被告田某乙、田某丙、田某丁、田某戊在该租房合同延续期间均享有使用权；均享有对该房租金的继承权。因李某的代书遗嘱不予采信，住宅2应为李某的遗产，也应依法按份继承分割。在赡养李某老人时，李某出现意外死亡，原告田某甲以被告田某乙、田某丙、田某丁护理母亲不当未尽法律义务为由，要求对被告田某乙、田某丙、田某丁继承遗产少分或不分的诉请没有法律依据，故本院对原告田某甲要求被告田某乙、田某丙、田某丁继承遗产少分或不分的诉请不予支持。为防止遗产出现管理混乱局面，保护全体继承人的利益，指定李某遗产管理人为被告田某乙、田某戊。

综上所述，判决：一、住宅2由原告田某甲、被告田某乙、田某丙、田某丁、田某戊共同所有，被告田某乙、田某丙、田某丁各享有25%的产权份额，原告田某甲、被告田某戊共享有25%的产权份额（其中原告田某甲、被告田某戊各占12.5%的份额）；二、住宅1由原告田某甲、被告田某乙、田某丙、田某丁、田某戊共同所有，被告田某乙、田某丙、田某丁各享有25%的产权份额，原告田某甲、被告田某戊共享有25%的产权份额（其中原告田某甲、被告田某戊各占12.5%的份额）；三、在以李某名义与房屋管理有限责任公司延租的商业用房期间所产生的收益，原告田某甲与被告田某戊、田某乙、田某丙、田某丁均享有继承权，被告田某乙、田某丙、田某丁各享有25%的收益份额，原告田某甲、被告田某戊共享有25%的收益份额（其中原告田某甲、被告田某戊各占12.5%的收益份额）；四、指定李某遗产管理人为被告田某乙、田某戊。

专家点评

本案中，原、被告人数多，争议的遗产仅房产就有三处，且房产的使用人和管理人均不同，情况较为复杂。被继承人死后，继承人之间对由谁担任遗产管理人也存在争议，故原告在诉请法院对遗产进行分配的同时还要求指定遗产管理人。这正属于对遗产管理人的确定有争议的，利害关系人可以向人民法院申请指定遗产管理人之情形。法院在对遗产依法在继承人之间进行分配的同时，为防止遗产出现管理混乱的局面，从保护全体继承人的利益出发，从遗产继承人中指定两人共同担任遗产管理人正确。

**第一千一百四十七条**　遗产管理人应当履行下列职责：

（一）清理遗产并制作遗产清单；

（二）向继承人报告遗产情况；

（三）采取必要措施防止遗产毁损、灭失；

（四）处理被继承人的债权债务；

（五）按照遗嘱或者依照法律规定分割遗产；

（六）实施与管理遗产有关的其他必要行为。

## 【条文释义】

本条是对遗产管理人职责范围的规定。

遗产管理人的职责范围是：

1. 清理遗产并制作遗产清单。清理遗产是指查清遗产的名称、数量、地点、价值等状况。在对有关遗产查清的基础上，遗嘱管理人应当编制遗产清单，全面、准确地载明遗产的具体情况，既包括对积极财产的记载，也包括对消极财产的记载。遗产清单制作完成后，应当经过公证。

2. 向继承人报告遗产情况。遗嘱管理人应向继承人报告，使继承人掌握被继承人遗留遗产的情况。

3. 采取必要措施防止遗产毁损。在遗产管理人管理遗产时，为了足以保护遗产，需要采取必要的处分措施，如变卖易腐物品、修缮房屋、进行必要的营业行为、收取到期债权等。这些必要的处分措施是为了保存遗产而为的，不能超越必要限度，如果超出限度，则属于遗产管理人的非必要处分行为，对继承人、受遗赠人等造成的损害，应由遗产管理人承担赔偿责任，如遗产管理人将遗产无偿赠与他人、将遗产故意毁坏等。在遗产管理中，如果有必要进行诉讼的（如为了取得到期债权），遗产管理人可以向法院提起诉讼。

4. 处理被继承人的债权债务。遗产管理人在通知或公告后，对于有关遗产债务应当进行清偿，以遗产的实际价值为限。对遗产债务的清偿应当按照一定的顺序，对同一顺序的债务无法全部清偿的，可以按一定的比例。只有在清偿完毕债务后尚有剩余遗产的，才能按照被继承人的遗嘱执行遗赠。

5. 按照遗嘱或者依照法律规定分割遗产。在继承开始后，如果存有被继承人遗产的人不是继承人，或者是存有遗产的是放弃继承权的继承人，应当将遗产进行集中管理。如果只有一个继承人，则应当及时将遗产移交给继承人。如果有两个以上继承人的，则应当进行遗产分割，将分割后的遗产交给继承人。

6. 实施与管理遗产有关的其他必要行为。遗嘱管理人应查明被继承人是否留有遗嘱，如果留有遗嘱，应当确定该遗嘱是否真实、合法。同时，遗产管理人应当查明并且通知承受遗产的权利人，包括继承人、受遗赠人、遗赠扶养协议中的扶养人等，也应当查明被继承人的债权人和债务人。遗产管理人应当对已知的继承人、受遗赠人、债权人进行通知，告知继承的开始，使其表明是否受遗赠或申报债权。在无法得知继承人、受遗赠人、债权人时，遗产管理人应当向法院申请公告，公告继承人、受遗赠人、债权人等在公告所规定的期限内申报债权或表明是否受遗赠。遗产管理人在通知或公告后，对于有关遗产债务应当进行清偿，以遗产的实际价值为限。对遗产债务的清偿应当按照一定的顺序，对同一顺序的债务无法全部清偿的，可以按一定的比例。只有在清偿完毕债务后尚有剩余遗产的，才能按照被继承人的遗嘱执行遗赠。

关于遗产管理人于执行职务时应尽何种注意义务，学者们有两种观点：一种观点认为，管理人的注意义务应根据其是否受有报酬而有不同标准。受有报酬者，应尽善良管理人之注意义务；无偿任职者，则仅需尽与处理自己事务相同之注意义务。[①]

---

① 参见戴炎辉等：《中国继承法》，三民书局1998年版，第224页。

另一种观点认为，不必区分遗产管理人是否受有报酬，凡遗产管理人一律应以善良管理人之义务执行职务。其注意程度，应与宣告失踪人之财产管理人之注意义务相同。① 处理自己事务的注意义务难有统一标准，不仅认定上存在困难，而且对于继承人、受遗赠人、债权人等利害关系人不利。因此，为使遗产债权人、受遗赠人等遗产权利人的利益得到更多保障，应使遗产管理人负善良管理人之注意义务。遗产管理人须忠实、谨慎地履行管理职责，因遗产管理人不当履行上述义务给遗产债权人造成损害的，遗产债权人有权要求遗产管理人承担民事责任。

## 【案例评注】

### 屈某诉郭某甲、郭某乙被继承人债务清偿纠纷案②

#### 基本案情

郭某丙与安某某原系夫妻关系，婚后生育一女即郭某乙，安某某与郭某丙于1997年10月9日离婚，被告郭某乙由安某某抚养，郭某丙的母亲已经去世，被告郭某甲系郭某丙的父亲。2012年3月27日，原告以自己的住房作抵押向银行贷款38万元，并直接通过银行将贷得的款项全部打入郭某丙在银行开户的账户，之后郭某丙向原告出具了借款38万元的借条。后因原告家中有事急于用钱，郭某丙于2013年3月26日向原告以现金的方式归还了借款8万元，并于当日重新给原告出具了借款30万元的借条，借期为五年。2014年6月8日，郭某丙突然去世，但对原告的借款没有归还，被告郭某乙、郭某甲均为其第一顺序继承人，故原告诉至法院要求解决。鉴于郭某丙的经济能力，原告屈某在本次诉讼中并没有要求全部债权，仅要求部分债权即10万元。

另查明，郭某丙生前与前妻安某某共同出资开办公司，注册资本为100万元，目前该公司尚在经营中。

原告屈某诉称：2012年3月27日，原告以自己的房子作抵押向银行贷款38万元，并直接通过银行直接将贷得的款项全部打入郭某丙（系被告之子，已死亡）的账户，郭某丙向原告出具了借款38万元的借条。后因原告家中有事急于用钱，郭某丙于2013年3月26日向原告以现金方式归还了8万元，于当日将38万元的借条改为30万元的借条，原38万元的借条随即撕毁。现因郭某丙于2014

① 参见史尚宽：《继承法论》，中国政法大学出版社2000年版，第374页。
② 审理法院：河南省郑州市中原区人民法院；案号：（2014）中民一初字第1848号。

年6月8日猝死，依继承法相关规定，郭某丙之父郭某甲（即被告）应在继承的财产范围内承担偿还债务的责任。故原告诉讼至法院，请求判令被告偿还原告欠款10万元；判令被告承担本案的全部费用。

被告郭某甲未到庭答辩。

被告郭某乙辩称：被告自愿放弃对父亲郭某丙的继承权，郭某丙生前所欠债务与被告无关。

法院判决

法院经审理认为，郭某丙生前向原告屈某借款38万元，郭某丙出具有借条，原告屈某还能提供出其贷款及转账凭证，郭某丙借款未还事实清楚，证据充分，故对原告屈某的诉讼请求本院予以支持，被告郭某乙、郭某甲应在郭某丙的遗产范围内承担还款责任。虽然被告郭某乙向本院出具了放弃继承权的声明，但在被继承人郭某丙存在债权人，而继承人放弃继承的情况下，被继承人的债权人在行使诉权时将因没有被告而导致权利无法实现，必然会损害债权人的合法权利，故郭某丙的继承人仍应作为遗产管理人，履行清算债权义务，在郭某丙的遗产范围内向债权人履行付款义务。综上所述，判决：一、被告郭某甲、郭某乙在本判决生效之日起十日内在继承遗产的范围内清偿原告屈某债务10万元；二、如果二继承人或者部分继承人放弃继承郭某丙的遗产，则直接以郭某丙的遗产或放弃部分的遗产及继承部分的遗产为限清偿欠原告的上述款项。

专家点评

本案中，被继承人生前向原告借款，仅偿还部分借款后死亡，其女郭某乙与其父郭某甲均为第一顺序继承人。现郭某乙明确放弃继承权，故案中仅存继承人郭某甲。依遗产管理人产生规则，郭某乙因放弃继承权而不能与郭某甲共同推选或共同担任遗产管理人，故该继承纠纷的遗产管理人应当为郭某甲。郭某甲担任遗产管理人后，应履行清算债权义务，即在可继承遗产的范围内及时向债权人屈某清偿被继承人生前所欠的债务。如果郭某甲也放弃继承权，那么遗产管理人将由被继承人生前住所地的民政部门或者村民委员会担任，履行清算债权义务的行为也由相应的遗产管理人实施。

**第一千一百四十八条** 遗产管理人应当依法履行职责，因故意或者重大过失造成继承人、受遗赠人、债权人损害的，应当承担民事责任。

## 【条文释义】

本条是对遗产管理人履行职责及责任的规定。

遗产管理人承担的民事责任，是指遗产管理人因故意或重大过失造成继承人、受遗赠人、债权人损害而承担的不利法律后果。为了保障遗产管理人能够实现其管理、分配遗产的职能，此条明确规定了遗产管理人的职责，遗产管理人应当依法定职责履行其义务。遗产管理人履行职责，首先要解决的是其于执行职务时应尽何种注意义务。为使遗产债权人、受遗赠人等遗产权利人的利益得到更多保障，应使遗产管理人负善良管理人的注意义务。遗产管理人须忠实、谨慎地履行管理职责。在遗产管理人履行义务时，应将其视为善良管理人，其应勤勉、忠实的管理遗产，不得利用手中的职权和地位为自己或他人谋取不正当利益，从而损害利害关系人的合法权益。

遗产管理人在管理分配遗产过程中有可能违反善良管理人的注意义务，违反该项义务将有可能导致遗产减少，从而损害利害关系人的财产利益。同时，遗产管理人在管理分配遗产过程中也有可能违反忠实义务，忠实义务的违反即遗产管理人利用手中的职权为自己谋取不正当的利益。当遗产管理人违反了勤勉忠实义务后，不仅遗产遭受损失，对第三方的财产也有可能造成损失。只有当任何损害利害关系人利益的行为都必然受到追究，才能对遗产管理人的侵权行为起到警示作用，从而督促其尽职尽责地履行义务。

从归责原则的角度看，遗产管理人承担民事责任的归责原则为过错责任原则。如果遗产管理人由遗嘱执行人担任，且其履行管理职责为无偿时，其仅就故意或重大过失造成的损害承担责任。如果其履行管理职责为有偿时，即使轻过失也应承担责任。如果共同遗嘱管理人均有故意或重大过失，共同遗嘱管理人应当对其过错承担责任。遗产管理人由继承人担任而造成遗产损失时，继承人应对自己的行为负责。在遗产管理人由社会组织承担时，如果其履行管理职责为无偿，就应对故意或重大过失行为承担责任，如果其履行管理职责为有偿，其对损害利害关系人的行为皆应承担相应责任。这才与权利义务相一致的原则相符。而遗产管理人承担民事责任的方式，应结合遗产管理人的特点来确定适用。即遗产管理人未尽善良管理人的注意义务，不当履行职责，因故意或者重大过失造成继承人、受遗赠人、债权人损害的，应当承担民事责任，对造成的损失应当予以赔偿。

## 【案例评注】

### 吴某诉田某、龚某甲等被继承人债务清偿纠纷案①

#### 基本案情

2018年1月18日，龚某某向原告吴某借款人民币60000元，并出具借条一份，约定借款期限6个月，每月利息1800元。2018年3月1日，龚某某另向原告吴某借款人民币70000元，并出具借条一份，约定借款期限6个月，每月利息2100元。借款期限内，龚某某已支付了上述60000元借款本金截至2018年6月18日的利息，支付了上述70000元借款本金截至2018年6月1日的利息。2018年7月11日，龚某某意外死亡，未留有遗嘱。

原告吴某诉讼请求：（1）依法判令被告偿还原告借款130000元；（2）依法判令被告按照24%的年利率从2018年6月起支付利息至本金还清为止；（3）由被告承担本案的诉讼费用。事实与理由：田某与龚某某系夫妻关系，龚某某与田某因缺资金周转，龚某某先后于2018年1月18日向原告借款60000元约定2018年1月8日至2018年7月18日每月利息1800元，龚某某于2018年3月1日再次向原告借款70000元整，借款期限自2018年3月1日至2018年9月1日约定利息每月2100元，龚某某已支付了部分利息，对于借款及剩下利息，原告找被告追讨，被告拒绝支付，为了使原告的合法权益得到保护故依法起诉，敬望判如所请。

被告田某、龚某甲、龚某乙、龚某丙口头或书面辩称：原告诉称的借款事实我们并不知情，系龚某某的个人债务，不应由我们偿还。我们放弃继承龚某某遗产的权利。

被告田某系龚某某的妻子，被告龚某甲系龚某某的父亲，被告龚某乙系龚某某的儿子，被告龚某丙系龚某某的女儿，上述四被告为被继承人龚某某的第一顺序法定继承人。四被告在案件审理过程中向法院共同出具书面声明，放弃继承龚某某的遗产。

#### 法院判决

合法的借贷关系受法律保护。原告吴某与龚某某之间的借贷关系，合法有

① 审理法院：湖北省鹤峰县人民法院；案号：（2018）鄂2828民初713号。

效。上述借贷事实虽发生于龚某某、田某夫妻关系存续期间，但欠条为龚某某个人所出具，田某表示对此并不知情，且原告吴某也无证据证明该借款是因家庭生活所负共同债务，故案涉130000元债务应当按龚某某个人债务处理。关于案涉债务利率，原告主张按年利率24%的标准计算，不违反法律规定，应予准许，但只应计算至龚某某死亡时止。龚某某死亡以后，其作为承担民事责任的主体已经不复存在，被告田某、龚某甲、龚某乙、龚某丙均系龚某某的第一顺序继承人，本应在继承遗产范围内承担债务清偿责任，因上述四被告明确表示放弃继承，故其对龚某某依法应当清偿的债务不负偿还责任，该笔借款只应在龚某某遗产的实际价值范围内清偿，且承担支付利息的时间只应计算到龚某某死亡时止，即2018年7月11日。依据查明事实，案涉60000元借款截至龚某某死亡之前未付的利息为60000元×2%÷30天×23天=920元；案涉70000元借款截至龚某某死亡之前未付的利息为70000元×2%÷30天×40天=1866.67元。《中华人民共和国民法总则》第四十二条第一款规定："失踪人的财产由其配偶、成年子女、父母或者其他愿意担任财产代管人的人代管。"第四十三条规定："财产代管人应当妥善管理失踪人的财产，维护其财产权益。失踪人所欠税款、债务和应付的其他费用，由财产代管人从失踪人的财产中支付。财产代管人因故意或者重大过失造成失踪人财产损失的，应当承担赔偿责任。"参照前述规定，被告田某、龚某甲、龚某乙、龚某丙作为被继承人龚某某的全部第一顺序法定继承人，一般情况下应对遗产的种类、范围及数目等情况较为熟知，四被告虽已明确表示放弃继承龚某某的遗产，但仍应履行对遗产的管理职责，并用龚某某的遗产清偿龚某某生前所负债务，以最大限度保障债权人的合法权益。被告龚某甲、龚某乙经本院传票传唤，未到庭参加诉讼，依法可以缺席判决。据此，依法判决：一、被告田某、龚某甲、龚某乙、龚某丙在本判决生效后三日内在龚某某遗产的实际价值范围内清偿原告吴某的借款130000元，并支付截至2018年7月11日龚某某生前未付的利息2786.67元；二、驳回原告吴某的其他诉讼请求。

**专家点评**

本案中，被继承人龚某某死亡后，其第一顺序继承人即被告田某、龚某甲、龚某乙、龚某丙均明确表示放弃继承权，且也无其他法定继承人或受遗赠人。依原《继承法》第32条的规定，无人继承又无人受遗赠的遗产，归国家所有；死者生前是集体所有制组织成员的，归所在集体所有制组织所有。故被继承人龚某某的遗产应归国家或集体所有。案中四被告均明确表示放弃继承，故对龚某某依法应当清偿的债务便无偿还责任。然而，四被告田某、龚某甲、龚某乙、龚某丙分别作为被继承人的妻子、父亲、儿子、女儿，均是龚某某的第一顺序继承人，一般情况下对遗产的种类、范围及数目等情况较为熟知，在被继承人龚某某死后，其自当承担原《民法总则》所规定的财产代管人的责任。同时，他们也必须承担原《继承法》第 24 条所规定的存有遗产的人应妥善保管遗产的责任，以防止任何人侵吞或者争抢。故法院判决四被告在龚某某遗产的实际价值范围内清偿原告的借款正确，如果该四被告在依法履行遗产管理职责过程中因故意或者重大过失造成遗产损失的，还应承担赔偿责任。

**第一千一百四十九条** 遗产管理人可以依照法律规定或者按照约定获得报酬。

## 【条文释义】

本条是对遗产管理人可以获得报酬的规定。

遗嘱管理人提供遗产管理服务，可以是有偿服务。本条规定遗产管理人既然可依法或依约定获得报酬，那其就应尽到善良管理人的注意义务。确定遗产管理服务报酬的方法如下：

1. 依照法律规定，如律师担任遗产管理人，按照律师收费标准确定报酬数额。

2. 按照约定，在委托遗产管理人时，双方签订合同，约定报酬的数额。

法律规定或者合同约定遗产管理人获得报酬的，法律依法保护，不履行给付报酬的，遗产管理人可以向法院起诉请求给付。

遗产管理人报酬应当在遗产中支付，享有优先权。

## 【案例评注】

### 孙某甲诉孙某丁等法定继承纠纷案[①]

**基本案情**

被继承人孙某才、周某英夫妇共生育四位子女，即长女孙某乙、长子孙某

① 一审法院为山东省济南市历下区人民法院，案号为（2015）历民初字第 1113 号；二审法院为山东省济南市中级人民法院，案号为（2017）鲁 01 民终 3836 号。

丙、次女孙某甲、次子孙某丁。孙某系孙某才、周某英夫妇于1991年6月5日收养的养孙女。孙某才于2008年2月17日去世，周某英于2007年1月5日去世。关于被继承人孙某才、周某英的遗产继承问题，法院作出的（2009）历民初字第52号民事判决书中确认，原告孙某丁、被告孙某乙、被告孙某丙、被告孙某甲系两被继承人的第一顺序继承人，孙某系被继承人孙某才、周某英的养孙女，养祖父母与养孙子女的关系视为养父母与养子女关系的，可互为第一顺序继承人，故孙某应当作为第一顺序继承人继承孙某才、周某英的遗产，其与原告孙某丁、被告孙某乙、被告孙某丙、被告孙某甲享有平等的继承权。被继承人沿街房屋产生的租金收益应作为遗产进行分割，对于2008年下半年至2009年上半年的租金38000元，原、被告五人进行了平均分配。该判决书已经发生法律效力。现仍然由被告孙某乙管理上述房屋和收取租金。被告孙某乙与承租人签订了2011年9月1日至2014年8月31日的房屋租赁合同，租期三年，年租金45000元，每半年交付一次；签订了2014年9月1日至2017年8月31日的房屋租赁合同，租期三年，年租金55000元，每半年交付一次。被告孙某乙已收取2011年9月1日至2015年8月31的房屋租金共190000元，并按照五分之一的份额分别向被告孙某丙、被告孙某甲分配支付。两原告各主张分配上述租金中五分之一的份额，诉至一审法院。

孙某丁、孙某向一审法院起诉：(1）请求依法分割被继承人的沿街房房租，自2011年9月1日至2014年8月31日，每年租金45000元，计135000元，自2014年9月1日至2015年8月31日年租金55000元。(2）被告依法向原告支付银行利息4000元（以76000元本金为基数，自2011年9月1日起至实际支付之日止，按银行同期贷款利率计算)。(3）诉讼费用由被告承担。

一审审理过程中，孙某甲向一审法院提出反诉：(1）请求人民法院依法判令反诉被告返还反诉原告应继承存款170000元及利息（以42000元本金为基数，自2008年2月18日起至实际判决支付日止，以银行同期贷款利率计算)。(2）依法按份额继承其他遗产（包括房屋拆迁安置房、拆迁补偿款及利息)。(3）请求法院依法判反诉被告返还反诉原告变卖孙某才遗产房屋中所有物品财产及房屋租赁费124000元及利息。(4）请求法院依法判反诉被告交出东关大街79号门头房一份政府裁决书，并办理共同房产证。(5）请求法院依判决取消反诉被告孙某法定继承资格身份。(6）请求法院判反诉被告孙某乙交出2008年时孙某才遗嘱一份。(7）请求法院依法判反诉被告孙某乙支付拖欠反诉原告自2015年9月1日至2016年3月30日半年房租金5500元，并取消反诉被告与杜某某签订房屋租金合同权及所掌握的租金分配权。

## 法院判决

一审法院认为，依据已经发生法律效力的民事判决书，可以确认原告孙某丁与被告孙某乙、被告孙某丙、被告孙某甲为被继承人孙某才、周某英的第一顺序继承人，原告孙某系被继承人孙某才、周某英的养孙女，养祖父母与养孙子女的关系视为养父母与养子女关系的，可互为第一顺序继承人，故孙某应当作为第一顺序继承人继承孙某才、周某英的遗产，其与原告孙某丁、被告孙某乙、被告孙某丙、被告孙某甲享有平等的继承权。两被继承人遗留的房屋产生的租金收益，由原、被告五人均等分配。被告孙某乙对外出租房屋，租金收益由其持有，自2011年9月1日至2014年8月31日租金收益共计190000元，被告孙某乙仅向被告孙某丙、被告孙某甲分配交付，未向两原告分配交付其应得份额。依据生效判决确定的分配原则，该收益应平均分配给所有的继承人。被告孙某乙未主动将租金收益分配给两原告，两原告主张分割租金收益，一审法院应予支持。被告孙某乙认为房屋租金中应扣除其探视兄弟的费用及管理房屋的报酬，未提交证据予以证实，对其请求无法确认，一审法院不予支持。两原告主张自2011年9月1日计付可得租金产生的银行利息，因其所得份额系该日期后分期获得，其主张自2011年9月1日起按照银行贷款利率计算利息，无法律依据，一审法院不予支持。

一审法院判决：一、被继承人孙某才、周某英遗留的沿街房屋产生的2011年9月1日至2014年8月31日的租金收益人民币190000元，由原告孙某丁、原告孙某、被告孙某乙、被告孙某丙、被告孙某甲平均继承分配，各自分得38000元。由被告孙某乙向原告孙某丁、原告孙某分别支付38000元，于本判决生效之日起十日内付清；二、驳回原告孙某丁、原告孙某的其他诉讼请求。

孙某甲不服一审判决，提起上诉，上诉请求：（1）依法撤销法院（2015）历民初字第1113号民事判决，依法改判；（2）请求贵院依法查明事实，依法处理一审程序遗漏的上诉人提起的反诉请求（孙某甲在4月12日下午1点30分第十三法庭当庭提交民事反诉状）；（3）请求贵院依法取消孙某法定继承人资格。事实与理由：（1）一审法院判决孙某乙支付孙某丁和孙某38000元事实认定错误，是不公正的判决；（2）一审法院在4月12日开庭时接受了上诉人孙某甲当庭提交的民事反诉状和相关证据材料后，当场宣布休庭择日再开庭。经过了110天后，在2016年8月2日在通知开庭时违反了法律规定。没有将上诉人的反诉请求和本案一同合并审理，且一直没有给上诉人书面裁定告知为何不予受理反诉请求的明确答复裁定结果和原因。

孙某丁辩称：一审中上诉人在第一次开庭的时候提出了反诉请求，只是提交了几张证据，没有提交反诉状、法官说反诉需要提交反诉状、交反诉费，第一次庭审没有进行下去，我与孙某差点儿被打了，对于上诉人提出的反诉问题我没有办法进行答辩。对一审的判决结果中我对诉讼费的负担是有异议的，法律明确规定，诉讼费需要由过错方承担，不知道法官是按照什么比例把诉讼费分担的，由于法律规定不能就诉讼费用的负担提起上诉，所以我没有办法提起上诉，请求二审法院对这个错误进行纠正。

孙某辩称：我与孙某丁的答辩意见一致。

孙某乙辩称：房屋租金中应扣除其探视兄弟的费用及管理房屋的报酬。

孙某丙辩称：对孙某取得遗产没有异议，造成本案诉讼是因为孙某丁、孙某、孙某甲没有向孙某乙告知银行卡号，所以一直没有办法给他们钱。车站北街的房子是由孙某丁控制着，所以上诉人才会上诉，这是上诉人上诉的主要原因。

二审中，当事人没有提交新的证据。对当事人二审争议的事实，法院认定如下：一审法院审理过程中，上诉人孙某甲曾提出“反诉请求”，并递交了“反诉状”，但一审法院在 2016 年 8 月 2 日庭审时，孙某甲并未就“反诉请求”在庭审中提出。在一审法院作出本案判决之后，孙某甲就一审法院没有处理其“反诉请求”作为上诉理由之一提出上诉。此后，孙某甲于 2016 年 8 月 31 日，就其“反诉请求”向法院另行提起了诉讼，法院以（2016）鲁 0102 民初 5729 号案立案受理。一审法院认定的其他事实属实，法院予以确认。

二审法院审理后认为：根据《最高人民法院关于适用〈中华人民共和国民事诉讼法〉的解释》第二百三十三条的规定，反诉的当事人应当限于本诉的当事人的范围。反诉与本诉的诉讼请求基于相同法律关系、诉讼请求之间具有因果关系，或者反诉与本诉的诉讼请求基于相同事实的，人民法院应当合并审理。上诉人孙某甲在一审审理过程中提出的“反诉请求”，不符合法律的规定，且孙某甲就其“反诉请求”已另行提起了诉讼，法院业已受理，故其主张一审法院遗漏其反诉请求的上诉请求，不予采信。（2009）历民初字第 52 号生效民事判决书确认了孙某的继承人资格，上诉人孙某甲对生效判决确认的事实有异议的，应当按照再审程序解决。现上诉人孙某甲主张孙某不具备法定继承人资格，请求取消孙某法定继承人资格，法院不予支持。

综上所述，上诉人孙某甲的上诉请求不能成立，应予驳回；一审判决认定事实清楚，适用法律正确，应予维持。判决：驳回上诉，维持原判。

## 专家点评

本案中，被继承人孙某才 2008 年 2 月就已去世，但其遗产直至 2017 年案件诉讼时仍未作完全的分割。而且，虽然其妻去世后法院已经对其妻遗产部分作出判决，但其遗产中的房产仍然为多名继承人共有。时至该案发生时，多年来该房产仍然由被告孙某乙管理及与承租人签订租约和收取租金，并在相关继承人之间进行分配。孙某乙是遗产管理人，事实上其也承担着遗产管理人的相应职责。遗产管理人是有权依照法律规定或者按照约定获得相应报酬的，虽然该案各继承人对孙某乙是否能获得管理遗产的报酬没有约定，但事实上多年来孙某乙一直履行着管理遗产的相应职责，法院对其多年管理该房屋的事实也进行了确认，但法院却以孙某乙未能提交证据予以证实为由，对孙某乙请求从房屋租金中扣除其管理遗产即管理房产的报酬请求不予支持，此处理不甚妥当。孙某乙对自己多年管理遗产的行为应获得适当报酬。

**第一千一百五十条** 继承开始后，知道被继承人死亡的继承人应当及时通知其他继承人和遗嘱执行人。继承人中无人知道被继承人死亡或者知道被继承人死亡而不能通知的，由被继承人生前所在单位或者住所地的居民委员会、村民委员会负责通知。

## 【条文释义】

本条是对继承开始通知的规定。

继承开始的通知，是指将被继承人死亡的事实通知继承人或遗嘱执行人，以便继承人及时处理有关继承问题。继承开始后，通知继承人是继承的必要环节，也是继承人行使继承权的前提条件。因此，继承开始后，应当进行继承开始的通知。

确定负有继承开始通知义务人的方法是：（1）知道被继承人死亡的继承人，即知道被继承人死亡的继承人应当及时将继承开始的事实通知其他继承人和遗嘱执行人。（2）继承人中无人知道被继承人死亡，或者虽然知道被继承人死亡却不能通知的（如无民事行为能力），负有通知义务的人是被继承人生前所在单位或者住所地的居民委员会、村民委员会。

负有通知义务的继承人或单位如果有意隐瞒继承开始的事实，造成其他继承人损失的，应当承担赔偿责任。

关于继承开始通知的具体时间和方式，本条没有明确规定。通知的具体时间应当是，负有通知义务的继承人或单位应当及时发出通知，是否及时应当根据具体情况确定；通知的具体方式应是，以将继承开始的事项传达给对方为原则，可采取口头方式，也可采取书面方式，还可以采取公告方式。

## 【案例评注】

### 张某、田某甲等诉田某戊法定继承纠纷案[①]

#### 基本案情

田某善1990年3月12日去世，第一任妻子田李氏已去世；第二任妻子王某荣于2000年农历腊月十六日去世。田某善共生有五男四女，长子田一现已去世，有一子二女；次子田二现已去世，妻子现在世，育有一子二女；三子田三；四子田四现已去世，有妻子即本案的原告张某、一子即本案的原告田某甲、一女即本案的原告田某乙；五子即本案的被告田某戊；长女即本案的原告田某丙；次女田五；三女即本案的原告田某丁；四女田六现已去世，丈夫高某，二子高甲、高乙。

原告张某、田某甲、田某乙、田某丙、田某丁诉称：案外人田某善有农村民房两处。田某善共育有九个子女，在田某善去世时，其配偶王某荣和八个子女均健在，另一儿子田二已先前去世，故田某善去世之时该房屋应属于田某善配偶王某荣、子女田七、田三、田某丙、田五、田四、田某丁、本案被告田某戊、田六和田二的子女分十份均等继承，目前状况为田二、田七、田四、田六去世，田某善其他子女均健在。该房屋在田某善去世后由王某荣（已去世）和被告田某戊临时占有和使用，一直未在所有继承人之间分割，现该房屋涉及拆迁补偿事宜（涉案房屋尚未签订房屋拆迁协议），原告为此找到被告协商要求分割该房屋时被告却拒不配合且也不分配给原告等人任何应继承的财产份额，经村委多次调解处理均无效，为此原告诉至法院，请求依法判令被告给付原告应继承的份额607499.86元。

#### 法院判决

一审法院认为：继承诉讼为必要共同诉讼。《中华人民共和国民事诉讼法》第一百三十二条规定，必须共同进行诉讼的当事人没有参加诉讼的，人民法院应当通知其参加诉讼。《最高人民法院关于适用〈中华人民共和国民事诉讼法〉的

① 一审法院为山东省龙口市人民法院，案号为（2013）龙民三初字第220号；二审法院为山东省烟台市中级人民法院，案号为（2016）鲁06民终2507号。

解释》第七十三条规定，必须共同进行诉讼的当事人没有参加诉讼的，人民法院应当依照民事诉讼法第一百三十二条的规定，通知其参加；当事人也可以向人民法院申请追加。本案根据五原告一致陈述，涉案遗产继承人除本案原、被告外，还有其他继承人未参加诉讼，法院为了通知其他继承人参加诉讼，要求五原告提供其他继承人的有效联系方式，但五原告在法院限定的期限内未能提供，导致必须共同进行诉讼的当事人未能参加诉讼，本案无法继续审理。依照《中华人民共和国民事诉讼法》第一百三十二条之规定，法院裁定：驳回原告张某、田某甲、田某乙、田某丙、田某丁的起诉。

一审裁定后，上诉人张某、田某甲、田某乙、田某丙不服一审裁定，向法院提起上诉称：《中华人民共和国继承法》第二十三条规定，继承开始后，知道被继承人死亡的继承人应当及时通知其他继承人和遗嘱执行人。继承人中无人知道被继承人死亡或者知道被继承人死亡而不能通知的，由被继承人生前所在单位或住所地的居民委员会、村民委员会负责通知。可见上诉人不负有提供其他法定继承人住址、联系方式的义务。依据《最高人民法院关于贯彻执行〈中华人民共和国继承法〉若干问题的意见》第四十四条的规定，人民法院在审理继承案件时，如果知道有继承人而无法通知的，分割遗产时，要保留其应继承的遗产，并确定该遗产的保管人或保管单位。由此可见，在继承人的人数明确但部分继承人无法通知的情况下，不影响案件的审理和遗产的分割。综上，上诉人请求依法撤销原裁定，指令原审法院审理。

被上诉人称，父母都是我赡养的，房屋应当由我继承。

二审中，上诉人向法院提交了涉案房屋继承人田三、田五的联系方式，对于田一之子女、田二之子女的联系方式，上诉人与被上诉人均表示无法提供。法院经审理查明的其他案件事实与原审法院查明的事实一致。

二审法院审理后认为：根据《中华人民共和国继承法》第二十三条的规定，上诉人作为知道被继承人死亡的继承人，应当及时通知其他继承人，上诉人负有通知其他继承人的法定义务，故上诉人主张其不负有提供其他继承人住址、联系方式的义务于法相悖。本案二审中，上诉人提供了继承人田三、田五的联系方式，且上诉人未提供证据证明其他继承人知道被继承人死亡而无法通知。由此可见，除上诉人外的其他继承人并不属于继承法中规定的知道被继承人死亡而不能通知的情形，不能适用《最高人民法院关于贯彻执行〈中华人民共和国继承法〉若干问题的意见》第四十四条的相关规定。人民法院无法确定参加诉讼的当事人对涉诉遗产依法享有的份额，亦不能依法对涉案房产的拆迁补偿款进行分割，本案无法继续审理。故原审法院裁定驳回上诉人的起诉，有事实和法律依据，法院予以维持。上诉人的上诉主张不能成立，法院不予支持。原审裁定认定事实清楚，适用法律正确，应予维持。裁定如下：驳回上诉，维持原裁定。

**专家点评**

本案中，五原告一致陈述涉案遗产继承人除本案原、被告外，还有其他继承人未参加诉讼。因继承诉讼为必要共同诉讼，法院必须通知相关人员参加方可进行审理。案中法院也要求五原告提供其他继承人的有效联系方式，但五原告在原审法院限定的期限内始终不提供，必须共同进行诉讼的当事人因而未能参加诉讼，以致本案无法继续审理而被驳回起诉。继承开始后，知道被继承人死亡的继承人有义务及时通知其他继承人和遗嘱执行人，但案中五原告却以其不负有提供其他法定继承人住址、联系方式的义务为由来证明自己无过错，实属错误。当然，依规定，继承开始后，如果继承人中无人知道被继承人死亡或者知道被继承人死亡而不能通知的，可由被继承人生前所在单位或者住所地的居民委员会、村民委员会负责通知。但依本案中五原告陈述的情形，其并不是不能通知而是不愿通知，故自当承担相应的法律后果。

**第一千一百五十一条** 存有遗产的人，应当妥善保管遗产，任何组织或者个人不得侵吞或者争抢。

## 【条文释义】

本条是对存有遗产的人保管遗产义务的规定。

在继承开始后，遗产如果在特定的人那里保存，存有遗产的人就负有妥善保管遗产的义务。妥善的含义，是存有遗产的人对遗产的保管负有善良管理人的注意义务，违反该注意义务，即为过失。此项管理职责包括不改变物或权利性质的保存、改良及利用，一般不包括处分行为。为防止遗产的减值或毁损，也应赋予遗产管理人于必要情况下以保全遗产为目的而处分遗产的权利，如变卖易腐物。

存有遗产的人应当将存有的遗产如实报告遗产管理人，以便确定遗产的数额，进行遗产分割。

对存有遗产的人保管的遗产，任何组织或者个人，特别是遗产继承人、被继承人的债权人等利害关系人，也包括存有遗产的人，都不得侵吞和争抢，侵害遗产。造成遗产损失的，应当承担赔偿责任。

## 【案例评注】

### 张某甲等诉张某丙婚姻家庭纠纷案①

#### 基本案情

原告张某甲、张某乙、被告张某丙系兄弟姐妹关系。张某某系原、被告之父，于2017年5月3日死亡。

张某甲、张某乙向一审法院起诉请求：(1) 判令被告张某丙交出两原告与被告共同生母生父的死亡证、火化证供两原告共同拥有、使用；(2) 判令被告张某丙交出两原告与被告共同生母名下的房本，供两原告共同拥有、使用；(3) 诉讼产生的一切费用由被告承担。

庭审中，二原告认为被告有义务交出父母的死亡证、火化证及母亲的房本，供二原告共同拥有、使用，被告则认为原告上述主张均没有法律依据，不同意原告的请求。

另查，父亲张某某曾于2016年起诉二原告赡养费纠纷一案，法院经审理于2017年1月23日作出（2016）津0104民初11587号民事判决书，判决自2016年11月始二原告每人每月给付张某某500元赡养费，二原告不服提起上诉，中级人民法院在审理过程中，张某某死亡，遂裁定该案终结审理。

再查，2017年4月16日，父亲张某某在“委托书”上签名并摁有指纹，该“委托书”载明：在此委托大女儿张某丙待我百年以后，我的丧葬事宜全部由大女儿张某丙负责操办，其他人无权干涉。我所有的证件也全部由大女儿张某丙保管和使用，其他任何人不得干涉。庭审中，虽二原告对委托书存有异议，但经法庭释明，二原告并未要求对该委托书的真伪提出司法鉴定。

#### 法院判决

一审法院认为，祭奠既是生者对死者的悼念，也是对生者精神上的一种安慰。死者的近亲属基于与死者的身份关系均享有祭奠死者的权利。母亲王某某去世后死亡证、火化证均一直在被告处保管，如二原告有祭奠死者和其他的合理需求，双方可通过协商解决，被告也应予以协助，现二原告要求由其共同拥有、使

---

① 一审法院为天津市南开区人民法院，案号为（2017）津0104民初6322号；二审法院为天津市第一中级人民法院，案号为（2017）津01民终7860号。

用，于法无据，一审法院不予支持。关于张某某的死亡证、火化证二原告要求共同拥有、使用的请求，因被告向法庭出示了其父张某某生前所书“委托书”，该委托书应视为张某某的遗嘱，委托书已载明，其死后丧葬事宜、证件均由被告操办、保管、使用，其他人无权干涉。依照相关法律规定有遗嘱的应按遗嘱内容执行，故二原告该请求，一审法院不予支持。对于二原告主张的要求被告交出母亲名下的房本供二原告共同拥有、使用一节，因该房屋是遗产，且被继承人王某某、张某某生前立有公证遗嘱，在遗产尚未分割继承前，依照法律规定，存有遗产的人，应当妥善保管遗产，任何人不得侵吞或者争抢，现遗产尚未进行分割，故二原告的该项请求没有法律依据，一审法院不予支持。判决：驳回原告张某甲、张某乙的全部诉讼请求。

张某甲、张某乙不服一审判决上诉，请求：撤销一审判决，改判支持上诉人的一审诉讼请求。两审诉讼费用由被上诉人承担。事实和理由：死亡证、火化证系双方追思的寄托，应当共同拥有。

张某丙辩称，不同意上诉人的上诉请求，请求驳回上诉人的上诉请求，维持原判。

二审法院经审理认为：关于王某某死亡证、火化证问题，王某某去世后死亡证、火化证均一直在被上诉人处保管，如上诉人有祭奠死者和其他的合理需求，双方可通过协商解决，但起诉要求由二上诉人共同拥有、使用，于法无据，一审法院不予支持并无不当。关于张某某的死亡证、火化证问题，被上诉人向法庭出示了其父张某某生前所书“委托书”，该委托书应视为张某某的遗嘱，委托书已载明，其死后丧葬事宜、证件均由被上诉人操办、保管、使用，其他人无权干涉。依照相关法律规定有遗嘱的应按遗嘱内容执行，故一审法院不予支持并无不妥。对于房本问题，因该房屋是遗产，且被继承人王某某、张某某生前立有公证遗嘱，在遗产尚未分割继承前，依照法律规定，存有遗产的人，应当妥善保管遗产，任何人不得侵吞或者争抢，现遗产尚未进行分割，故一审法院不予支持亦无不当。

综上所述，张某甲、张某乙的上诉请求不能成立，应予驳回；一审判决认定事实清楚，适用法律正确，应予维持。判决：驳回上诉，维持原判。

### 专家点评

本案中，被继承人死亡前留有遗嘱即“委托书”，其在“委托书”中载明其死后丧葬事宜、证件均由被告操办、保管、使用，其他人无权干涉，因此，被告是被继承人指定的遗产管理人。依原《继承法》第 24 条的规定，存有遗产的人，应当妥善保管遗产，对遗产管理人保管的遗产，任何人特别是遗产继承人、被继承人的债权人等利害关系人，也包括存有遗产的人，都不得侵吞和争抢，侵害遗产。被继承人死后，其遗产包括房屋尚未分割，被告作为被继承人指定的遗产管理人有权保管房本等遗产。二原告在被继承人生前就因不赡养被继承人而被判决承担赡养费却不服，在被继承人死后，其仍不遵从死者的遗愿而要求被告将被继承人的死亡证、火化证归其二人共同拥有、使用，实属意图对被继承人的遗产等进行侵夺，其行为直接违反法律。二原告仅有权要求依被继承人遗嘱分割遗产始为正确。

**第一千一百五十二条** 继承开始后，继承人于遗产分割前死亡，并没有放弃继承的，该继承人应当继承的遗产转给其继承人，但是遗嘱另有安排的除外。

## 【条文释义】

本条是对转继承的规定。

转继承，是指在继承开始后，继承人未放弃继承，于遗产分割前死亡的，其所应继承的遗产份额由其继承人承受的继承制度。

学者在界定转继承的概念时认为，转继承中须继承人在生前未表示放弃继承，也未表示接受继承，即继承人的继承法律地位尚处于不确定状态，才可以发生。[①] 这种说法值得商榷，若继承人的法律地位尚不确定，何谈继承人的继承人进行转继承？根据民法典继承编的规定，继承开始后，继承人放弃继承的，应当在遗产处理前，作出放弃继承的表示。没有表示的，视为接受继承。故继承人死亡，有明确表示的，法律地位当然确定，即使未有任何表示，依法律规定也视其为接受继承，法律地位也得以确定，无法律地位尚不确定之谓。通说认为继承一开始，继承人就取得遗产的所有权，遗产分割只是一种认定或宣示。所以转继承只是对遗产份额的再继承，而非继承权利的移转。

关于转继承的性质，有以下两种观点：（1）认为转继承只是继承遗产权利的转移，处理这类案件时不应将被转继承人应继承的遗产份额视为其同配偶的共同财产；[②] 转继承的客体是被转继承人的继承权，也就是被转继承人接受和放弃继

---

① 张玉敏：《继承制度研究》，成都科技大学出版社 1994 年版，第 275 页。

② 周水森：《转继承只是继承权利的转移》，载《法学》1987 年第 1 期。

承的权利，而不是已归属于被转继承人的财产。[①]（2）认为转继承只是将被转继承人应继承的遗产份额转由其继承人承受，转继承所转移的不是继承权，而是遗产所有权。应将被转继承人应继承的遗产份额视为其同配偶的共同财产（如果没有另外的特别约定）。转继承关系的客体是被转继承人应取得的遗产份额，而不是被转继承人应取得的全部遗产份额。[②] 后一种观点比较妥当，理由是：第一，继承开始后，被继承人原所享有的财产权利义务即由继承人承受，只要继承人没有放弃或丧失继承权，被继承人的遗产就成为继承人的合法财产。因此，被继承人死亡后，尽管继承人还没有实际接受遗产，但已成为遗产的共有人；第二，根据我国民法典婚姻家庭编的规定，在婚姻关系存续期间所取得的财产，除另有约定外，归夫妻双方共同所有。在被继承人死亡时，继承人如有配偶存在，则该继承人所继承的被继承人的遗产，自应属于继承人与其配偶的共同财产。即使继承人在遗产分割前死亡，这种性质也不能改变；第三，转继承在本质上是两个先后发生的继承关系，转继承人所继承的是被转继承人的遗产，而不是被继承人的遗产；第四，如前所述，继承法律关系的客体为遗产，转继承作为继承制度之一种，其客体也应当为遗产，而不能为被转继承人的继承权，否则将面临继承继承权的逻辑悖论。

转继承无论在法定继承中还是在遗嘱继承中发生，都须具备下列要件：

1. 须在被继承人死后、遗产分割前继承人死亡。这是转继承发生的时间要件。它限定了一个时间范围，也就是在被继承人死后至遗产分割前这一时间范围内。如果被继承人还没有死亡，则继承就尚未开始，无论是法定继承还是遗嘱继承，不存在转继承的问题。即使继承人先于被继承人死亡，也只会发生代位继承，不存在转继承。如果继承人于遗产分割后死亡的，则该继承人的继承人直接继承其遗产，而不必直接参与被继承人遗产的分割，此时也不存在转继承的问题。

2. 须继承人未丧失或放弃继承权。这是转继承发生的客体要件。如果继承人因法定事由丧失了继承权或者放弃了继承权，因其不能继承被继承人的遗产，即使其于被继承人死亡后、遗产分割前死亡，也不发生其应继份由何人承受问题，也就不发生转继承。

3. 须由死亡继承人的继承人继承其应继承的遗产份额。这是转继承的结果要件。在转继承中，虽然继承人死亡，但其应继份并不归属于被继承人的其他继承

---

① 张玉敏：《继承法律制度研究》，法律出版社1999年版，第234～235页。

② 王作堂等：《试论转继承的性质》，载《中外法学》1993年第5期；韩家勇：《转继承论析》，载《政治与法律》1992年第6期。

人，而是归属于自己的继承人。至于具体的应继份以及死亡继承人的继承人的应得份额，根据具体的法定继承与遗嘱继承情形进行判定。

转继承的效力，是指符合了继承的要件，发生转继承后产生的继承法律后果。具体而言，在适用转继承时，作为转继承客体的被转继承人的应继份，根据死亡的被转继承人的继承方式而有差异。如果死亡的被转继承人根据法定继承方式进行继承，则其应继份为根据法定继承取得的份额；如被转继承人为遗嘱继承人时，则依照被继承人的遗嘱取得应继份。而且，转继承人取得的份额也根据继承方式的不同而有差异。转继承人在存在合法有效遗嘱时，适用遗嘱继承取得被转继承人的遗产份额；无遗嘱或者无有效遗嘱存在时，适用法定继承取得被转继承人的遗产份额。在现实生活中，绝大部分遗嘱都是明确自己拥有的具体的遗产分配，而很少有被转继承人对应继份进行立遗嘱分割的，因此转继承人获得遗产多为法定继承方式取得。最后，转继承是对被转继承人应继承的遗产份额的转移，因此转继承的适用不能对继承关系的结果发生影响。即在不适用转继承时，如继承人有配偶存在，则其应继承的遗产属于夫妻双方共有。而在适用转继承时，除另有约定外，死亡继承人的遗产份额也应当作为夫妻共同财产，在死亡继承人的继承人进行转继承时，先分出死亡继承人配偶的部分，再将剩余部分进行遗产分割。

转继承是由被继承人的继承人的继承人直接取得遗产的制度，因而转继承与代位继承在一些方面有相似性，如从表征上看，两者都存在被继承人的子女死亡的情形，且均由其直系血亲卑亲属作为继承人直接取得被继承人的遗产。但转继承与代位继承在本质上是两种完全不同的继承制度，存在根本性区别。主要体现在以下方面：

1. 性质不同。转继承是一种连续发生的二次继承，是在继承人直接继承后又转由转继承人继承被继承人的遗产，转继承人实际上享有的是分割遗产的权利，而不是对被继承人的遗产继承权；而代位继承是在发生法定情形时，代位继承人基于其固有的代位继承权直接参与对被继承人遗产的继承的法律制度。有的学者认为，转继承具有连续继承的性质，代位继承具有替补继承的性质。①

2. 发生的原因不同。转继承是因为被继承人的继承人在被继承人死亡后、遗产分割前死亡而发生，而且被转继承人对被继承人遗产的应继份是转继承的基础，如果被转继承人放弃或丧失继承权而不能获得应继份时，则不可能再发生转继承，如被继承人甲的长子乙为了争夺遗产而杀害其他继承人而丧失继承权的，则在甲的遗产分割前乙死亡的，则乙的继承人丙、丁也不能通过转继承继承甲的

① 郭明瑞、房绍坤：《继承法》，法律出版社 2004 年版，第 128 页。

遗产；而根据代位继承人的固有权性质，如果被继承人的子女先于被继承人死亡的，可以发生代位继承，并且许多立法例规定被继承人的子女丧失继承权也可以发生代位继承。

3. 主体与客体不同。在转继承中，被转继承人为享有继承权的全体继承人，无论法定继承人还是遗嘱继承人，而转继承人为被转继承人死亡时生存的所有继承人；而代位继承的主体具有特定性，被代位继承人为被继承人的子女，而代位继承人为被继承人子女的晚辈直系卑血亲，都是特定的。因此，引起转继承发生的机会要比代位继承发生的机会多。转继承的客体，有的学者虽认为其是已亡继承人的继承权，具体包括继承选择权和遗产分配权，[①] 但转继承只是对遗产份额的再继承，而非继承权利的移转，故其客体应为遗产份额；而代位继承的客体是被代位人的继承权，代位继承人的应继份应依此确定。

4. 适用范围不同。转继承既可以适用于法定继承，又可以适用于遗嘱继承；代位继承因其性质决定，只适用于法定继承，因为在遗嘱继承中，若遗嘱指定的继承人或受遗赠人先于被继承人死亡的，遗嘱所指定份额按法定继承办理。遗嘱中指定的继承人发生法律规定的事由而丧失继承权时，对遗嘱中指定的由该丧失继承权的继承人继承的遗产，也须按照法定继承继承。

## 【案例评注】

### 张某诉李某甲等法定继承纠纷案[②]

#### 基本案情

原告张某与被继承人李某某系夫妻关系，双方登记结婚。二被告系被继承人李某某与李某菊婚生女，系原告张某继女。李某菊于1996年2月去世，李某某于2014年9月17日去世。本案诉争房屋购房款于1996年1月21日前付清，产权登记在被继承人李某某名下。庭审中，原告提交房产证一份，房屋买卖协议一份，证明诉争房屋系原告与被继承人婚后取得；提交表格一份，主张二被告应配合原告共同办理领取抚恤金、丧葬费手续，所得款项依法分割。对此，二被告质证表示：房子系被继承人单位团购房，1995年交房，1996年入住，房款早在二被告母亲李某菊去世前就已付清，原告并未出资。被告提交被继承人手书遗嘱一份，主

① 张玉敏：《继承制度研究》，成都科技大学出版社1994年版，第276页。

② 审理法院：河北省张家口市桥西区人民法院；案号：（2016）冀0703民初810号。

张二被告为本案诉争房屋合法继承人，原告无继承权。原告认为该份遗嘱的书写时间早于纸张的出厂时间，故对其真实性不予认可。就此，被告进一步举证张家口市第十二中学出具的证明一份，拟证明遗嘱所用纸张上显示的出厂时间系印刷错误，对此原告不予认可。庭审中，被告方表示为处理被继承人李某某丧葬事宜二被告共花费12000元，相关票据在原告手中。原告认可丧葬费票据在原告手中，但费用系其实际支付。另查明，诉争房屋现由原告实际占有、使用。

原告张某诉讼请求：（1）依法分割房产；（2）二被告配合原告办理被继承人死亡后遗嘱抚恤金领取手续，依法分割抚恤金；（3）本案诉讼费全部由被告承担。事实和理由：原告与被继承人李某某系夫妻关系，双方登记结婚。被告李某甲、李某乙系被继承人李某某亲生子女，系原告张某继子女。被继承人李某某于2014年9月17日因病去世。双方因继承问题协商未果，诉至法院，请求依法判决。

二被告辩称：原告一直住着房子，但是房子所有权应按照遗嘱由我方继承；原告所称抚恤金我方认为实为丧葬费，我父亲的丧事都是由我方亲友及单位领导操办，12000元都是我花的，若有剩余可以依法分割。

## 法院判决

法院审理后认为：因购房款在被继承人李某某与李某菊夫妻关系存续期间付清，诉争房屋应认定为李某某与李某菊夫妻共同财产。被告提交的遗嘱书写时间早于纸张的出厂日期，被告方虽进一步进行举证，但并不足以排除合理怀疑，故本院对该份遗嘱的真实性不予认定，诉争遗产应按法定继承进行分割。依据相关法律规定，继承开始后，继承人没有表示放弃继承，并于遗产分割前死亡，其继承遗产的权益转移给他的合法继承人，李某某作为李某菊遗产的合法继承人，于遗产分割前死亡，其继承权利随之转移给他的合法继承人，即本案原、被告。本案中，诉争房屋分割顺序应为：首先，按夫妻共同财产分割为李某某、李某菊各得二分之一份额；其次，李某菊二分之一份额作为遗产由李某某、被告李某甲、李某乙均分各得六分之一；最后，李某某死后本人所有二分之一份额与从配偶李某菊处应得六分之一份额作为遗产由原、被告三人均分，各得九分之二。综上，原告应享有诉争房屋九分之二产权，被告李某甲、李某乙各取得十八分之七份额。考虑到原告的实际情况，诉争房屋仍由原告继续占有、使用，但不得处分。由于丧葬费费用票据在原告手中，该项费用应认定为原告垫付，实际金额11122.3元。原、被告三方应共同办理领取抚恤金事宜，所得款项除去已支出丧葬费11122.3元，由原、被告三方均分。

案件经调解无效，判决如下：一、房屋由原告张某与被告李某甲、李某乙共同继承，其中原告张某享有九分之二份额，被告李某甲、李某乙各享有十八分之七份额，该房屋由原告继续占有、使用，但不得处分；二、自本判决生效后十日内，被告李某甲、李某乙协助原告张某办理抚恤金领取手续，所得款项除去已支付丧葬费 11122.3 元后，由原、被告三方均分；三、驳回原、被告其他诉讼请求。

**专家点评**

本案中，争议房产即遗产的购房款是在被继承人李某某与李某菊夫妻关系存续期间付清，故诉争房屋依法应被认定为李某某与李某菊夫妻的共同财产。李某菊去世时，二被告作为李某某与李某菊的婚生女，与李某某同为被继承人李某菊的第一顺序继承人，且均未表示放弃继承权。然而，在李某菊的遗产分割以前，继承人李某某却去世了，这正属于《最高人民法院关于贯彻执行〈中华人民共和国继承法〉若干问题的意见》第 52 条规定的继承开始后，继承人没有表示放弃继承，并于遗产分割前死亡的，其继承遗产的权利转移给他的合法继承人的情形。分割遗产前死亡的继承人李某某从李某菊处继承的遗产份额按规定自当转给他的继承人，即本案的原告及二被告。这即为本条所规定的转继承。

**第一千一百五十三条**　夫妻共同所有的财产，除有约定的外，遗产分割时，应当先将共同所有的财产的一半分出为配偶所有，其余的为被继承人的遗产。

遗产在家庭共有财产之中的，遗产分割时，应当先分出他人的财产。

## 【条文释义】

本条是对分割遗产前进行析产的规定。

社会生活的复杂性和共同遗产的广泛性，决定了某一个公民可能会出于满足家庭生活需要的目的或者其他各种目的而与家庭其他成员或者其他社会成员建立财产共有关系，形成各种不同形式的共有财产混合在一起的情况。在该公民死亡之后如果不进行析产，就没有办法确定遗产的范围，就无法进行继承。在共同继承财产关系消灭之后，必须进行析产。在司法实践中流行的一句法谚，就是“先析产、后继承”，这说明了析产在继承中的重要性和必要性。在分割遗产之前，应当先确定遗产的范围。被继承人死亡所遗留的遗产，通常与夫妻共同财产、家庭共同财产以及其他形式的共同财产交织在一起。因此，在分割遗产之前，必须先进行析产，在这些共有财产中分析出配偶一方、其他家庭成员以及其他共有人的财产，之后才能确定遗产的范围。因此，在遗产继承中，析产非常重要。析产的类型包括：

1. 夫妻共同财产的析产。在我国，夫妻财产的性质一般是共同共有财产，除非当事人另有约定。只要没有其他的约定，夫妻财产制就是法定的夫妻共有财产制。夫妻共同所有的财产，除有约定的外，分割遗产时，应当先将共同所有财产的一半分出为配偶所有，其余的为被继承人的遗产。只有将夫妻一方的财产分开，才能确定死亡的一方配偶的财产为遗产。这种析产应当把握这样的规则：（1）析出夫妻个人财产。要析出夫妻个人财产，将夫妻一方的婚前财产和婚后所得的依照法律应当为个人所有的财产分出来，或者作为生存一方的财产，或者作为死者的遗产。（2）确定夫妻共同财产的范围。将凡是属于夫妻共同财产的财产都放在一起统计，确定夫妻共同财产的范围。（3）分出共同继承财产。将确定为夫妻共同财产的财产一分为二，一半作为生存一方当事人的个人财产，另一半确定为遗产范围，为共同继承财产。如果夫妻双方约定为分别财产制的，则不存在这种析产问题。

2. 家庭共同财产的析产。分析家庭共同财产和共同继承财产，是因为死者的遗产与家庭共同财产混合在一起，需要分清，确定遗产范围。这就是在家庭成员共同创造、拥有的财产中，将死者应有部分分析出来，确定死者的遗产。这种析产应当注意：（1）析出家庭成员个人的财产。属于个人所有的财产为个人所有，不能作为家庭共同财产分割。例如，个人的生活用品，未成年家庭成员接受遗赠、赠与所得的财产，转业退伍军人的生活安置费、治疗费等费用，用于个人治疗的损害赔偿金等，都是个人财产，不能作为家庭共同财产。（2）析出家庭共同财产中属于子女的财产。对家庭共同财产做出贡献的子女，在家庭共同财产中享有权利，析产时应当将他们的财产应有部分析出，不能把父母的共同财产作为遗产一起分割。对于其他家庭成员的财产也应当分出，不能作为遗产的组成部分。此外，还应当将混入家庭共有财产的其他财产，如寄托的他人财产、代管的他人财产等，从家庭共有财产中分离出去。（3）析出遗产为共同继承财产。对于家庭成员一起出资建立的财产，不论是按份共有，还是共同共有，都要按照应有部分或者潜在的应有部分，分出死者的部分，划入遗产的范围。（4）析出被继承人个人的遗产债务。被继承人生前所欠的债务，有的是家庭共同债务，有的是个人债务。应当区分开，用于满足家庭共同生活需要所欠债务，为家庭共同债务，应当作为家庭共同财产的一部分，被继承人只承受属于自己的那一部分，作为遗产的负担。用于被继承人为了个人某种需要所欠的债务，为个人遗产债务，为遗产的组成部分，用遗产中的其他财产清偿。经过这样的析产过程，就确定了家庭共同财产中的遗产部分，明确了遗产范围。

3. 其他共同财产的析产。共同遗产与其他共同财产的分析，主要是指共同遗产与合伙共同财产的分析。在实践中，被继承人与他人合伙经营，其投资和创造的经营所得都有被继承人的潜在应有部分。被继承人死亡，分割共同遗产，就必须从这个合伙财产中分析出死者的财产作为遗产，才能够进行分割。首先应当确定被继承人的投资数额，其次应当确定在合伙收益中被继承人的应有部分，将两项财产份额加到一起，就是被继承人的遗产。

## 【案例评注】

### 耿某甲诉耿某乙等分家析产、遗赠纠纷案①

#### 基本案情

耿某甲系被继承人耿某某与前妻所生之女，贲某系被继承人耿某某之妻，耿某乙、耿某丙、耿某丁系贲某与前夫所生子女。贲某、耿某某双方均系丧偶再婚，二人结婚时贲某的子女即耿某乙、耿某丙、耿某丁均已成年，与耿某某未形成抚养关系。2017 年 3 月 22 日，耿某某因病去世。耿某某婚前有房屋两间，与贲某婚后又加盖坯房两三间，面积不详。2014 年上述房屋拆迁，以耿某某名义签订拆迁协议，并申购“西柿路 203 室”“西柿路 703 室”两套安置房，均登记在耿某某名下。西柿路 203 室交付后，由耿某甲装修并缴纳物业费用，双方当事人一致认可花费约 50000 元。又查明，2015 年 9 月 22 日，耿某某在两名律师的见证下立下遗嘱，载明其百年后西柿路 203 室由耿某乙、耿某丙、耿某丁继承，其余财产按法律规定继承。遗嘱由耿某某签名捺印，另附有两名律师的律师见证书等附件。耿某乙、耿某丙、耿某丁及贲某对该遗嘱的真实性、合法性均认可，同时一致认为西柿路 203 室房产虽登记在耿某某名下，实际为夫妻共同所有，贲某占 50%，剩余 50% 作为耿某某遗产继承。耿某甲对该遗嘱效力不予认可，认为：（1）该遗嘱未有代书人签名，不符合形式要件；（2）耿某某订立遗嘱时神志不清，并非其真实意思表示。为证实上述事实，被告耿某甲申请证人吴某甲、吴某

① 一审法院为江苏省南京市雨花台区人民法院，案号为（2017）苏 0114 民初 3234 号；二审法院为江苏省南京市中级人民法院，案号为（2018）苏 01 民终 1191 号。

乙到庭作证，两名证人均系耿某某同母的兄弟，均反映耿某某没有文化，退休后脑子有点不好，酒后会发疯。

耿某乙、耿某丙、耿某丁向法院提起诉讼，请求：判令耿某乙、耿某丙、耿某丁继承西柿路203室房屋50%的份额，耿某甲协助过户；诉讼费由耿某甲负担。

## 法院判决

一审法院认为：夫妻在婚姻关系存续期间所得的共同所有的财产，除有约定的外，如果分割遗产，应当先将共同所有的财产的一半分出为配偶所有，其余的为被继承人的遗产；遗产在家庭共有财产之中的，遗产分割时，应当先分出他人的财产。公民可以立遗嘱将个人财产赠给国家、集体或者法定继承人以外的人。本案中，被继承人所订遗嘱一页虽无代书人签名，但另附的见证书应视为遗嘱的一部分，两名见证律师已签名，故认定该遗嘱形式合法。被继承人耿某某对西柿路203室属贲某所有的份额处分意见无效，对自己所有的份额处分意见合法有效。故西柿路203室的50%由耿某乙、耿某丙、耿某丁继承。耿某甲要求分割的耿某某的其他遗产，属于法定继承范围，应另案诉讼，本案不予处理。两名证人的证言不足以证明耿某某订立遗嘱时无意思表示能力，对耿某甲的该意见一审法院不予采纳。一审法院据此判决：一、西柿路203室不动产的50%所有权归贲某；二、西柿路203室不动产的50%所有权由耿某乙、耿某丙、耿某丁继承；三、贲某于本判决生效之日起十日内向耿某甲折价补偿25000元；耿某乙、耿某丙、耿某丁于本判决生效之日起十日内向耿某甲折价补偿25000元；耿某甲于本判决生效之日起十日内协助贲某、耿某乙、耿某丙、耿某丁办理不动产所有权变更登记手续，所产生的税费由贲某、耿某乙、耿某丙、耿某丁负担。

耿某甲不服一审判决上诉，请求：撤销一审判决，依法改判驳回耿某乙、耿某丙、耿某丁一审诉讼请求；西柿路203室不动产由耿某甲、贲某按法定继承处理或发回重审；一、二审诉讼费由耿某乙、耿某丙、耿某丁与贲某承担。事实与理由：（1）房屋系耿某某婚前个人财产，不存在婚后夫妻共同加盖两三间坯房的情形，而且拆迁时，已经认定拆迁房屋系耿某某个人所有，与贲某无关。（2）耿某某于2015年9月22日所立的见证遗嘱不符合规范，只有耿某某在遗嘱上签名，律师见证人在附件签名，且代书人不明确，不能因此理解为附件也是遗嘱的一部分，该遗嘱应当无效，涉案房屋应当按法定继承处理。

被上诉人耿某乙、耿某丙、耿某丁辩称：不同意耿某甲的上诉请求和理由。（1）一审判决中关于房屋加盖部分的事实清楚，在一审中也对此进行了解释。（2）耿某某与贲某结婚后才发生拆迁，拆迁时间为2014年，拆迁根据户籍和房屋同时存在的情况，拆迁利益应为夫妻共同财产。（3）律师见证遗嘱程序合法，并有订立遗嘱时的录像予以佐证。

二审期间，被上诉人耿某乙、耿某丙、耿某丁及贲某均没有提交新的证据。上诉人耿某甲提交证人吴某丙、刘某、赵某出具的书面《证明》一份，并加盖南京市雨花台区赛虹桥街道小行社区居民委员会公章，拟证明被拆迁房屋系耿某某个人所建，耿某某与贲某婚后并未对房屋进行加盖。证人吴某丙、刘某出庭接受了询问。经质证，耿某乙、耿某丙、耿某丁对该证据的真实性、合法性不予认可，认为建房属于村级单位批准，加盖、加建也不属于村里管理范围内，而且盖房时间比较久远，证人并不能对二十年前的事情记得非常清楚。本院依职权对书面《证明》上加盖小行社区居民委员会公章的情况进行了调查，该社区工作人员赵某娟认可公章是其应退休人员赵某凤的要求加盖的，赵某娟陈述耿某某与贲某婚后存在加建坯房的事实，赵某娟也没有参与过耿某某与贲某家房屋的拆迁工作。经质证，耿某甲对赵某娟的陈述没有异议。法院对书面《证明》的证明效力将结合本案案情，进行综合认定。

本案二审争议焦点为：（1）耿某某遗产的范围；（2）一审判决对耿某某遗产的分配是否正确。

关于焦点（1），二审法院认为，《中华人民共和国继承法》第二十六条规定，夫妻在婚姻关系存续期间所得的共同所有的财产。除有约定的以外，如果分割遗产，应当先将共同所有的财产的一半分出为配偶所有，其余的为被继承人的遗产。遗产在家庭共有财产之中的，遗产分割时，应当先分出他人的财产。本案二审中，上诉人耿某甲提供证人吴某丙、刘某、赵某出具的书面《证明》，主张耿某某与贲某婚后并未对被拆迁房屋进行加盖，但证人吴某丙、刘某出庭接受询问时，均陈述耿某某与贲某在原有房子后面建了坯房。刘某还陈述耿某某、贲某将原有的两间房出租后，就在坯房内居住生活。耿某甲也认可坯房为耿某某、贲某婚后搭建。因此，西柿路 203 室房产虽登记在被继承人耿某某名下，但被拆迁房产含有耿某某与贲某婚后所建部分，安置房的安置对象也应为夫妻二人。一审判决该房屋耿某某与贲某各占 50%，并无不妥。对耿某甲主张拆迁房屋系耿某某个人所有，与贲某无关的上诉理由不予采信。

关于焦点（2），二审法院认为，《中华人民共和国继承法》第十六条第三款规定，公民可以立遗嘱将个人财产赠给国家、集体或者法定继承人以外的人。本案中，被继承人耿某某在律师的见证下所订遗嘱，由耿某某签名捺印，另附有律师见证书，立遗嘱时还刻录了光盘，能够相互印证，符合律师见证遗嘱的形式要件。且耿某甲并未举证证实签订遗嘱时耿某某不具有民事行为能力或属于限制民事行为能力人，故可以认定该遗嘱是耿某某的真实意思表示。一审法院认定被继承人耿某某对西柿路203室属贲某所有的份额处分意见无效，对自己所有的份额处分意见合法有效，于法有据，并无不当。对耿某甲主张该遗嘱应当无效，涉案房屋应当按法定继承处理的上诉理由，二审法院不予采纳。

综上，耿某甲的上诉请求不能成立，应予驳回；一审判决认定事实清楚，适用法律正确，应予维持。判决如下：驳回上诉，维持原判。

专家点评

本案中，诉争房屋西柿路203室房产虽然登记在被继承人耿某某名下，但被拆迁房产含有耿某某与贲某婚后所建部分，安置房的安置对象也应为夫妻二人。该房屋为夫妻二人共同所有的财产，二人之间又无特别约定，所以在分割遗产时，应当先将共同所有的财产的一半分出为生存一方的配偶所有，其余一半方为被继承人的遗产。故该房产中能作为遗产被继承的部分仅应为50%，另50%应归贲某所有，而非仅为耿某某个人所有。同理，如果被继承人死亡时其遗产在家庭共有财产当中，那么在遗产分割时，也应当先将其他人的财产分割出来，剩下的才是被继承人的遗产，即遗产只能是属于被继承人个人所有的那部分财产。

**第一千一百五十四条** 有下列情形之一的，遗产中的有关部分按照法定继承办理：

（一）遗嘱继承人放弃继承或者受遗赠人放弃受遗赠；

（二）遗嘱继承人丧失继承权或者受遗赠人丧失受遗赠权；

（三）遗嘱继承人、受遗赠人先于遗嘱人死亡或者终止；

（四）遗嘱无效部分所涉及的遗产；

（五）遗嘱未处分的遗产。

## 【条文释义】

本条是对不执行遗嘱的遗产等适用法定继承的规定。

法定继承的适用范围是指在何种情形下适用法定继承。各国继承法在法定继承与遗嘱继承的关系上，无不确认遗嘱继承优先于法定继承，我国也是如此。在遗嘱继承或者遗赠中，应当按照遗嘱继承或者遗赠的规则处理遗产分割。但是在特定情形下，遗产的有关部分应当按照法定继承办理。这些情形是：

1. 遗嘱继承人放弃继承或者受遗赠人放弃受遗赠。继承开始后，遗嘱继承人可以放弃继承，受遗赠人也可以放弃遗赠。如果遗嘱继承人放弃继承和受遗赠人放弃受遗赠的，其放弃继承和受遗赠的遗产部分，适用法定继承处理。如果是部分遗嘱继承人放弃继承或部分受遗赠人放弃遗赠，而其他遗嘱继承人未放弃继承或其他受遗赠人未放弃受遗赠的，则对其他遗嘱继承人或受遗赠人未放弃继承或受遗赠的遗产部分，不适用法定继承。

2. 遗嘱继承人丧失继承权或者受遗赠人丧失受遗赠权。遗嘱继承人或者受遗赠人实施了民法典继承编第 1125 条规定的丧失继承权或者受遗赠权的行为，丧失继承权或者受遗赠权，不能接受遗产，应当按照法定继承处理遗产。

3. 遗嘱继承人、受遗赠人先于遗嘱人死亡或者终止。其因不具有继承能力或受遗赠能力而不能继承、受遗赠，遗嘱指定由其继承、受遗赠的财产部分适用法定继承。

4. 遗嘱无效部分所涉及的遗产。遗嘱的无效可分为全部无效和部分无效。如果是遗嘱全部无效，则被继承人的所有遗产都应当按照法定继承处理；如果遗嘱部分无效，遗嘱无效部分所涉及的遗产，适用法定继承。

5. 遗嘱未处分的遗产。有的被继承人虽然生前立有遗嘱，但是该遗嘱只是对其所拥有的部分财产进行遗嘱处分，并未对全部财产予以处分，对于未处分的部分遗产，不能推定被继承人按照遗嘱处理，应当按照法定继承处理，由被继承人的法定继承人取得该部分遗产。

遗嘱继承虽然优先于法定继承，但遗嘱继承必须以合法有效遗嘱的存在为前提，如果被继承人生前未立遗嘱，则被继承人的全部遗产应当按照法定继承处理。我国自古以来人们就没有立遗嘱的习惯，随着经济的发展与人们生活条件的改善以及个人财富的增加，生前设立遗嘱有明显增多的趋势，但法定继承仍然是我国普遍适用的继承方式。

## 【案例评注】

### 郭某甲等诉郭某乙继承纠纷案[①]

**基本案情**

原告郭某甲、郭某丙与被告郭某乙系亲兄弟，郭某丙于 1998 年 11 月 27 日去

---

① 审理法院：甘肃省兰州市西固区人民法院；案号：（2018）甘 0104 民初 721 号。

世。原、被告母亲曹某某于2006年8月4日去世，父亲郭某戊于2017年5月20日去世；郭某戊名下房产经评估总价款为202700元；郭某戊亲笔书写遗嘱一份："我把居民身份证交给了孙子郭某丁，证明我的房子已交给孙子郭某丁；郭某甲、郭某乙每人一半，各有100000元"，书写时间为2017年3月1日；遗嘱中表示将房产赠予孙子郭某丁，庭审中原告郭某甲、刘某某均表示受赠人郭某丁没有作出受赠的意思表示，被告郭某乙在庭审中明确表示房屋由其继承。另外还有100000元，原告郭某甲跟被告郭某乙每人各一半，在庭审中认定遗嘱中所述100000元，包括兰州农商银行存折50000元，现金50000元，均由郭某乙保管并支出，在庭审中双方认定已花费现金48000元，剩余2000元现金及兰州农商银行存折50000元。根据法庭调查，原、被告父亲郭某戊名下开通的三个银行账号，兰州农商银行存折内有存款50000元、中国建设银行卡内有存款183950.82元、兰州银行卡内有存款126756.25元。

原告郭某甲、刘某某诉讼请求：(1) 依法判令分割父亲郭某戊的遗产；(2) 本案诉讼费由被告承担。事实和理由：父亲郭某戊与母亲曹某某结婚后居住着单位的福利分房，后买下100%产权，该套房产系父母亲的夫妻共同财产。父母亲婚后生育了三个孩子，即郭某甲、郭某乙、郭某丙（于1998年10月27日去世，婚后生有一女）。母亲于2006年去世，父亲于2017年5月20日去世。郭某乙在父亲住院期间拿走了父亲的身份证、户口簿、工资存折、银行卡等材料，在父亲吊丧期间郭某乙说父亲留有一遗嘱，在父亲烧百天纸后郭某乙给原告一份遗嘱的复印件，内容为2017年3月1日，父亲把房产留给孙子郭某丁，存款郭某甲与郭某乙每人一半，各有100000元。现通过银行查询得知，父亲去世后遗留有三笔存款，分别为兰州农商银行50820.43元；中国建设银行115000元；父亲去世后社保局给父亲卡中打的40个月的工资及抚恤金，共175446.18元。因为郭某乙一直拿着父亲的身份证明材料及银行存折及银行卡，原告曾多次找被告协商解决，还曾找父辈的亲戚帮忙从中协调，被告不予理睬，导致原告对父亲留有的遗产无法继承，故诉至法院。

被告辩称：被告持有父亲郭某戊亲笔书写的遗嘱一份，父亲郭某戊已经将房子赠予孙子郭某丁，遗嘱中所说的郭某甲与郭某乙每人一半的100000元，因为给二哥郭某丙买墓地以及父亲去世后的花销，剩余52000元，其他的存款不知道，原告郭某甲在父亲生病五个月期间，有两个月不在父亲身边照顾，所以遗产应该被告多原告少。

## 法院判决

继承开始后，按照法定继承办理，有遗嘱的按照遗嘱继承或者遗赠办理。继承人郭某丙先于被继承人郭某戊、曹某某死亡，由郭某丙的女儿刘某某代位继承。本案中被告出具的郭某戊自书遗嘱原件一份，经过法庭举证、质证，原、被告双方均认为该遗嘱确系郭某戊亲笔所书，对于自书遗嘱的房产遗赠真实性没有异议，但是经过庭审调查，受赠人郭某丁在知道受赠后两个月内没有作出接收或放弃遗赠的表示，根据法律规定，到期没有表示的视为放弃受赠，该房屋的继承按照法定继承进行，即同一顺序继承人继承遗产的份额一般应当均等，原、被告系同一顺序继承人，继承份额均等各三分之一。双方均认可诉争房产价值202700元，本院予以采纳。庭审中郭某乙表示房屋归其所有，由郭某乙给付其他继承人折价款。对于遗嘱中所述的100000元款，被告郭某乙在庭审中表示该款确系其父郭某戊给其现金50000元，兰州农商银行存折一个，内有存款50000元，其中现金部分48000元用于购买墓地等费用支出，剩余现金2000元；庭审中，原告郭某甲、刘某某对于被告郭某乙所述支出48000元无异议，但是对于100000元的组成有异议，认为其父给郭某乙现金100000元，不包含兰州农商银行存折内的50000元，对此，原告方未向法庭提供相应证据，其主张不予支持。按照自书遗嘱，剩余52000元，由郭某甲和郭某乙各继承26000元。对于中国建设银行卡内存款183950.82元、兰州银行卡内存款126756.25元，总计310707.07，按照法定继承进行，郭某甲、刘某某、郭某乙各三分之一，即每人继承103569元。被告郭某乙没有提供原告方不照顾父母及对父母没有尽主要扶养义务的证据，故对郭某乙之该主张不予支持。

判决如下：一、争议房屋所有权归被告郭某乙所有；二、被告郭某乙应于本判决生效之日起十五日内给付原告郭某甲房屋折价款67566.6元；三、被告郭某乙应于本判决生效之日起十五日内给付原告刘某某房屋折价款67566.6元；四、遗嘱中所述100000元存款，除支出48000元，剩余52000元，由郭某甲和郭某乙各继承26000元；五、中国建设银行卡内存款183950.82元、兰州银行卡内存款126756.25元，总计310707.07，按照法定继承进行，郭某甲、刘某某、郭某乙各三分之一，即每人继承103569元。

## 专家点评

本案中，被继承人郭某戊生前通过自书遗嘱对自己的大部分财产进行了处理。其死后，依继承规则，遗嘱继承优先于法定继承，遗嘱未处理的遗产依法定继承办理。案中受遗赠人郭某丁在知道受遗赠后两个月内却没有作出接收或放弃遗赠的意思表示，受遗赠人郭某丁因未在规定时限内作出接受遗赠的意思表示而被视为放弃受遗赠。而受遗赠人放弃受遗赠的，遗产中的有关部分按照法定继承办理。据此，被继承人遗赠给郭某丁的房屋就得依法定继承办理，而不得依遗赠归属于受遗赠人。故该案中除依遗嘱继承进行分割的财产外，被继承人的其他遗产包括遗赠给郭某丁的房屋以及遗嘱中未指定继承人的存款等都将在第一顺序继承人之间依法定继承规则进行分配。

**第一千一百五十五条** 遗产分割时，应当保留胎儿的继承份额。胎儿娩出时是死体的，保留的份额按照法定继承办理。

## 【条文释义】

本条是对胎儿应继份的规定。

胎儿能否继承遗产，涉及对其继承能力的判定。胎儿是否具有继承能力是一个特殊问题，有两种不同的观点和立法例：

肯定说认为，胎儿具有继承能力，得享有继承权。对此有两种立法例：一是采取罗马法上的一般主义，认为胎儿如是活产者则于出生前有权利能力，认为胎儿具有附解除条件的人格，于继承开始时如同已出生，具有继承能力；如出生时为死产，则其权利能力溯及的消灭。二是采取个别主义，并不一般地规定胎儿的权利能力，仅就继承、遗赠、损害赔偿等个别的法律关系视胎儿为已出生。相应在继承问题上，承认于继承开始时已受孕但尚未出生的胎儿视为已出生，具有继承能力。[①] 否定说认为，于继承开始时尚未出生的胎儿不具有继承能力，但法律采取一定的措施保护胎儿出生后的合法利益，承认于继承开始时已受孕其后活着出生的有继承能力。

胎儿继承能力是与胎儿的权利能力结合在一起的，只有具备了权利能力，才能具备继承能力。我国原《民法通则》和原《继承法》都没有规定胎儿的权利能力问题。我们认为，胎儿具有准人格，即其民事权利能力受到限制。[②] 当其尚未出生前，因其具有准人格，但尚未具备完整的人格，因而还不能继承，而是为其保留应继份；但其出生后，其民事权利能力受到限制的部分已经丧失，已经具备完全的民事权利能力，就可以继承了。如果胎儿是死体出生的，则其受到限制的那一部分民事权利能力消灭，不具有继承能力，保留的份额应当按法定继承处理。

---

① 刘春茂主编：《中国民法学·财产继承》，人民法院出版社 2008 年版，第 83 页。

② 刘召成：《准人格研究》，法律出版社 2012 年版，第 187 页。

于继承开始后，利用人工生殖技术用被继承人生前保留的精子受孕的胎儿在活着出生后，可否继承被继承人的遗产，法律无明确规定。这是现代生殖技术带来的新问题。[①] 法律应当顺应社会发展，对不违反法律和人伦道德的新型生殖技术孕育的胎儿，应当按照传统的母体孕育胎儿对待。

实践中，许多国家规定胎儿出生前不得分割遗产。我国没有采纳这种立法方法，而是规定遗产分割时为胎儿保留其相应份额，这便是胎儿的应继份。

胎儿的应继份，是指对在继承开始时的胎儿，在遗产分割时应当为其保留其继承份额，在其出生时予以继承，胎儿娩出时是死体的，保留的应继份按照法定继承办理的继承规则。这是因为，按照民法典总则编第16条规定，胎儿不具有完全民事行为能力，但具有部分民事权利能力，胎儿的继承能力与胎儿的权利能力相适应，只具备部分继承能力。当胎儿尚未出生前，因其尚未具备完整的人格，因而还不能继承，而是为其保留应继份。待其出生后，其民事权利能力受到限制的部分已经丧失，具备了完全民事权利能力，就可以直接继承遗产。

对胎儿的应继份，在遗产分割时应注意以下三点：

1. 无论是适用法定继承，还是适用遗嘱继承，在分割遗产时，继承人都应当为胎儿保留必留份，该份额应按法定继承的遗产分配原则确定。在多胞胎的情况下，如果只保留了一份继承份额，应从继承人继承的遗产中扣回其他胎儿的继承份额。

2. 为胎儿保留的继承份额，如果胎儿娩出时为活体的，则该份额由其母亲（法定代理人）代为保管。胎儿娩出后死亡的，则为胎儿保留的继承份额成为他的遗产，应由他的法定继承人依法定继承的方式继承。

3. 胎儿娩出时是死体的，则为胎儿保留的继承份额仍属于被继承人的遗产，由被继承人的继承人再行分割。如果没有保留的，则原分割继续有效。

我国虽然并不限制在胎儿娩出之前继承人分割遗产，但为防止继承人之间串通，损害母亲及婴儿的合法权益，特别是在多胞胎的情况下，采用在胎儿出生后分割遗产的方法较为合适。

---

① 郭明瑞等：《继承法》，法律出版社2004年版，第53页。

## 【案例评注】

### 李某某、范某诉范某甲、滕某继承纠纷案[①]

**基本案情**

1998年3月3日，原告李某某与被告范某甲、滕某之子范某乙登记结婚。2002年8月27日，范某乙购买直管公房一套并交付购房款14582.16元，其中10000元系向被告范某甲、滕某所借。同年9月，范某乙以自己的名义办理了房屋所有权证、国有土地使用证。2005年3月、10月，原告李某某分两次向范某甲、滕某归还了10000元借款。2006年3月，受法院委托，房产经评估现价为193000元。2004年1月30日，原告李某某和范某乙共同与某生殖遗传中心签订了人工授精协议书。通过人工授精，李某某于当年10月22日产一子，取名范某。2004年4月，范某乙因病住院。5月20日，范某乙在医院立下自书遗嘱，5月23日病故。

另查明：被告范某甲、滕某现居住在安居里305室，产权人为范某甲。范某甲、滕某均享有退休工资。2001年3月，范某乙为开店，曾向滕某借款8500元。原告李某某无业，每月领取最低生活保障金，另有不固定的打工收入，现持有夫妻关系存续期间的共同存款18705.4元。

原告李某某、范某诉称：争议房屋是原告李某某与被继承人范某乙的夫妻共同财产。范某乙因病死亡后，原告范某出生。范某乙的遗产，应当由妻子李某某、儿子范某与范某乙的父母即被告范某甲、滕某等法定继承人共同继承。原告多次与被告协商分割遗产，均未达成一致意见，请求法院解决这一析产继承纠纷。在析产时，应当考虑范某甲、滕某有自己的房产并有退休工资，而李某某无固定收入还要抚养幼子的具体情况，对李某某和范某给予照顾。

被告范某甲、滕某辩称：第一，争议房屋是范家私房被拆迁后，政府安置给范家的公房；这套房屋虽以范某乙的名义购买，但购买时二被告还出资10000元，占总购房款的2/3，故此房不是范某乙、李某某的夫妻共同财产，而是范家家产，二被告起码对该房享有2/3产权。第二，范某乙生前留下遗嘱，明确将争议房屋赠予二被告，故对该房产不适用法定继承。第三，李某某所生的孩子与范某乙不存在血缘关系；这个孩子虽然是范某乙签字同意通过人工授精的方式怀孕的，但

① 《最高人民法院公报》2006年第7期（总第117期）。

范某乙在得知自己患了癌症后，已经向李某某表示过不要这个孩子，当时做人工流产为时不晚；李某某坚持要生下这个孩子，当然应该由李某某对这个孩子负责；范某乙在遗嘱中声明他不要这个人工授精生下的孩子，该意愿应当得到尊重，故不能将这个孩子列为范某乙的继承人。第四，李某某声称是范某乙的妻子，但在范某乙病危期间，却不拿钱给范某乙看病，不尽夫妻扶养义务，故无权继承范某乙遗留的房产，该房产应按范某乙的遗嘱进行处分。第五，范某乙生前为开店经营，曾经向滕某借款8500元；范某乙死亡时，留下大笔存款被李某某占有；李某某只提继承房产，却不将其占有的存款拿出来分割和偿还范某乙的债务，是不公平的；应当用范某乙遗留的存款清偿范某乙遗留的债务，其余按法定继承处理。

## 法院判决

法庭质证后认为：欠条、收条证明借款事实存在，且借款已在二被告追索下返还，故争议房屋为范某乙、李某某夫妻购买，而非由范某乙与被告范某甲、滕某共同出资购买。范某乙在自书遗嘱、代书遗嘱中称，购房款15000元全部由其母滕某出资，既与欠条和收条证明借款10000元的事实不符，也与范某甲、滕某关于其出资10000元共同购房的主张不符；况且代书遗嘱不仅将继承房产的房号错写为安居里305室，还存在着不是两个以上见证人在场见证，由其中一人代书，并由代书人、其他见证人和遗嘱人签名的问题，不符合《中华人民共和国继承法》第十七条第三款关于代书遗嘱形式要件的规定，不能作为证据使用。对范某甲、滕某关于李某某不尽扶养义务的主张，因无相关证据，故法庭不予采信。范某乙生病前，李某某保存的存款是54800元，但扣除范某乙医疗费、丧葬费、购房款、生育费等开支后，李某某仍保存夫妻共同存款18705.4元。范某乙生前曾为经营店面向滕某借款8500元。

法院经审理后因调解无效，判决如下：一、争议房产归原告李某某所有；二、原告李某某于本判决生效之日起30日内，给付原告范某33442.4元，该款由范某的法定代理人李某某保管；三、原告李某某于本判决生效之日起30日内，给付被告范某甲33442.4元；四、原告李某某于本判决生效之日起30日内，给付被告滕某41942.4元。一审宣判后，双方当事人均未提起上诉，一审判决已发生法律效力。

## 专家点评

本案中，被继承人范某乙因无生育能力，签字同意医院为其妻子即原告李某某施行人工授精手术，表明夫妻双方想共同通过人工授精方法获得子女。最高人民法院在1991年7月8日《关于夫妻离婚后人工授精所生子女的法律地位如何确定的复函》中指出："在夫妻关系存续期间，双方一致同意进行人工授精，所生子女应视为夫妻双方的婚生子女，父母子女之间权利义务关系适用《婚姻法》的有关规定。"因此，范某作为人工授精所生子女，与被继承人之间自然适用父母子女之间的权利义务关系。虽然范某乙病后，其对签字同意施行人工授精手术一事表示反悔，但此时妻子李某某已经受孕，范某乙要反悔此事，必须依法征得李某某的同意。原《民法总则》第136条规定："民事法律行为自成立时生效，但是法律另有规定或者当事人另有约定的除外。行为人非依法律规定或者未经对方同意，不得擅自变更或者解除民事法律行为。"在范某乙未征得妻子李某某同意的情形下，其同意施行人工授精手术的签字仍具有法律约束力，不得以其单方意思擅自变更或者解除。因此，范某乙在遗嘱中否认其与李某某所怀胎儿的父子关系，是无效民事行为。李某某生育的原告范某自然是范某乙的合法继承人。案中被继承人范某乙明知原告李某某经其同意已经通过人工授精手术受孕，但在立遗嘱时仍以其不要这个孩子为由，将自己遗留的房产全部交给父母继承而不在遗嘱中为范某保留必要的遗产份额，直接侵害了胎儿的应继份。在处理本案时，范某已经出生，自得作为遗产继承人继承遗产。另，案中被继承人后留的代书遗嘱因不符合法律规定的条件而无效，故只能按第一份遗嘱继承。且其遗嘱中处分了夫妻共同财产中属于妻子李某某的那一半财产，这侵害了李某某的所有权，故遗嘱的该部分应属无效。范某乙生前在自书遗嘱中未作处理的财产，自当依法定继承办理。

**第一千一百五十六条** 遗产分割应当有利于生产和生活需要，不损害遗产的效用。

不宜分割的遗产，可以采取折价、适当补偿或者共有等方法处理。

## 【条文释义】

本条是对遗产分割原则和方法的规定。

遗产分割应在一定的原则指导下进行。遗产分割可以概括为以下三项原则：

1. 遗产分割自由原则。它是指共同继承人得随时请求分割遗产。继承开始后，各共同继承人对遗产共同共有。但遗产共同共有与普通共同共有相比具有特殊性，即普通共同共有在存续期间，共有人不得请求分割共有财产，而遗产共同共有是一种暂时的共有关系，允许继承人得随时请求分割，以更好地满足继承人的生活和生产需要。继承人享有的这种遗产分割请求权是遗产分割自由原则的基础。继承人得随时行使遗产分割请求权，任何继承人不得拒绝分割。否则，请求分割遗产的继承人可通过诉讼程序分割遗产。遗产分割请求权的性质是形成权，继承人可以随时行使，不因时效而消灭。

遗产分割自由原则在大陆法系国家的继承立法中多有规定。我国学者也主张遗产分割自由原则，如梁慧星教授主持的民法典草案第 1916 条与王利明教授主持的民法典学者建议稿第 645 条都有“继承人得随时请求分割遗产”的规定，① 体现了遗产分割自由的原则。遗产分割自由也是一种相对自由，在特定情形下，继承人不得请求分割遗产。各国关于遗产自由原则的限制主要有：非经遗产债务清偿，不得分割遗产；遗嘱禁止在一定期间内分割的，不得分割遗产；继承人协议在一定期间内不得分割的，不得分割遗产；在有尚未出生的继承人的情况下，暂时禁止分割遗产。

2. 互谅互让、协商分割原则。互谅互让、协商分割原则是我国有关遗产分割的特有原则。在遗产分割时，强调继承人之间互谅互让、协商分割遗产，有利于促进家庭的和睦团结，有利于精神文明建设。互谅互让要求继承人在分割遗产时要相互关心、相互照顾，对法律规定需要特殊照顾的继承人，如缺乏劳动能力、生活有特殊困难的继承人，应当适当多分给遗产；协商分割要求继承人在遗产分割时，对遗产的分割时间、分割办法、分割份额等都应当按照继承人之间协商一致的意见处理。

3. 不损害遗产效用原则。指在具体分割遗产标的物时，应当从有利于生产和生活的需要出发，注意发挥遗产的实际效用。大陆法系的许多国家都注意到了不损害遗产效用原则，在继承法规范中将此规定为遗产分割时所应遵循的原则。依此原则，在进行遗产分割时，应当考虑遗产的种类、性质、效用等各方面的情况，再结合继承人的职业、性别、文化程度、经营管理能力等具体情况，确定具体遗产标的物的归属。按照不损害遗产效用原则分割遗产，有利于发挥遗产的实际效用，有利于满足继承人的生产和生活需要，从而促进整个社会财富的增加。在我国司法实践中，法院一般都按照这一原则进行裁判，考量有关情形，确定遗

---

① 梁慧星负责：《中国民法典草案建议稿附理由》（侵权行为编·继承编），法律出版社 2004 年版，第 255 页；王利明主持：《中国民法典学者建议稿及立法理由》（人格权编·婚姻家庭编·继承编），法律出版社 2005 年版，第 617 页。

产的分配。

遗产分割方法，是指继承人取得遗产应继份的具体方法。有学者认为遗产分割方法有三种，即按遗嘱指定分割、继承人协商分割、法院裁判分割。[①] 被继承人可以在遗嘱中明确指明对有关遗产的分割方法，或者遗嘱中委托他人代为决定遗产的分割方法。按照遗嘱或遗嘱委托人的指定方法分割遗产，属于遗嘱的执行问题，遗产分割是在法定继承中进行的，而遗嘱指定的属于遗嘱继承，因而遗产分割的方法不包括遗嘱指定分割方法，只有当事人协商分割、人民调解委员会调解分割和法院裁判分割这三种方法。

1. 当事人协商分割。当事人协商分割方法是指全体继承人进行协商确定具体的遗产分割方法。当事人协商分割，有利于家庭的和睦、团结、稳定，也是我国现实生活中的主要遗产分割方式。遗产协商分割的方式主要有以下四种方式：（1）实物分割，遗产分割在不违反分割原则的情况下，可以采取实物分割的方法。适用实物分割的遗产可以是可分物，也可以是不可分物。对可分物，可以作总体的实物分割，如对粮食，可划分出每个继承人应继承的数量；对不可分物，只能作个体的实物分割，如电视机、电冰箱等，只能作为整体进行分割。对不可分物不能作实物分割的，应当采取折价补偿的方法即补偿分割。（2）变价分割。如果遗产不宜进行实物分割，或者继承人都不愿取得该种遗产，可以将遗产变卖，换取价金，由继承人按照自己应继份比例，对价金进行分割。使用变价分割方法分割遗产，实际上是对遗产的处分，遗产的变价应当经过全体继承人的同意。（3）补偿分割。对于不宜实物分割的遗产，如果继承人中有人愿意取得该遗产，则由该继承人取得遗产的所有权，由取得遗产所有权的继承人按照其他继承人应继份比例，分别补偿给其他继承人相应的价金。如果继承人中有多人愿意取得遗产的所有权，而又达不成协议，则应当根据继承人的实际需要和发挥遗产的效用，确定给某个继承人。（4）保留共有的分割。遗产不宜进行实物分割，继承人又都愿意取得遗产的；或者继承人基于某种生产或生活目的，愿意继续保持遗产共有状况的，可以采取保留共有的分割方式，由继承人对遗产享有共有权，其共有份额按照应继份的比例确定。共有分割之后，继承人之间就不再是原来的遗产共有关系，而变成了普通的财产按份共有关系。

2. 人民调解委员会调解分割。如果各继承人对遗产的分割协商不成的，可以向人民调解委员会申请调解，通过调解确定遗产分割方法。在具体的分割方法

---

① 王利明主持：《中国民法典学者建议稿及立法理由》（人格权编·婚姻家庭编·继承编），法律出版社 2005 年版，第 619 页。

上，应当遵照实物分割、变价分割、补偿分割与保留共有的分割方法进行。

3. 法院裁判分割。诉讼作为最终的争议解决方式，在各继承人协商或调解不成时，继承人可以向法院提起诉讼，请求裁判确定的遗产分割方法。法院裁判的具体方式，也应当遵照实物分割、变价分割、补偿分割与保留共有的分割方式进行。共同继承人诉请法院解决遗产分割的案件，很少有单纯的遗产分割方法的诉讼，往往与继承权的确认、应继份确定等问题联系在一起。法院应当对存在争议的继承问题作出裁判，对纠纷进行彻底解决。

如果各继承人对遗产的分割协商不成的，可以向人民调解委员会申请调解，通过调解确定遗产分割方法，或者向人民法院起诉判决分割。人民调解委员会调解分割或法院裁判分割的具体方式，也应当遵照实物分割、变价分割、补偿分割与保留共有的分割方式进行。

## 【案例评注】

### 吴某某等诉吴某乙等继承纠纷案①

**基本案情**

两原告吴某某、吴某甲与吴某丙是兄弟关系。吴某丙的父亲吴某丁于1987年4月18日死亡，母亲谭某某于2012年死亡。吴某丙与郑某某原是夫妻关系，于1983年11月6日生育女儿吴某乙。诉争房屋原是吴某丙于2011年通过继承和赠与取得的房产，登记在吴某丙一人名下。2012年3月29日，吴某丙与郑某某在荔湾区民政局办理离婚手续，双方签订协议书，主要内容为：……二、无夫妻共同财产处理；三、无债权债务；四、男方给付女方人民币肆万元整作为偿还在婚姻期间借钱帮男方购买养老保险和医保费用……2013年10月25日，吴某丙死亡。2015年1月15日，吴某乙到公证处办理了公证书，主要内容为：诉争房屋是吴某丙和郑某某的夫妻共同财产；吴某丙生前无遗嘱，亦未与他人签订遗赠扶养协议；吴某丙与郑某某离婚后没有再登记结婚，双方只生育一名子女吴某乙，吴某丙的父母先于其死亡，吴某丙的上述遗产由吴某乙一人继承；继承后，郑某某、吴某乙各占诉争房屋二分之一产权。2015年9月29日，吴某乙与郑某某签订房地产赠与合同，吴某乙将诉争房屋二分之一的所有权份额赠与郑某某，郑某某愿意接受赠与。2015年9月30日，郑某某取得诉争房屋的产权证，诉争房屋

① 审理法院：广东省广州市中级人民法院；案号：（2016）粤01民终10448号。

目前登记在郑某某一人名下。

吴某丙与郑某某结婚后一直共同居住在诉争房屋内。2009 年，吴某乙结婚后搬离诉争房屋，不再与父母同住。2010 年，因夫妻感情不和，郑某某自行搬离诉争房屋，此后吴某丙一人独自居住在诉争房屋，平时到吴某某家中与吴某某共同饮食，生病时主要由吴某甲陪同就医。吴某丙因无固定工作，经济困难，于 2011 年 5 月办理了低保救济。2013 年 10 月 22 日至 2013 年 10 月 25 日，吴某丙因病住院，两原告负责照顾。2013 年 10 月 25 日，吴某丙死亡，丧葬事宜均由两原告办理。两原告向法院提供了社区居委会出具的证明，主要内容有：2011 年至吴某丙死亡期间，吴某丙的一切生活和相关业务均由吴某某和吴某甲协助处理；在上述期间及吴某丙患病期间，居委会曾多次联系吴某乙协助吴某丙入院治疗及照顾父亲，但均被吴某乙拒绝。两原告另提供了《关于 × 社区居委会协调处理吴某丙死亡后丧事及遗产处理情况说明》，主要内容有：2013 年 10 月 26 日，吴某乙、吴某某、吴某甲在居委会见证下商量解决吴某丙丧事及遗留诉争房屋的产权问题，经协商，吴某某、吴某甲与吴某乙达成口头协议：吴某丙丧事由吴某某和吴某甲全部负责办理，吴某乙放弃吴某丙遗留诉争房屋继承权，并将继承权转让给吴某某、吴某甲。

### 法院判决

一审法院经审理认为：诉争房屋原系吴某丙于 2011 年通过继承和赠与取得所有权，属于吴某丙与郑某某的夫妻共同财产。吴某丙和郑某某离婚时，虽然在离婚协议上载明“无夫妻共同财产处理”，但这仅能反映当时双方不需要民政部门确认诉争房屋的分割方式，并不能因此认定诉争房屋不属于夫妻共同财产或郑某某已放弃诉争房屋的产权。两原告主张郑某某以取得 40000 元补偿作为放弃诉争房屋产权的条件，但根据离婚协议书，该 40000 元为吴某丙承诺偿还给郑某某的社会保险参保费用，与诉争房屋无关，故对两原告的主张不予确认。

吴某丙于 2013 年 10 月 25 日死亡，其诉争房屋的二分之一产权份额属于其遗产。吴某丙生前没有订立遗嘱或者遗赠抚养协议，其遗产依法应按法定继承处理。吴某丙育有女儿吴某乙，吴某丙的父母均先于其死亡，故吴某丙的上述遗产依法应由吴某乙继承。两原告虽然主张吴某乙拒绝赡养照顾吴某丙，但两原告提供的居委会证明、电话录音等，仅能证明吴某乙确实疏于照顾吴某丙，不能证明吴某乙遗弃、虐待吴某丙，故吴某乙依法仍享有继承权。两原告主张吴某乙已放弃继承，根据《最高人民法院关于贯彻执行〈中华人民共和国继承法〉若干问题的意见》第四十七条“继承人放弃继承应当以书面形式向其他继承人表示。用口头方式表示放弃继承，本人承认，或有其它充分证据证明的，也应当认定其有效”之规定，现两原告提交的《关于×社区居委会协调处理吴某丙死亡后丧事及遗产处理情况说明》中虽然记载吴某乙曾与两原告协商并达成口头同意放弃继承，但这仅能证明吴某乙在居委会本次调解过程中的意思表示，且吴某乙最终也没有以书面方式确认其放弃继承权，在两原告没有其他充分证据证实吴某乙明确放弃继承权的情况下，本院对两原告主张吴某乙放弃继承不予确认。在此情况下，吴某丙占诉争房屋的二分之一产权份额应由吴某乙继承。但是，结合吴某乙、郑某某已先后于2009年、2010年搬离诉争房屋，吴某丙独自居住期间吴某乙疏于照顾吴某丙，而两原告则在吴某丙生前照顾其饮食、陪同其就医、料理其住院事宜、死后办理其丧葬后事等情况，可认定两原告确实为照顾吴某丙付出更多劳务，对吴某丙尽了较多扶养义务，故两原告虽然不是吴某丙的法定继承人，但可适当分得吴某丙的遗产。

吴某乙在继承后已将自有份额赠与郑某某所有，诉争房屋目前已登记在郑某某一人名下。考虑到遗产分割应当有利于生产和生活需要，不损毁遗产的效用，因此不宜再对诉争房屋进行分割。吴某乙在答辩中称愿意作金钱补偿，这作为对两原告可适当分得吴某丙遗产的补偿，是合法和可行的，故酌情判决吴某乙向两原告各支付10000元。

一审法院判决如下：一、被告吴某乙于本判决发生法律效力之日起十日内，向原告吴某某补偿10000元；二、被告吴某乙于本判决发生法律效力之日起十日内，向原告吴某甲补偿10000元；三、驳回原告吴某某、吴某甲的其他诉讼请求。

原告吴某某、吴某甲对判决不服，以吴某乙、郑某某为被上诉人提起上诉。

二审法院经审理认为：《中华人民共和国继承法》第十四条规定：“对继承人以外的依靠被继承人扶养的缺乏劳动能力又没有生活来源的人，或者继承人以外的对被继承人扶养较多的人，可以分配给他们适当的遗产。”本案中，居委会已经出具证明证实吴某某、吴某甲对吴某丙扶养较多，可分配给吴某某、吴某甲适当的遗产，但因吴某丙的遗产即讼争房屋现已变更登记在郑某某名下，故原判出于利于生产和生活需要的考虑，判决吴某乙向吴某某、吴某甲各补偿10000元也是可行的，虽然补偿数额偏低，但考虑到吴某某、吴某甲已实际领取社保部门发放的68000多元的丧葬费和抚恤金，且其亦未提交充分证据证实扶养吴某丙的具体费用，故对此予以维持。

至于吴某某、吴某甲上诉主张吴某乙应不分或者少分遗产的问题，因吴某乙系被继承人吴某丙唯一的法定继承人，且从吴某某、吴某甲提交的录音材料可以看出，吴某乙对吴某丙疏于照顾亦是事出有因，且有给钱用于吴某丙购买社保，故原判认为吴某乙确实疏于照顾吴某丙，而非遗弃、虐待吴某丙，认定吴某乙依法仍享有继承权并无不当。因此，原审判决并无不当，判决：驳回上诉，维持原判。

专家点评

本案中，原告吴某某、吴某甲虽然不是法定继承人，但因二人对被继承人吴某丙扶养较多，故依法可分给其适当遗产。而继承人吴某乙在继承后已将自有份额赠与郑某某所有，且诉争房屋现已变更登记在郑某某一人名下。从有利于生产和生活需要、不损害遗产效用的角度出发，在具体分割遗产时，不宜再对诉争房屋进行分割。吴某乙在答辩中也称愿意对两原告可依法分得遗产的部分以金钱补偿的方式予以补偿，此方式确实可行且与法定的遗产分割原则、方法相符，法院判决并无不当。

**第一千一百五十七条** 夫妻一方死亡后另一方再婚的，有权处分所继承的财产，任何组织或者个人不得干涉。

## 【条文释义】

本条是对夫妻一方死亡另一方再婚有权处分所继承遗产的规定。

夫妻一方死亡时，另一方作为第一顺序继承人有权取得已死亡一方的遗产，因此而获得对所取得遗产的所有权。该种取得所有权的方式为继受取得，它是指所有人通过法律行为或法律事件，从原所有人取得所有权。所有人基于法律行为或法律事件而取得所有权。所有权的继受取得方式有多种，主要包括：一是转让财产，如通过买卖、赠与、互易等法律行为由一方将财产所有权移转给另一方所有。二是接受继承、遗赠。所有人死亡后，其遗产由其合法继承人继承，或由受遗赠人取得。合法继承人或受遗赠人基于继承、遗赠，就可以取得遗产的所有权。

当夫妻中的生存一方通过继承而继受取得死者的遗产后，该遗产的所有权便为夫妻中的生存一方所有，其便有权对自己的财产享有占有、使用、收益、处分的权利。它是对生产劳动的目的、对象、手段、方法和结果的支配力量，它是一种财产权，所以又称财产所有权。所有权是物权中最重要也最完全的一种权利，具有绝对性、排他性、永续性三个特征，具体内容包括占有、使用、收益、处置四项权能。所有权的权能是指所有人为利用所有物以实现其对所有物的独占利益，而于法律规定的范围内可以采取的各种措施与手段。所有权的权能包括占有、使用、收益和处分，也称为积极权能。具体内容为：（1）占有权能。对所有物加以实际管领或控制的权利。占有权与所有人可发生分离。（2）使用权能。在不损毁所有物或改变其性质的前提下，依照物的性能和用途加以利用的权利。使用权能也可以转移给非所有人行使，并且使用权能仅适用于非消耗物。（3）收益权能。收取所有物所生利息（孳息）的权利。收益权是与使用权有密切联系的所有权权能，因为通常收益是使用的结果，但使用权不能包括受益权。（4）处分权能。对所有物依法予以处置的权利。处分包括事实上的处分和法律上的处分。处分权能是所有权内容的核心和拥有所有权的根本标志。其通常只能由所有人自己行使。

在所有权人依法自由行使其对财产的所有权时，一些相关法律、法规也会对所有权的行使进行合法的限制，主要表现为：（1）行使所有权不得违反法律规定。（2）行使所有权不得妨害他人的合法权益。（3）行使所有权时必须注意保护环境、自然资源和生态平衡。（4）根据公共利益的需要，国家可以依法对集体土地实行征用，或将其他财产收归国有。

夫妻一方或者双方继承了遗产，当一方死亡后，另一方与他人再婚的，并不能改变其所继承的遗产已成为自己所有的财产的性质，对其财产当然享有完整的所有权，因而有权依法自由处分自己所继承的财产。其依法自由处分财产的行为，正是上述所有权权能的具体体现，任何人均不得干涉。

## 【案例评注】

### 刘某某诉章某某继承纠纷案①

#### 基本案情

被告章某某之父章某甲与被告之母王某甲系夫妻关系，王某甲于1995年2月5日去世。1998年6月26日，章某甲与原告刘某某登记结婚，章某甲于2014年5月28日去世。章某甲与王某甲生前以二人62年工龄共同购买路分局集资公房，铁路分局以成本价860元每平方米将房屋一处给章某甲确定产权，房屋总价款为8253元，1990年12月28日，章某甲先交2000元房款，1999年6月28日章某甲

---

① 审理法院：吉林省四平市中级人民法院；案号：（2014）四民一终字第295号。

补齐剩余房款6253元，获得该房屋全部房产所有权。铁路私有房屋所有权证登记该房屋所有权人为章某甲。2012年8月13日，章某甲立自书遗嘱一份，将现有房屋一处给女儿章某某继承所有，续妻刘某某拥有居住权，墓地由女儿章某某负责购买，丧葬费由章某丙领取作为丧葬一切费用，负责丧葬一切事宜，此项由侄儿监督。2013年6月20日，章某甲立公证遗嘱，确定其与王某甲系夫妻关系，王某甲于1995年2月5日因病去世。房屋系章某甲与王某甲夫妻共同所有，章某甲去世后，上述房屋中属于章某甲的部分产权由其女儿章某某一人继承所有，并于2013年6月20日签署公证书确认该公证遗嘱的效力。2014年8月14日，章某某申请公证处公证被继承人王某甲继承权事项，公证内容为：被继承人王某甲生前与其配偶章某甲共有房屋一处，王某甲父母均已先于其死亡，配偶也已死亡，王某甲生前无遗嘱、无遗赠抚养协议，被继承人王某甲的长女章某某继承上述遗产。原告刘某某同章某甲共同生活期间无工作，无收入，二人平日生活费由章某甲退休金支付。章某甲死亡抚恤金为其十个月工资计24438.20元，从2014年6月铁路局长春分局已经开始向其家属支付了两个月抚恤金4542.44元，支付到章某甲工资卡中，该工资卡现在由原告刘某某持有。章某甲住院期间住院费用除医保报销部分其余由章某某支付。

## 法院判决

一审法院认为：争议房屋是章某甲和王某甲的共同财产。该房系章某甲与王某甲夫妻关系存续期间，二人用自己工龄及夫妻共同财产购买的房屋，章某甲与王某甲以他们工龄优惠购买单位集资建房属于一种政策性补贴，而非财产或财产性权益，并且章某甲于1990年12月28日先交2000元预购了该公房，1999年6月28日补齐剩余房款6253元，取得全部房产所有权，铁路私有房屋所有权证登记该房屋所有权人为章某甲。《中华人民共和国继承法》第二十六条规定，“夫妻在婚姻关系存续期间所得的共同所有的财产，除有约定的以外，如果分割遗产，应当先将共同所有的财产的一半分出为配偶所有，其余的为被继承人的遗产”，王某甲于1995年2月5日因病去世，王某甲父母均先于其死亡，其死后该房屋一半产权归属配偶章某甲所有，属于王某甲的一半房屋产权由于其生前无遗嘱、无遗赠抚养协议，按照法定继承由其配偶章某甲及长女章某某两人每人继承该房屋的1/4房产所有权。上述事实有公证书予以证明。《中华人民共和国继承法》第五条规定，“继承开始后，按照法定继承办理；有遗嘱的，按照遗嘱继承或者遗赠办理；有遗赠扶养协议的，按照协议办理”。2014年5月28日章某甲去世，章某甲于2012年8月13日立自书遗嘱一份：（1）本案46.50㎡的房屋由女儿章某某继承；（2）续妻刘某某拥有居住权；（3）墓地由女儿章某某负责购买，丧葬费由章某某领取，作为丧葬一切费用，负责丧葬一切事宜；（4）一切以此遗嘱为准。2013 年 6 月 20 日，章某甲立公证遗嘱一份：去世后，本案房屋中属于章某甲部分产权由女儿章某某一人继承所有。《中华人民共和国继承法》第三十条规定，“夫妻一方死亡后另一方再婚的，有权处分所继承的财产，任何人不得干涉”。章某甲拥有本案房屋 3/4 的房产所有权，2012 年 8 月 13 日章某甲自书遗嘱第一项属于无效规定，因其分割了该房屋 46.50㎡的房屋所有权，将非本人财产进行了遗产分割，关于房屋产权分配问题，章某甲于 2013 年 6 月 20 日在公证遗嘱中作出变更，将自有部分，即该房屋 3/4 的所有权分配给女儿章某某一人继承所有，符合上述法律规定，原告诉称继承该房屋 23.25㎡房产所有权无法律依据，法院不予支持。关于章某甲的死亡抚恤金问题，抚恤金是死者生前所在单位，给予死者近亲属和被扶养人的生活补助费，含有一定精神抚慰的性质，遗产是被继承人死亡时确定的个人合法的财产，因此抚恤金不属于遗产，不能按照继承处理。根据当时有关政策，在处理抚恤金时，参照遗产继承的方式分配，章某甲在自书遗嘱中已经对其死后抚恤金作出分配，在这份遗嘱中有其全部两名近亲属即妻子刘某某、女儿章某某亲笔签名并按有手印，遗嘱虽为单方法律行为，但是本案遗嘱中涉及处分抚恤金的部分已由相关利害关系人协商达成并分别签字按手印，应视为一份附期限合同，章某甲死亡这一时间点为合同生效期限，章某甲死后抚恤金由其女儿章某某领取并负责章某甲丧葬一切事宜，不违反法律规定，法院予以保护，原告诉称的分割抚恤金 10000 元的请求法院不予支持。其余事项应当按照死者章某甲遗嘱执行。遂判决：驳回原告刘某某的诉讼请求。

刘某某（一审原告）不服一审判决，以一审被告章某某为被上诉人，向法院提起上诉，请求撤销原判并予改判。理由：章某甲在取得争议房屋的所有权时是在与上诉人夫妻关系存续期间，故上诉人享有争议房屋的一半产权。章某甲于 2012 年 8 月 13 日所立遗嘱，因存在后一个公证遗嘱所以该遗嘱无效。

被上诉人章某某在二审法院辩称：原审认定事实清楚、适用法律正确，请求二审维持原判。

二审法院认为：本案双方当事人所争议的房屋原为被继承人章某甲单位公有住房，在 1990 年时，因章某甲与其前妻王某甲共同交纳了部分集资款而取得该房屋的部分产权。在 1999 年 6 月，章某甲交纳了该房屋的剩余房款而取得完全产权。因房屋部分房款的交付是在章某甲与刘某某夫妻关系存续期间，故在被上诉人章某某无充分证据证明该款系其所交时，应认定为章某甲交纳。故章某甲所交纳的剩余房款所对应的房屋面积为章某甲与刘某某夫妻共同共有。章某甲在取得争议房屋的最终产权时，虽有其前妻王某甲的工龄作折算，但根据《最高人民法院关于在享受本人工龄和已死亡配偶生前工龄优惠后所购公房是否属于夫妻共同财产的函的复函》“购买该房时所享受的已死亡配偶的工龄优惠只是属于一种政策性补贴，而非财产或财产权益”的意见及公民权利始于出生终于死亡之规定，王某甲不对补交房款的房屋部分享有共有权。虽然刘某某对争议房屋享有部分产权，但在2012年8月13日章某甲立遗嘱将该房屋整体继承权处分给被上诉人章某某时，因刘某某在该遗嘱上进行了签名及按手印，在刘某某不能举证证明该签名系受胁迫时，应认定刘某某同意该房屋归章某甲一人处分。2013年6月20日，章某甲虽然又立一份公证遗嘱，但该公证遗嘱不能产生撤销刘某某放弃权利的法律后果。综上，上诉人刘某某要求对诉争房屋享有一半产权的上诉主张不予支持。判决如下：驳回上诉，维持原判。

**专家点评**

本案中，诉争房屋依法确定为章某甲与前妻王某甲、后妻刘某某共同所有。王某甲去世后，由于其生前无遗嘱与遗赠抚养协议，章某甲与王某甲夫妻二人共同财产中属于王某甲的部分按照法定继承应由其配偶章某甲及长女章某某二人继承。其后，章某甲与原告刘某某再婚，在此期间，章某甲先后立有自书遗赠与公证遗嘱，依遗嘱中的有效部分，其已将自己对该房屋享有的产权留给女儿章某某一人继承。尽管章某甲留此遗嘱时已经与刘某某是夫妻，但该房屋中属于章某甲所有的部分实为其再婚前的个人财产。依原《继承法》第30条夫妻一方死亡后另一方再婚的，有权处分所继承的财产，任何人不得干涉之规定，章某甲续妻刘某某及其他任何人均无权对章某甲处分自己所有的财产予以干涉。

**第一千一百五十八条** 自然人可以与继承人以外的组织或者个人签订遗赠扶养协议。按照协议，该组织或者个人承担该自然人生养死葬的义务，享有受遗赠的权利。

## 【条文释义】

本条是对遗赠扶养协议的规定。

遗赠扶养协议，是指遗赠人和扶养人为明确相互间遗赠和扶养的权利义务关系所订立的协议，是我国一项独立的继承法律制度。在遗赠扶养协议中，需要他人扶养并愿将自己的合法财产全部或部分遗赠给扶养人的为遗赠人，也称为受扶养人；对遗赠人尽扶养义务并接受遗赠的人为扶养人。接受扶养的遗赠人只能是自然人，而进行扶养的扶养人既可以是自然人，也可以是有关组织。作为扶养人的自然人不能是法定继承人范围内的人，因为法定继承人与被继承人之间本来就有法定的扶养权利义务。

遗赠扶养协议是我国继承法特有的制度，其法律地位究竟如何，有很大的争论。有三种不同意见：一是合同说，认为遗赠扶养协议属于合同问题，不属于继承的问题，不应在继承法中规定；二是继承说，认为遗赠扶养协议是我国继承立法的一个创造，具有中国特色；[①] 三是折中说，认为前两种观点都有道理，遗赠扶养协议虽然属于合同问题，但也与遗产的处置相关，在继承法中加以规定未尝不可。[②] 在上述诸种学说中，继承说和折中说占多数，为主流观点，都肯定在继承法中应当规定遗赠扶养协议。但对于遗赠扶养协议在继承法中处于什么位置，意见也有差异：一是把遗赠扶养协议作为遗嘱继承中遗赠的一部分；二是把遗赠扶养协议作为遗产处理的一部分；三是把遗赠扶养协议作为独立部分单独规定。[③]

遗赠扶养协议属于继承制度，它既不同于遗赠，也不同于一般的遗产处理，更不是单纯的合同问题，应当作为一种独立的继承法律制度对待。

1. 遗赠扶养协议不是遗赠。遗赠扶养协议与遗赠虽然在某些方面具有相似性，如遗赠人给予受遗赠人遗产，但两者是完全不同的制度。遗赠扶养协议是一种双方法律行为，而遗赠是单方法律行为；遗赠扶养协议具有有偿性，虽然扶养人与被扶养人双方不一定等价，但遗赠是一种无偿行为；在生效时间上，遗赠扶养协议是诺成协议，自扶养人与被扶养人双方意思达成一致时发生效力，而遗赠是死因行为，在遗嘱人死亡时才发生法律效力；在适用方面，遗赠扶养协议具有优先性，在遗赠与遗赠扶养协议并存时，应当先执行遗赠扶养协议。这些方面的差异决定了遗赠扶养协议与遗赠是两种根本不同的继承法律制度。

2. 遗赠扶养协议不是单纯的遗产处理。虽然遗赠扶养协议必然涉及遗产处理，但它并不是遗产处理制度的内容。在遗赠扶养协议中有两个方面，一为扶养，二为遗赠，而且扶养是遗赠扶养协议的更为重要的方面。在遗赠扶养协议的执行中，由于协议已经对有关财产的遗赠问题作了明确，因此这些遗产的处理也比一般的继承简单得多。可见，遗赠扶养协议具有独立于遗产处理的地位。

---

① 参见刘春茂主编：《中国民法学·财产继承》，中国人民公安大学出版社 1990 年版，第 290 页。

② 郭明瑞等：《继承法研究》，中国人民大学出版社 2003 年版，第 186 页。

③ 在中国社会科学院梁慧星教授主持起草的民法典草案以及中国人民大学法学院王利明教授主持起草的民法典草案中，遗赠扶养协议都是作为独立的部分加以规定的。参见梁慧星主编：《中国民法典草案建议稿》，法律出版社 2003 年版；王利明主编：《中国民法典草案建议稿及说明》，中国法制出版社 2004 年版。

3. 遗赠扶养协议也不是单纯的合同问题。基于遗赠扶养协议的订立形式以及有关内容，许多学者认为遗赠扶养协议是合同之一种，没有特殊性，更有人认为遗赠扶养协议属于特别法上的有名合同，是扶养协议与代物清偿预约相融合的结果。[①] 而且在两部民法典草案学者建议稿中都提出对遗赠扶养协议适用合同法的规定。这些观点值得商榷，虽然遗赠扶养协议具有合同的外观形式，而且多表现为书面形式，但并不能简单地将其归结为合同之一种。在我国，遗赠扶养协议承担着一定程度的社会保障功能，扶养人与被扶养人双方虽然签订协议，但该协议未必具有完全的对价，如有的遗赠扶养协议中的被扶养人具有很少财产，但扶养人对被扶养人承担的责任却大大超过该财产。另外，将遗赠扶养协议等同于合同，也会导致遗赠扶养协议成为一种逐利行为，诱发道德风险，导致一些财产很少的孤寡老人无法得到扶养。至于有关的遗赠扶养协议适用合同法的建议，也是对我国原《合同法》第 2 条第 2 款“婚姻、收养、监护等有关身份关系的协议，适用其他法律的规定”的忽视，因为遗赠扶养协议具有身份的因素。因此，遗赠扶养协议不是合同法中的合同，应当为继承法中的独立制度。

我国原《继承法》第 31 条规定：“公民可以与扶养人签订遗赠扶养协议。按照协议，扶养人承担该公民生养死葬的义务，享有受遗赠的权利。公民可以与集体所有制组织签订遗赠扶养协议。按照协议，集体所有制组织承担该公民生养死葬的义务，享有受遗赠的权利。”其后，1991 年司法部《遗赠扶养协议公证细则》对遗赠扶养协议作了专门规定，1996 年《老年人权益保障法》第 24 条规定：“鼓励公民或者组织与老年人签订扶养协议或者其他扶助协议。”该法修订后，第 36 条规定：“老年人可以与集体经济组织、基层群众性自治组织、养老机构等组织或者个人签订遗赠扶养协议或者其他扶助协议。负有扶养义务的组织或者个人按照遗赠扶养协议，承担该老年人生养死葬的义务，享有受遗赠的权利。”这些规定都体现了遗赠扶养协议的独立地位，也充分说明了遗赠扶养协议在我国的存在以及不断的完善。

关于遗赠扶养协议的内容，1991 年司法部《遗赠扶养协议公证细则》对其作了专门规定，根据其第 11 条的规定，遗赠扶养协议应包括下列主要内容：（1）当事人的姓名、性别、出生日期、住址，扶养人为组织的应写明单位名称、住址、法定代表人及代理人的姓名；（2）当事人自愿达成协议的意思表示；（3）遗赠人受扶养的权利和遗赠的义务，扶养人受遗赠的权利和扶养义务，包括照顾遗赠人的

---

① 参见王利明主编：《中国民法典学者建议稿及立法理由——人格权编·婚姻家庭编·继承编》，法律出版社 2005 年版，第 607 页。

衣、食、住、行、病、葬的具体措施及责任田、口粮田、自留地的耕、种、营、收和遗赠财产的名称、种类、数量、质量、价值、坐落或存放地点、产权归属等；（4）遗赠财产的保护措施或担保人同意担保的意思表示；（5）协议变更、解除的条件和争议的解决方法；（6）违约责任。

遗赠扶养协议有以下特征：

1. 遗赠扶养协议为双方法律行为。遗赠扶养协议是自然人生前对自己死亡后遗留遗产的一种处置方式，但同被继承人立遗嘱处分遗产不同，遗嘱继承是一种单方法律行为，而遗赠扶养协议是双方法律行为，须有双方的意思表示一致才能成立。在遗赠扶养协议中存在双方当事人，一方为接受扶养的遗赠人，另一方为扶养人，双方订立协议对有关扶养与遗赠事项进行明确，显然为双方法律行为。有的学者基于遗赠扶养协议的双方法律行为的特征，认为遗赠扶养协议受合同法调整，其订立就须依照合同的订立程序，任何一方不经法定程序和有法定事由不得擅自变更或解除协议。[①] 遗赠扶养协议与合同不同，不能认为凡是双方法律行为就是合同。我国的合同规则不能包含一些特殊的双方法律行为，如婚约。在遗赠扶养协议与合同法的适用方面，一些方面是可以参考适用的，但非简单化的一律适用，还应当考虑遗赠扶养协议的特殊性。

2. 遗赠扶养协议为诺成法律行为。遗赠扶养协议自双方意思表示达成一致时起即发生效力，因此遗赠扶养协议是诺成法律行为。遗赠扶养协议包括扶养与遗赠两个方面，在遗赠扶养协议签订后，扶养人就应当按照遗赠扶养协议的规定履行扶养义务，其发生效力比较明显，但是有关遗赠人的财产遗赠部分却在遗赠人死亡后才会发生转移的效力。对此，遗赠扶养协议的遗赠部分并非死因行为，同遗赠在遗赠人死亡后发生效力的死因行为不同，因为在遗赠扶养协议订立后，实际上该协议的遗赠部分也是发生法律效力的，如未征得扶养人的同意，遗赠人不得另行处分遗赠的财产。当然，有关遗赠财产在受扶养的遗赠人死亡后才发生转移则属于遗赠扶养协议的履行，而并非遗赠扶养协议于受扶养人死亡时才成立生效。

3. 遗赠扶养协议为要式法律行为。关于遗赠扶养协议的形式，民法典继承编未作明确规定。根据遗赠扶养协议的性质，遗赠扶养协议应采用书面形式，不能采用口头形式。由于遗赠扶养协议涉及扶养人与遗赠人双方利益，而且存续时间较长，法律对其形式采取严格要求。规定采取书面形式，有利于维护双方当事人的利益，也可以避免不必要的纷争，还具有证明的作用。我国的公证实践已经确

---

① 参见郭明瑞等：《继承法》，法律出版社 2004 年版，第 220 页。

立了遗赠扶养协议的书面形式要求，《遗赠扶养协议公证细则》第 8 条明确规定当事人应当向公证处提交遗赠扶养协议。

有人主张，遗赠扶养协议不仅要以书面形式作成，而且应经过公证或请无利害关系人到场见证。遗赠扶养协议是双方当事人的私法行为，只要双方意思表示一致即可生效，书面形式是法律的考量在形式上的要求，没有必要经过公证或必须有无利害关系的见证人在场见证，而且强制公证也不经济。只要存在书面形式的遗赠扶养协议，是双方当事人的真实意思表示，而且合法，该遗赠扶养协议就为有效。有关当事人可以基于自身的考虑到遗赠人或扶养人的住所地公证处进行公证，提交有关证据和材料，在公证处进行审查后出具公证书。

4. 遗赠扶养协议为双务有偿法律行为。遗赠扶养协议是当事人双方都负有一定义务的法律行为，属于双务法律行为。在遗赠扶养协议中，通过协议确定扶养人负有负责受扶养人的生养死葬的义务，受扶养人也有将自己的财产遗赠给扶养人的义务。遗赠扶养协议是一种有偿的法律行为，任何一方享受权利都以履行一定的义务为对价。扶养人不履行对受扶养人生养死葬的义务，则不能享有受遗赠的权利；受扶养人不将自己的财产遗赠给扶养人，也不享有要求扶养人扶养的权利。

5. 遗赠扶养协议具有效力优先性。我国民法典继承编规定，遗赠扶养协议具有效力优先性，在自然人死亡后，如果遗赠扶养协议与遗赠、遗嘱继承并存，则应当优先执行遗赠扶养协议。遗赠扶养协议在发生继承时具有最优先的效力。

遗赠扶养协议作为我国继承领域的一项创造，同国外的有关制度存在相似之处，如继承契约制度，应当准确区分它们的界限。国外继承法的继承契约制度也称继承合同，① 是指两个或两个以上的家庭成员（主要是夫妻或未婚夫妻）之间所订立的关于遗产继承的合同，是被继承人与对方订立的关于继承或遗赠的协议，继承契约订约的相对人虽可为任何人，但以法定继承人为常见，受益人也不限于订约的相对人，可以为第三人。目前世界上对继承契约有两种不同的立法例：一是明确承认继承契约，如德国、瑞士、匈牙利、英国、美国等。二是否定继承契约的效力，甚至明文规定禁止订立继承契约，如法国、日本和我国台湾地区在解释上亦采取否定态度。

订立继承契约的主体可以是被继承人与继承人，如夫妻之间、家庭成员之间；也可以是被继承人与非继承人之间，如《德国民法典》所反映的继承契约

---

① “继承合同是被继承人指定继承人以及作出遗赠和遗产信托、抛弃继承权的合同，通过这种合同，他方当事人被指定为其相续人或与其对继承权为处置。”参见徐国栋主编：《绿色民法典草案》，社会科学文献出版社 2004 年版，第 292 页。

多发生在订有婚约的未婚男女之间，并可以与婚姻契约结合在同一证书中。继承契约的内容通常是：（1）指定继承人或受遗赠人；（2）商定遗产分配方式；（3）约定承担扶养义务或支付终身定期金；（4）规定遗嘱负担；（5）约定将来不撤销遗嘱；（6）声明被继承人不立遗嘱或继承人放弃继承权。继承契约一般有如下特征：一是继承契约是双方法律行为，其主体的意思表示是对应互动的一致，具有一般民事合同的共同特性；二是继承契约双方的权利义务可以是单务无偿性的，也可以是双务有偿性的，要根据其内容来确定；三是继承契约一旦订立，即对双方产生一定的法律拘束力，尽管继承契约中的某些内容在被继承人死亡时其效力才能实现，但在其实现前，双方均应消极地受其约束，不得为积极的违约行为；而关于承担扶养义务或支付终身定期金的义务只能在被继承人生前积极履行；四是继承契约的撤销有严格要求，只能由契约双方当事人协议撤销或者基于法定事由撤销或废除。[①]

我国的遗赠扶养协议与外国法上的继承契约相似，两者都是双方法律行为，而且协议的双方都应当接受协议的约束。有人认为，在继承合同与遗赠扶养协议的关系上，“遗赠扶养协议是继承合同的一种，扶养人据此承担被继承人生养死葬的义务，享有受遗赠的权利”[②]。更有学者认为可以考虑以继承契约代替遗赠扶养协议，因为继承契约既可以约定继承，又可以约定遗赠，适用性更强。[③]

遗赠扶养协议与继承契约毕竟是两种不同的制度，二者不能替代。它们在下列方面不同：第一，订立协议的主体不同。遗赠扶养协议的双方当事人为遗赠人与扶养人，而且扶养人可以为自然人或者组织，而继承契约的主体主要是家庭成员之间，尤其是夫妻之间。第二，受益人不同。遗赠扶养协议的受益人就是扶养人，而继承契约的受益人常为法定继承人，也可为第三人。第三，权利义务关系不同。遗赠扶养协议包括扶养人对遗赠人的扶养义务与遗赠人对扶养人遗赠财产的义务，而继承契约指定的继承人、受遗赠人一般不承担扶养义务。第四，成立的方式不同。遗赠扶养协议一般采取书面形式，不必进行公证或者见证等特殊程序，但继承契约必须遵照法律明文规定的程序和方式，一般为采取公证遗嘱的方式。至于将继承合同界定为被继承人与继承人之间就继承权和受遗赠权的取得或放弃问题订立的合同，因此主张我国继承法应当承认继承合同，[④] 值得探讨，但

---

① 参见麻昌华等：《共同遗嘱的认定与建构》，载《法商研究》1999 年第 1 期。

② 参见徐国栋主编：《绿色民法典草案》，社会科学文献出版社 2004 年版，第 292 页。

③ 张玉敏：《继承法律制度研究》，法律出版社 1999 年版，第 286 页。

④ 朱凡：《继承合同效力研究及我国继承合同制度的构想》，载陈苇主编：《家事法研究》2006 年卷，群众出版社 2007 年版，第 142、147 页。

是不能以继承合同替代遗赠扶养协议。

遗赠扶养协议作为我国继承法的一项特色制度，符合我国国情，实现了“规范人事，而服务人世”的立法主旨，对我国现实生活的重要意义有：

1. 有利于保护老年人的合法权益。我国已经步入老龄社会，老年人在整个社会人口中所占的比重将不断加大，整个社会也面临着老年人权益保障问题，应当从各个方面进行应对，如制定了《老年人权益保障法》。但在一些具体的问题上，基于我国的国情以及一些错综复杂的现实情况，需要一些有利于老年人合法权益保障的举措，遗赠扶养协议即属一例。在现实生活中，随着我国计划生育政策的贯彻执行，一对年轻夫妇担负着四位老人的养老，而且有的老人面临着无后代养老的现实，虽然我国现有的社会保障措施可以在一定程度上维护老年人的权益，但毕竟老年人的生活并非简单的物质问题，还有精神生活等各方面的需求。通过订立遗赠扶养协议，老年人选择适合自己的扶养人，并明确有关的扶养事项，就可以使老年人的生活有所保障，实现老有所养和养老优化。遗赠扶养协议制度还有激励需要扶养的人的近亲属尽扶养义务的作用。如果近亲属能够善尽扶养义务，需要扶养的人也就没有必要也不会与他人或集体组织签订遗赠扶养协议。

2. 有利于发扬我国的优良传统。中华民族是一个具有优良道德传统的民族，在源远流长的历史中形成了尊老、敬老、爱老、助老的优良传统。应当坚持这些优良传统，并且发扬光大。在遗赠扶养协议中，通过协议确定扶养人对老年遗赠人的扶养义务，体现了尊老、敬老、爱老、助老的优良传统，可以使丧失劳动能力的孤寡老人或身边无子女照顾的病、残老人得到扶养和照料，以安度晚年。

3. 有利于减轻国家和社会的负担。需要他人扶养的是缺乏劳动能力的老年人和残疾人。对于这些需要救助的人，我国《宪法》第45条中有“中华人民共和国公民在年老、疾病或者丧失劳动能力的情况下，有从国家和社会获得物质帮助的权利”的规定，国家应当对这些人提供完善的社会保障。由于我国现在的社会保障事业还不能完全满足社会的需要，国家难以把所有的养老事业全部包下来。遗赠扶养协议制度可以使一些需要扶养的人，尤其无法定扶养义务人的人的生养死葬问题得到解决，使之有可靠的保障，无疑可以减轻国家和社会的负担。

在遗赠扶养协议的意义方面，众多学者都主张遗赠扶养协议有利于更好地解决“五保户”的扶养问题。[①] 王汉斌在《关于中华人民共和国继承法（草案）的说明》中指出：“在民间，特别是农村，有的老人与扶养人签订遗赠扶养协议，规定扶养人承担扶养老人的义务，享有受遗赠的权利。有些地方缺乏劳动能力又

① 郭明瑞等：《继承法》，法律出版社2004年版，第221～222页。

缺乏生活来源的公民与所在集体所有制组织签订‘五保’协议，规定集体所有制组织承担供养‘五保户’生养死葬的义务。‘五保户’死亡后，遗产归集体所有制组织所有。实践证明，从我国目前实际情况出发采取这些办法，有利于对老人的照顾、扶养，对老人安度晚年很有好处。草案将这些好的做法，用法律形式加以肯定。”① 这种意见值得商榷。我国的遗赠扶养协议同“五保”供养是两种完全不同的制度，或许在农村“五保”供养工作的初期存在一些同遗赠扶养协议相似的地方，但是随着《农村五保供养工作条例》的发布，“五保”供养是集体经济组织践行集体福利的义务，也是社会保障的组成部分，并非集体经济组织可以随意选择的权利。基于我国社会的发展现实以及农村的现状，规定“五保”供养在某些条件下集体经济组织可以取得“五保户”的遗产，是可以理解的。

遗赠扶养协议的效力是指遗赠扶养协议的法律约束力。遗赠扶养协议自订立之日起就产生法律约束力。遗赠扶养协议的效力包括两个方面：一方面是遗赠扶养协议的法律适用效力；另一方面是遗赠扶养协议的对人效力，即遗赠扶养协议对扶养人、遗赠人、第三人的效力。在遗赠人死亡后，要按照遗赠扶养协议向扶养人执行协议约定的遗赠财产，如果遗赠人同时还存在遗赠、遗嘱继承以及法定继承等情形，在法律适用上，遗赠扶养协议具有最高效力，在继承开始后，如果存在合法有效的遗赠扶养协议，则遗赠扶养协议排除遗赠、遗嘱继承以及法定继承的适用。原因是遗赠扶养协议是遗赠人与扶养人订立的协议，是遗赠人的真实意思表示，也是遗赠人对自己遗产的处分，应当予以尊重。而且遗赠扶养协议是双务有偿协议，同遗赠、遗嘱继承等单务无偿行为相比应当具有更高的效力。

遗赠扶养协议由扶养人与遗赠人双方签订，在两者之间产生有关权利义务关系。同时，也会对有关第三人产生效力。故遗赠扶养协议对人的效力包括以下多个方面：

1. 遗赠扶养协议对扶养人的效力。根据遗赠扶养协议的性质，遗赠扶养协议的扶养人依协议的约定负有对遗赠人进行生养死葬的义务和于遗赠人死亡后取得协议中约定的财产的权利。具体的扶养义务及遗赠财产事项，应当根据具体的遗赠扶养协议确定。

（1）扶养人对遗赠人的生养死葬义务。基于遗赠扶养协议的性质，遗赠扶养协议中扶养人的扶养义务自协议生效时起即发生效力，并且是继续性的。自协议生效时起，扶养人就须对遗赠人按照协议的约定或者合理情形予以扶养，并且这一扶养义务的履行除协议解除或出现法定事由时不得中断，直至遗赠人死亡。即

① 刘素萍主编：《继承法》，中国人民大学出版社 1988 年版，第 320 页。

使于遗赠人死亡时，扶养人还须依协议办理遗赠人的丧葬事宜。扶养人不认真履行扶养义务的，遗赠人有权解除扶养协议，并且对先前扶养费用不必进行补偿。遗赠人不解除协议的，对不尽扶养义务或者以非法手段谋夺遗赠人财产的扶养人，经遗赠人的亲属或者有关单位的请求，人民法院可以剥夺扶养人取得遗赠人遗产的权利；对不认真履行扶养义务，致使遗赠人经常处于生活缺乏照料状况的扶养人，人民法院也可以酌情对扶养人取得遗赠人遗产的数额予以限制。

（2）扶养人取得遗赠财产的权利。遗赠扶养协议的扶养人取得约定遗赠财产的权利自遗赠人死亡后才发生效力，并且以其认真履行扶养义务为前提条件。在遗赠人生前，扶养人不得向遗赠人主张取得协议中约定的财产。扶养人不尽或不认真履行扶养义务的，其依协议约定的取得财产的权利将会丧失或部分丧失。为了保障扶养人可以取得约定遗赠的财产，未征得扶养人的同意，遗赠人不得另行处分遗赠的财产，但对该财产享有使用权。

遗赠扶养协议与收养协议不同。因遗赠扶养协议的签订而对遗赠人承担生养死葬义务的扶养人，与遗赠人并不形成拟制的血亲关系，与自己的亲属也并不会解除法律上的权利义务关系。所以，扶养人取得受遗赠的财产不能影响其继承父母及其他亲属的遗产，扶养人继承了其父母或其他亲属的遗产也不影响其依遗赠扶养协议取得受遗赠的财产。

2. 遗赠扶养协议对于遗赠人的效力。遗赠扶养协议对遗赠人的效力表现为遗赠人有权要求扶养人履行扶养义务，并负有于其死亡后将协议中约定的财产能够为扶养人取得的义务。在遗赠扶养协议是以遗赠人将其协议约定的财产于死亡后为扶养人取得为条件而受扶养的，因此扶养人对于将来可成为遗赠人遗产的财产，享有期待利益。尽管扶养人取得遗赠人遗产的权利在遗赠人死亡时才发生效力，在遗赠人生前不能主张其权利，遗赠人仍对财物享有完整的所有权，但由于扶养人对协议中约定的财产已经享有期待权，遗赠人若处分协议中约定的财产则会侵害扶养人的权利。因此，如何处理遗赠人的所有权与扶养人的期待权之间的关系是十分重要的。为平衡扶养人与遗赠人两者之间的利益，遗赠人不得擅自处分协议中约定的财产，如征得扶养人事先同意或事后认可的，遗赠人可以处分协议中约定的财产。

3. 遗赠扶养协议对于第三人的效力。遗赠扶养协议虽然在遗赠人与扶养人之间签订，但是除了对遗赠人、扶养人双方的效力之外，对协议之外的遗赠人的继承人、受遗赠人也会产生一定的法律效果，即遗赠扶养协议对于第三人的效力。此外，在遗赠扶养协议的履行期间，遗赠人与扶养人对遗赠财产虽作了约定，但遗赠人依然占有使用该财产，因此基于该约定遗赠人会与其他第三人发生关系，对第三人也会因此产生一定的法律效果。

（1）对遗赠人的继承人、遗赠人的效力。遗赠扶养协议并不以遗赠人没有法定继承人为前提，在被继承人死亡后，有遗赠扶养协议的，就须先执行遗赠扶养协议，而后才能进行继承。只要是遗赠扶养协议中约定遗赠的财产，就应依协议由扶养人取得，不论是受扶养人遗嘱中指定的继承人还是遗赠人的法定继承人均不得主张取得该财产。因此，遗赠人死后占有约定遗赠财产的继承人有将遗赠财产转移给扶养人的义务。如果遗赠人死亡时还留有遗赠扶养协议所约定的财产之外的遗产的，则根据遗赠人的意愿对该遗产进行遗赠、遗嘱继承或者法定继承。

（2）对其他第三人的效力。对于在遗赠扶养协议存续期间与遗赠人基于约定遗赠的财产发生关系的继承人或受遗赠人之外的其他第三人，如遗赠人未经扶养人同意而转让财物给第三人，遗赠扶养协议也具有约束力。对此，德国民法中的继承契约的有关规定值得借鉴。《德国民法典》第2286条规定，被继承人以法律行为生前处分自己财产的权利，不因有继承契约而受限制。当被继承人滥用权利时，[①] 扶养人可以在被继承人（赠与人）赠与他人时，并在取得遗产权利后，行使不当得利请求权；在被继承人（赠与人）将财产毁损、损坏时，享有以物上价额为限的请求权或者请求取回权及除去负担权。对于遗赠扶养协议，在遗赠人擅自处分财产，致使扶养人无法实现取得遗赠人遗产的权利时，扶养人有权解除遗赠扶养协议，并得要求遗赠人补偿其已经支付的扶养费用。若扶养人不解除遗赠扶养协议，该处分行为是有偿的，第三人可以取得受让的财物；该处分行为是无偿的，扶养人可以在取得遗产权利后向该财物的非善意取得人主张返还不当得利。

遗赠扶养协议也是遗赠人在生前对其财产所作的一种处分，也是遗产处理的依据之一。而且遗赠扶养协议在处理遗产上有最优先的效力。因此，遗赠扶养协议作为遗产处理的根据非常重要，需要在遗赠人死亡后，扶养人应当对遗赠扶养协议进行证实，以将遗赠人与扶养人签订的协议作为遗产处分的根据。由于遗赠扶养协议通常为采取书面形式的要式行为，扶养人提交书面的遗赠扶养协议即可。

我国公证业务存在遗赠扶养协议公证，国家公证机关根据当事人的申请，依法证明遗赠人与扶养人之间签订协议行为的真实性、合法性。遗赠扶养协议公证并不是遗赠扶养协议的生效要件，遗赠扶养协议公证对该协议的生效没有影响，

① 如果被继承人（赠与人）以损害扶养人为目的进行赠与、转让、设置财产负担，则构成权利滥用。权利滥用的结果，一方面受害人可以提起无效之诉；另一方面权利滥用也可构成侵权。参见王泽鉴：《民法总则》，中国政法大学出版社2001版，第551～552页。

遗赠扶养协议只要自双方当事人的意思达成一致即可生效。不过，遗赠扶养协议公证是对协议的真实性、合法性的公证，遗赠扶养协议公证可以在当事人对协议的真实性、合法性发生争议时发挥重要作用，证明该协议的合法有效，并且可以予以强制执行。

## 【案例评注】

### 华某某诉忻某某遗赠扶养协议纠纷案①

#### 基本案情

原告华某某、被告忻某某系邻居关系。原告系402室房屋产权人。2003年3月12日，原、被告签订《遗赠扶养协议》并经公证，内容主要为：被告负责照顾原告的日常生活，使原告安度晚年；原告若患病，被告负责医疗事宜，并给予必要的护理和照料；原告去世后，被告负责办妥丧葬事宜。原告去世后将402室房屋所有权及日常生活用品遗赠给被告。协议自签订之日起生效。扶养人无正当理由不履行协议，致协议解除的，不能享有受遗赠的权利，遗赠人无需补偿扶养人已支付的供养费用；遗赠人无正当理由不履行协议，致协议解除的，应当偿还扶养人已支付的供养费用。后被告携其丈夫及两个儿子入住402室原告家中，照顾原告。2006年10月起，原告每月补贴被告生活费300元。2009年初，增加至每月550元。在双方共同生活期间，被告对永安新村的房屋进行了必要的日常维护，并对洗衣机进行了修理，购买了浴霸、脱排油烟机。被告还为原告过生日，代为扫墓，购买衣物。2009年4月，原告离开永安新村的家，在外居住至今。2009年5月14日，原告提起本案诉讼。

另查明，永安新村居委会在被告律师向其所做的调查笔录中反映：以前原、被告关系很好，原告生病时，一直由被告的儿子背上、背下，应该说被告一家照顾原告是很不错的，双方的矛盾都是些日常生活琐事。

原告华某某诉称：原告系孤老，与被告忻某某系邻居关系。由于双方间关系较好，双方于2003年3月12日签订遗赠扶养协议并经公证，明确被告照顾原告的生活起居，负责原告的医疗事宜等，原告去世后将402室产权遗赠给被告。2004年6月，被告携其丈夫和两个儿子居住到原告家中至今。在共同生活中，原告与被告一家纠纷不断。被告一家刚到原告家生活时，由原告承担家中的生活费

① 审理法院：上海市浦东新区人民法院；案号：（2009）浦民一（民）初字第8310号。

用。随着时间的推移，物价上涨，仅靠原告的养老金难以维持一家五口的生活开支。2006 年 10 月起，因原告患有腿疾，不方便出门买菜、干重活等，便由被告当家，原告每月贴生活费 300 元（现已增加至 550 元）并承担物业费、水、电、煤费和 50% 的米、油费用。但在日常生活中，被告经常向原告要钱。2007 年 9 月，被告又向原告要钱，并取走原告养老金账户中的 20000 元。被告的表现使原告对其产生了不满。由于原告身体不好，自 2000 年开始，家中就雇有保姆，被告一家的介入，造成原告生活拮据。2006 年 10 月，原告辞退保姆，改请钟点工负责照顾原告的个人生活和零星家务，原告自己也承担一些轻的家务。2008 年 7 月 18 日，原告在冲开水时，不慎将手烫伤，被告非但不予照顾，还因原告不能做家务而与原告发生激烈争吵，这使原告看清了被告的真实面目。原告年老体弱，看病就医是平常事，但却遭到了被告的百般阻止，并称“80 岁以上就不要看病了”，“如你开刀我不会签字的，你死在手术台上我也不会看你的”，“你的东西不在我眼里，如果你死了，你用的东西全部扔掉，你的房子我出租”。原告的房屋本来不大，建筑面积 42 平方米，被告一家居住在朝南的大间里，原告却住在不见阳光的隔间里，生活质量低下。被告的种种表现，伤透了原告的心。2009 年 4 月 19 日，原告打电话请求街道办、居委会调解，以解除原、被告签订的遗赠扶养协议，但未果。诉请：解除原、被告签订的遗赠扶养协议。

被告忻某某辩称：原、被告间确实是邻居关系。被告父亲在世时，关怀、帮助原告，因此在被告父亲去世后，原告提出要将被告作为过房女儿，并订立了遗赠扶养协议，且经公证。被告在 8 年间对原告百般关心，帮助原告进行房屋装修，夏天帮原告洗澡，原告诉状陈述的完全不是事实。原告称双方在经济上有很大的纠纷，事实上没有这样的情况。原告本身有脚疾，不方便出门，更不要说上下楼，每次看病都是由被告一家背原告下楼，坐出租车去医院看病，一年内有 170 多次。原告原每月贴补给被告 300 元，因为物价上涨了，今年年初才增加至 550 元。物业费和水、电、煤费是由被告承担的，而且不存在 50% 的米、油费用，被告也根本没有向原告要钱的情况。被告父亲住 404 室，2006 年 8 月以前两个老人各付各的，2006 年 8 月以后 402 室和 404 室的水、电费都是被告支付的。2003 年被告 40 岁生日时，原告主动拿出 20000 元给被告，是为了认被告为过房女儿，赠与被告的。双方一直非常和睦地生活着。原告身体本身就不好，有退休工资，被告也有收入，根本不存在生活拮据的情况。被告对原告百般照顾，为原告房屋进行装修，为原告装了浴霸，买藤椅给原告。被告为原告房屋粉刷墙面，请人为原告装热水管等，共支付了 5000 多元。早在签订遗赠抚养协议以后保姆就辞退了，而非 2006 年才辞退，也不存在原告冲热水烫伤的事实。双方在家里相处是非常和睦融洽的。原告今年出走以后，现在突然起诉，被告一直不知道是什么原因。经走访了街道才知道，是因为房价上涨了以后，原告的想法产生了变化。多年来，被告陪同原告去医院看病174次，自费的医药费都是被告支付的，交通费、原告住院期间的护工费、营养费都是被告支付的。因为关系好，没有打算要求原告支付这些钱。被告接到起诉状后，觉得很心寒，希望法院主持公道，为被告讨回清白。表示不同意原告的诉讼请求。被告多年来一直照顾、关心原告，如原告坚持要求解除协议，要求原告返还相关的扶养费用140622元。

## 法院判决

法院审理后认为：根据相关司法解释的规定，原告作为遗赠人，其主张解除与被告签订的《遗赠扶养协议》，应予准许。但原告对于其所称的被告不履行《遗赠扶养协议》的情况并未提供任何证据予以证明，综观本案的审理情况，被告照顾原告是事实。因此，根据双方的约定和相关司法解释的规定，协议解除后，原告应偿还被告已支付的供养费用。但被告对于其主张支付的车费、住院护理费、营养费、自费医疗费并未提供证据予以证明，也未提供证据证明其主张的过生日费、扫墓费、买衣物、窗帘费用的具体数额，其提供的电信费单据户名亦并非原告，而鉴于原、被告长期共同生活，仅凭相关的水、电、燃气、管理费缴费凭证在被告处，并不能确实、充分地证明该些费用系被告所支付。被告一家与原告共同生活在原告的房屋中，被告也应承担相应的房屋、家电的日常维护费用以及水、电、燃气、管理费等费用，如原告一个老人独自生活，相关的生活费用要明显小于与被告一家四口共同生活。被告主张其为原告做保姆的工资，亦无相应的法律依据。此外，被告一家四口居住在原告房屋中，在房屋的居住问题上，被告也是明显受益的。基于前述理由，供养费用的具体偿还数额，可由本院根据本案的实际情况并考虑到原告曾补贴被告部分生活费用的因素，酌情予以确定。判决如下：一、解除原、被告签订的《遗赠扶养协议》；二、原告华某某应于本判决生效之日起三十日内偿还被告忻某某供养费用人民币50000元。

## 专家点评

本案为一起因签订遗赠扶养协议后，被扶养人对扶养情况不满意提起解除遗赠扶养的诉讼。原、被告双方共同生活近6年多，被告照顾原告是事实，双方签订的遗赠扶养协议也曾得到履行。尽管扶养人的扶养行为让原告并不满意，但扶养人并未致使遗赠人即原告经常处于生活缺乏照料的状况，所以，无论原告是基于什么原因或目的诉请法院解除该遗赠扶养协议，根据双方曾签订的遗赠扶养协议和原《继承法》第31条对遗赠扶养协议的规定，原告申请解除协议后，应偿还被告已支付的供养费用。被告对其主张的车费、住院护理费、营养费、自费医疗费等未提供证据予以证明，水、电、燃气、管理费缴费也无充分证据证明均由被告支付，且被告一家四口居住在原告房屋中，与原告长期共同生活，被告及家人也是明显的受益者。故法院根据案件的实际情况并考虑到原告曾补贴被告部分生活费用的因素以酌情确定原告返还被告供养费用的适当数额正确。

**第一千一百五十九条**　分割遗产，应当清偿被继承人依法应当缴纳的税款和债务；但是，应当为缺乏劳动能力又没有生活来源的继承人保留必要的遗产。

## 【条文释义】

本条是对遗产清偿债务顺序的规定。

遗产债务的清偿其实就是遗产的清算。① 遗产债务是指应当以遗产负责的债务。在继承开始后，被继承人在遗留遗产的同时，也可能遗留下有关债务，在继承开始后还会基于遗产产生一些新的债务，如继承费用。对于这些遗产债务应当进行清偿。

对遗产债务的清偿，前提就是确定遗产债务的范围。有学者认为："遗产债务即被继承人所欠债务，是指被继承人生前个人依法应当缴纳的税款和完全用于个人生活需要所欠下的债务。遗产债务主要包括以下几类：(1) 被继承人依照我国税法的规定应当缴纳的税款；(2) 被继承人因合同之债而欠下的债务；(3) 被继承人因侵权行为而承担的损害赔偿的债务；(4) 被继承人因不当得利而承担的返还不当得利的债务；(5) 被继承人因无因管理而承担的补偿管理人必要费用的债务；(6) 其他属于被继承人个人的债务，如合伙债务中属于被继承人应当承担的债务，被继承人承担的保证债务。"② 这种主张有遗漏之处。遗产债务虽然主要是被继承人生前所欠下的债务，但遗产债务比被继承人债务的范围要宽，在继承开始后基于遗产产生的债务也属于遗产债务，应当进行清偿。

遗产债务的范围应包括：

1. 被继承人生前所欠债务。被继承人生前所欠债务是遗产债务的主要部分，

---

① 吴歧：《民法继承》(《武汉大学讲义丛书》)，武汉大学1933年自版讲义，第42页。

② 郭明瑞等：《继承法》，法律出版社2004年版，第200页。

是被继承人生前因自己的行为所欠下的债务，包括被继承人因合同、侵权行为、无因管理、不当得利所欠债务以及依法应当缴纳的税款等。

2. 继承费用。继承费用是指为完成管理、清算、分割遗产及执行遗嘱而支出的费用。在继承进行中，为完成一定的事项，需要支出一定的费用，如遗嘱执行费、遗产管理费、公示催告费、诉讼费等。这些费用是必须支出的，应从遗产中开支，并应将遗产费用作为享有优先权的债权。因继承人和遗产管理人过失而支出的费用不属于继承费用，应当由有过失的继承人和遗产管理人自己负担。至于丧葬费用，应当列入遗产债务范围还是列入继承费用范围，日本有学者将丧葬费用列入继承费用之中。[①] 但按《德国民法典》的规定，丧葬费用不能列入继承费用之中，而应当由继承人负担。丧葬费用既不能列入遗产债务，也不能列入继承费用。因为无论从法律上还是从社会道德上，继承人都有义务殡葬已故被继承人。为此支出的费用，应当由负有殡葬义务的继承人负担。如果被继承人生前所在单位负责被继承人的丧葬费用，则继承人无需负担丧葬费用。[②]

3. 酌给遗产债务。民法典继承编第 1131 条所规定的“对继承人以外的依靠被继承人扶养的人，或者继承人以外的对被继承人扶养较多的人，可以分给适当的遗产”是酌分遗产债务的规定。酌给遗产债务是基于法律规定和扶养事实产生的，属于遗产债务。[③]

4. 遗赠。遗赠只是赋予了受遗赠人请求执行遗赠的权利，在本质上属于债权范畴，属于遗产债务。我国继承法理论认为，遗赠是债的发生根据之一，继承开始以后，受遗赠人有权请求有关义务人履行遗赠，交付遗赠财产。有的认为特留份也属于遗产债务。[④] 我国没有规定特留份，但规定了保留必留份。《最高人民法院关于贯彻执行〈中华人民共和国继承法〉若干问题的意见》第 61 条规定，继承人中有缺乏劳动能力又没有生活来源的人，即使遗产不足清偿债务，也应为其保留适当的遗产，然后再按有关规定清偿债务。由此可见，在我国对特定人员保留的必留份不属于遗产债务的范畴，应当是法律予以强制规定的一种特殊应继份。

遗产债务清偿的原则主要有：

1. 有限责任原则

在遗产债务清偿问题上，罗马法起初实行继承人的无限责任原则，即继承人

---

① 参见史尚宽：《继承法论》，中国政法大学出版社 2000 年版，第 164 页。

② 郭明瑞等：《继承法》，法律出版社 2004 年版，第 201 页。

③ 张玉敏：《继承法律制度研究》，法律出版社 1999 年版，第 164 页。

④ 张玉敏：《继承法律制度研究》，法律出版社 1999 年版，第 164 页。

继承的利益不足清偿所继承的债务时，该继承人也须用本身的财产予以补足，无推卸的理由。至罗马共和国时期，才由大法官赋予继承人以拒绝继承的“不参与遗产权”，即在遗产有不足清偿债务危险时，继承人通过将遗产交由遗产债权人处理的方法，免予承担责任。然而，遗产状况的调查并非易事，且财产价值时常波动，若令继承人于承担无限责任与放弃继承之间作出非此即彼的选择，对其亦未免过于苛刻。故公元531年，罗马皇帝发布敕令，规定继承人若对遗产造具清册，得享受所谓“财产清册利益”，也即对遗产债务承担有限责任。[①] 这是现代各国继承法限定继承原则的历史渊源。

限定继承是指继承人对被继承人的遗产债务的清偿只以遗产的实际价值为限，超过遗产实际价值的部分，继承人不负清偿责任。继承人对被继承人的遗产债务不负无限清偿责任，而仅以继承的遗产的实际价值负有限的清偿责任。这对于保护继承人的利益非常有利，可以使继承人通过限定继承免予对遗产承担无限责任。民法典继承编第1161条第1款规定，继承人以所得遗产实际价值为限清偿被继承人依法应当缴纳的税款和债务。超过遗产实际价值部分，继承人自愿偿还的不在此限。这表明，我国采用了限定继承原则。按照这一原则，对超过遗产实际价值的部分，唯继承人自愿偿还的不受限定继承原则的限制，继承人对遗产债务均负有限责任。任何人都不能强迫继承人偿还超过遗产实际价值的遗产债务。即使共同继承人中的某个继承人承担无限责任，亦不对其他继承人发生效力。

2. 连带责任原则

继承人共同继承遗产时，各共同继承人对遗产债务应当负何种责任，各国继承立法有不同的规定，主要有三种立法例：（1）分割责任主义。该立法例认为，各共同继承人对被继承人所负的债务，按各人的应继份承担清偿责任。法国、日本等国民法采取此立法例。（2）连带责任主义。该立法例从保护债权人的利益出发，认为各共同继承人应就被继承人所负的全部债务承担连带清偿责任。德国、瑞士等国民法采取此立法例，我国台湾地区“民法”也采取这一立法例。（3）折中主义。按这种立法例，在遗产分割以前，各共同继承人对被继承人债务承担连带责任。但在遗产分割以后，采取分割责任主义，各共同继承人对被继承人债务按其应继份承担按份责任。荷兰、葡萄牙等国采取此立法例。[②]

我国没有明确规定各共同继承人对遗产债务应当承担何种责任。通说认为我国各共同继承人对遗产债务承担的是连带责任。其理由是：首先，有利于保护被

---

① 参见周枏：《罗马法原论》（下册），商务印书馆2001年版，第472页。

② 参见陈棋炎：《民法继承》，三民书局1985年版，第121页。

继承人、债权人的利益。如果采取分割责任，继承人仅仅按照其应继份承担责任，则债权人可能面临难得清偿的问题，对于债权人实现债权过于烦琐。其次，各共同继承人对遗产系共同共有，依照共同共有的原理，共同继承人对遗产债务也应当承担连带责任。最后，我国采取的是限定继承，各共同继承人的连带责任也必须在所继承的遗产价值范围内，不能以继承人的固有财产承担连带责任，因此采用连带责任不会损害继承人原有的利益。

按照连带责任原则，被继承人的债权人有权向共同继承人全体，或者共同继承人中的一人或数人请求在遗产实际价值范围内清偿全部遗产债务，任何继承人不得拒绝。尽管共同继承人对外就遗产债务承担连带责任，但在共同继承人内部仍有份额之分。当共同继承人全体或共同继承人中的一人或数人清偿了全部遗产债务时，在共同继承人内部，就应当按照各自遗产份额的比例分担遗产债务。在遗产分割后，各共同继承人仍然要对被继承人的债权人负连带责任。不过，对于遗产分割后的继承人连带责任问题，应当有一定的时间限制。可以借鉴的是我国台湾地区“民法”第1171条第2款规定：“继承人之连带责任，自遗产分割时起，如债权清偿期在遗产分割后者，自清偿期届满时起，经过五年而免除。”我国大陆地区对此没有明文规定，但这种时间限制具有合理性，应当予以借鉴完善。

有的学者把清偿债务优先于执行遗赠作为一项原则。[①] 我们认为，虽然民法典继承编第1162条规定，执行遗赠不得妨碍清偿遗赠人依法应当缴纳的税款和债务，即在遗赠和清偿债务的顺序上，清偿债务优先于执行遗赠，但是这种结果并非某种原则使然，而是由于遗赠作为一种遗产债务同被继承人生前所欠债务在清偿上的顺序不同而已，因为被继承人生前所欠债务较遗赠债务的顺序靠前，所以要先清偿被继承人的生前债务，然后才能执行遗赠。

我国没有遗产债务清偿时间的规定。根据一般的民法原理与司法实践的一般做法，继承开始后，继承人或遗产保管人在清点完遗产之后，应当及时通知债权人声明债权，以便于继承人清偿债务。对于已到期债务，继承人应当及时清偿；对于未到期债务，继承人经债权人同意可提前清偿，也可以在分割遗产时保留与债权数额相等的遗产数额，或分配给某一继承人负责清偿。债权人声明债权是否应当有时间限制，在我国法律没有规定的情况下，继承人不能限定期间使债权人声明债权。但如果债权人超过了法律规定的诉讼时效期间而未申请清偿遗产债务，则继承人可以不负清偿责任。

在遗产债务清偿时间问题上，许多国家还作出了限制性规定。例如，《德国

---

① 郭明瑞等:《继承法》，法律出版社2004年版，第202~203页。

民法典》第2014条规定：“继承人有权拒绝清偿遗产债务，直到接受遗产后最初三个月过去之时，但不超过遗产清册的编制的时间。”第2015条第1款规定：“继承人在接受遗产后一年以内提出发布对遗产债权人的公示催告的申请，并且该申请获得准许的，继承人即有权拒绝清偿遗产债务，直到公示催告程序的终结。”《日本民法典》第928条规定，限定继承人在公告期间届满前，可以对继承债权人及受遗赠人拒绝清偿。《瑞士民法典》第586条亦规定：“在制作财产清单期间，不得要求继承人履行被继承人的债务。”可见各国都对遗产债务的清偿时间有所限制，赋予继承人在一定期间内有拒绝清偿债务的权利。这种规定是合理的，有利于保护继承人和全体债权人的利益，防止出现不公平的现象。

遗产在分割之前应当先清偿债务，遗产债务清偿的顺序是：

1. 遗产管理费。继承中的遗产债务清偿同破产的债务清偿具有相通性，由于遗产管理、清算、分割等费用的支出不仅是为了继承人的共同利益，也是为了遗产债权人的利益，应当优先清偿。遗产费用优先清偿的立法例有两种：（1）将遗产管理费用列为遗产债权的首位；（2）将遗产管理费用从遗产中先行拨付，即在清偿遗产债务之前，遗产管理费用已经从遗产中先行偿付了。这两种做法的效果是一样的，都能够保证遗产管理费用得到最优先的清偿。

遗产管理、清算、分割等费用的支出，不仅是为了继承人的共同利益，也是为了遗产债权人的利益，应当优先清偿，遗产管理人的费用在这一项目下支出。虽然本条没有规定遗产管理费具有最优先的地位，但这是必然的。

2. 缴纳所欠税款。被继承人生前所欠税款，应当在清偿生前所欠债务之后，予以扣除。

3. 被继承人生前所欠债务。被继承人的遗产源于被继承人生前所从事的各类法律行为。被继承人生前进行法律行为以获得债权为目的，而履行债务则是获得债权的代价，即债务是债权的基础。从这个意义上说，没有被继承人生前的法律行为、没有债务的负担，就没有遗产可言。因此，在清偿遗产债务时应当优先考虑被继承人生前所欠债务的清偿问题。

遗赠放在遗产债务清偿的最后顺位，是其他国家和地区的普遍做法。《日本民法典》第931条规定：“限定承认人除非依前二条规定对各债权人进行清偿后，不得对受遗赠人清偿。”我国台湾地区“民法”第1160条规定：“继承人非依前条规定偿还债务后，不得对受遗赠人交付遗赠。”之所以这样规定：一是因为被继承人的债权人一般都是有偿取得债权，存在对价，而遗赠则是无偿的；二是因为被继承人的债务一般在继承开始前就已经发生，而遗赠债务是在继承开始后才发生的。

被继承人遗留的遗产不足以清偿全部遗产债务时，同一顺序的债权按照比例受偿。有缺乏劳动能力又没有生活来源的继承人的，即使遗产不足以清偿上述税款和债务，也应在清偿前为其保留必要遗产份额，按具体情况可以多于或少于继承人。对特定人员保留的必留份不属于遗产债务的范畴，是法律予以强制规定的一种特殊应继份。清偿遗产债务后剩余遗产的分配，遗赠扶养协议和继承扶养协议优先于遗赠和遗嘱继承，遗赠和遗嘱继承优先于法定继承。

## 【案例评注】

### 李某甲等诉冯某某等人身损害赔偿纠纷案[①]

#### 基本案情

闫某甲将李某杀死后，自杀身亡，李某之继承人李某甲、李某乙、王某某向天津市大港区人民法院起诉闫某甲之继承人冯某某、闫某乙、李某丙，请求判令三人在继承闫某甲遗产的份额内赔偿李某甲等三人损失，天津市大港区人民法院（2005）港民初字第1672号民事判决书判决，冯某某等三人继承闫某甲的遗产后，在继承遗产的数额范围内赔偿李某甲等三人李某死亡后赔偿金229340元，丧葬费11015.50元，赔偿李某甲生活费40458.70元，并承担诉讼费用820元，因冯某某等三人未履行，申请执行人李某甲、李某乙、王某某三人于2001年1月10日向天津市大港区人民法院申请强制三被执行人冯某某、闫某乙、李某丙给付赔偿金281634.20元。

被申请执行人冯某某等人称：三被执行人尚未开始继承，赔偿应由闫某甲的财产进行给付。三被执行人同时要求法院执行时应给被执行人冯某某留今后生活学习的必需费用。并提供了冯某某在学的有关证据。

李某甲等人虽然认可冯某某由闫某甲抚养，但同时认为既然生效法律文书判决给付赔偿金，就应按判决执行，况且，冯某某之父冯某可以尽抚养义务，故不同意在闫某甲的财产未清偿赔偿前给冯某某留生活费用。

法院在执行过程中查明：闫某甲与冯某于2000年6月离婚，婚生子冯某某随闫某甲生活，由闫某甲抚养，冯某某现为中学学生，冯某现下落不明。闫某甲生前与他人有借贷纠纷，欠他人50余万元，且全部进入执行程序，闫某甲的财产不足以清偿全部债务。

---

① 审理法院：天津市大港区人民法院；案号：（2005）港民初字第1672号。

**法院调解**

法院认为：冯某某作为在校学生，缺乏劳动能力，且其父冯某下落不明，即使闫某甲的财产不足以清偿全部债务，也应当为冯某某保留适当的遗产，这是养老育幼原则的体现，也是保障人权的必然要求，本案应为冯某某保留必要的遗产作为其生活学习的费用。据此，法院做三申请人的工作，三申请人同意，为冯某某保留适当的财产。

**专家点评**

本案中，闫某甲被李某杀死后自杀身亡，闫某甲的遗产自当由其法定继承人冯某某、闫某乙、李某丙三人继承。依原《继承法》第 33 条的规定，闫某甲的遗产分割前，应当先支付丧葬费、遗产管理费，并清偿其所欠债务，缴纳所欠税款。作为受害人李某的继承人李某甲、李某乙、王某某，也自当有权要求以闫某甲的遗产来清偿被继承人李某的死亡赔偿金、丧葬费、李某甲生活费、诉讼费。除此之外，闫某甲生前还与他人有借贷纠纷，欠他人 50 余万元，且全部进入执行程序，该债务也应当以闫某甲的遗产来清偿。事实上闫某甲的遗产已经不足以清偿前述所欠债务。然而，闫某甲的继承人冯某某现为中学生，仍未成年，缺乏劳动能力，其生父冯某早已与闫某甲离婚，且下落不明。依《最高人民法院关于贯彻执行〈中华人民共和国继承法〉若干问题的意见》第 61 条的规定，继承人中有缺乏劳动能力又没有生活来源的人，即使遗产不足清偿债务，也应为其保留适当遗产，然后再按《继承法》和《民事诉讼法》的规定清偿债务，所以，即使闫某甲的财产不足以清偿全部债务，也需为被执行人冯某某保留必要的遗产作为其生活学习费用。

**第一千一百六十条**　无人继承又无人受遗赠的遗产，归国家所有，用于公益事业；死者生前是集体所有制组织成员的，归所在集体所有制组织所有。

## 【条文释义】

本条是对无人继承又无人受遗赠遗产的规定。

无人继承又无人受遗赠，也叫继承人旷缺，是指在被继承人死亡后，在法定期限内没有人接受继承又没有人受领遗赠。形成无人继承又无人受遗赠的原因包括：没有法定继承人、遗嘱继承人和受遗赠人；法定继承人、遗嘱继承人放弃继承，受遗赠人放弃受遗赠；法定继承人、遗嘱继承人丧失继承权，受遗赠人丧失受遗赠权。

对本条的规定，学者们存在不同看法。有的认为该条是无人继承遗产的处理，“无人继承的遗产，是指公民死亡时，无法定继承人又无遗嘱继承人与受遗赠人，或者其全部继承人都表示放弃继承，受遗赠人表示不接受遗赠，则死者的遗产即属无人继承的遗产”①。有的认为该条是遗产无人继承，“被继承人死亡以后，不能确定是否有继承人，这种事实状态叫作遗产无人继承。又叫继承人旷缺，无人承认继承，继承人不存在”②。还有的认为该条是无人承受的遗产的规定，“根据我国继承法的规定，无人承受的遗产是指没有继承人或受遗赠人承受的遗产”③。对于该条的界定，可以适当借鉴继承人旷缺制度作为参考。

在罗马法中，当继承人告缺或者被设立的继承人处于不配者境地时，国库继承空落的财产。最初是由城邦的金库继承，但随着时代的进步，取得权转归国库，就像在落空份额的继承问题上一样。国库不是以遗产继承名义取得遗产，因而它并不继承死者的法律地位，这是真正的财产取得，其标的只包括盈余部分，即罗马人真正称之为“财产”的那一部分。④ 在日耳曼法上，死者无规定近亲时，其遗产归属于氏族团体或有裁判权之王侯、伯；并规定动产经 1 年，不动产经 3 年无人主张继承权时，为无继承人之遗产，归有裁判权者所有。⑤ 自 1804 年法国民法典以来，大陆法系各国几乎都确立了继承人旷缺制度。

继承人旷缺是指继承人有无或生死不明的状态，即是否有继承人不能确定。对于继承人旷缺，需特别设定遗产管理人，须对继承人进行搜索，以便最终确定遗产有无人承受及其归属。这同我国的无人继承又无人受遗赠是有区别的。我国规定的无人继承又无人受遗赠的遗产，是指确定地知道无人继承，也无人受遗赠，而继承人旷缺则是指对于继承人的不确定，不知道是否有继承人；遗产无人继承又无人受遗赠，必须无继承人，也无受遗赠人，而继承人旷缺认为受遗赠人之有无，与继承人旷缺程序的发动无关，即使被继承人指定有受遗赠人，亦不妨碍搜寻继承人等程序的进行；国外立法例的继承人旷缺制度，具有遗产管理人、搜寻继承人等规定，而我国无人继承又无人受遗赠的规定却无这些规定。这两者是有差异的。

---

① 刘素萍主编：《继承法》，中国人民大学出版社 1988 年版，第 376 页。

② 张玉敏：《继承法律制度研究》，法律出版社 1999 年版，第 178 页。

③ 郭明瑞等：《继承法》，法律出版社 2004 年版，第 224 页。

④ ［意］彼得罗·彭梵得：《罗马法教科书》，黄风译，中国政法大学出版社 1992 年版，第 520 ~ 521 页。

⑤ 参见史尚宽：《继承法论》，中国政法大学出版社 2000 年版，第 365 页。

在我国古代曾经存在绝产制度，其往往因户绝而导致。所谓户绝，是指被继承人无男性后代。户绝财产之归属，如被继承人生前遗嘱中有处分，则依遗嘱办理；如无遗嘱，则归被继承人女儿所有；如无女儿，则归其他近亲属所有；至于其他近亲属亦无者，则收归官府。这种意义的绝产同无人继承又无人受遗赠的遗产不同，因为古代的绝产，是指无男系血亲卑亲属继承的遗产。绝产是我国封建继承制度的组成部分，是宗法制度的产物。而无人继承又无人受遗赠的遗产的处理，是我国现行财产继承制度的组成部分，两者在继承人的范围、遗产归属的条件和性质、遗产处理等方面不同。①

各国继承立法对继承人旷缺时的遗产问题都规定归国家所有，但各国在对国家取得遗产地位的认识上存在着不同，主要有两种观点：一是法定继承权主义，认为国家是作为无人继承遗产的法定继承人而取得遗产的。采取这种做法的有德国、瑞士、匈牙利等。二是先占权主义，认为国家有优先取得无人承受遗产的权利。法国、美国、奥地利等国采取先占权主义。

我国关于无人继承又无人受遗赠遗产的处理与其他国家的规定有所不同。由于无人继承又无人受遗赠被继承人所余留的遗产无人承受，因此应当归国家所有，国家用于公益事业；如果死者生前是集体所有制组织成员的，则归所在集体所有制组织所有。《最高人民法院关于贯彻执行〈中华人民共和国继承法〉若干问题的意见》第 57 条规定："遗产因无人继承收归国家或集体组织所有时，按继承法第十四条规定可以分给遗产的人提出取得遗产的要求，人民法院应视情况适当分给遗产。"可见，在处理无人继承遗产时，如果有继承人以外的依靠被继承人扶养的缺乏劳动能力又没有生活来源的人，或者继承人以外的对被继承人扶养较多的人，则可以分给他们适当的遗产。

## 【案例评注】

### 苍梧县某某村某某组诉林某甲等遗产纠纷案②

#### 基本案情

林某某系苍梧县某某村某某组村民，生于 1945 年 10 月 20 日，1998 年 5 月 9 日晚，因郭某的小儿子驾驶两轮摩托车发生交通事故而受重伤，被送到苍梧县大

① 参见刘文：《继承法比较研究》，中国人民公安大学出版社 2004 年版，第 427 页。

② 审理法院：广西壮族自治区苍梧县人民法院；案号：（2002）苍民初字第 215 号。

坡镇卫生院、梧州工人医院抢救，后因伤势过重抢救无效死亡。在抢救过程中，被告林某乙护理了两个晚上。郭某还向苍梧县公安局交通警察大队交付死亡补偿费15020元（该款后交苍梧县大坡镇人民政府民政办公室代管），并给付被告林某乙误工补助费70元、后事处理费3500元。

林某某生前未婚，无妻儿、兄弟姐妹，父母、祖父母、外祖父母先于其死亡。自其母黄某某于1993年1月病故后，就过着自食其力的单身汉生活。林某某因交通事故死亡后，户口被注销，该户成为绝亡户。

林某某死亡时，遗留有银行存款8000元，在中国农业银行广西壮族自治区苍梧县支行大坡营业所及广西壮族自治区苍梧县大坡镇农村信用合作社各存4000元；坐落于苍梧县大坡镇大坡街的房屋（砖瓦木结构，占地面积92.98平方米）一幢。银行存款的存单及房屋所占范围内的土地使用权证书均由被告林某乙代管。

被告林某甲之父林某贤与林某某之父林某记是林某华所生的同胞兄弟，被告林某生与林某某，即被告林某甲与林某某是三代旁系血亲。

原告苍梧县某某村某某组诉称：本小组村民林某某于1998年5月因发生交通事故死亡。其遗留有银行存款8000元，砖瓦木结构、占地面积92.98平方米的房屋一幢及死亡补偿费15020元。由于死者林某某没有继承人与受遗赠人。因而，应依法认定上述财产为无主财产，收归本小组所有。

被告林某甲、林某乙、林某丙、林某丁、林某戊、林某己、王某某、何某某、蒋某某九人辩称：林某某遗留的财产不属无主财产，我们可依法继承、分得遗产。林某甲与林某某是堂兄弟关系，享有代位继承权；我们对林某某已尽了生养死葬义务，与其已形成了事实上的扶养关系，享有分得遗产的权利；原告对林某某未尽应尽义务，依据权利义务相一致原则，原告无权受领遗产；在为林某某处理后事过程中，我们垫支了必要费用，应从遗产中扣除返还给我们；因为村民小组不属集体所有制组织，所以原告不具备本案诉讼主体资格，请求驳回原告的起诉。

## 法院判决

法院认为，被告林某甲非被继承人的晚辈直系血亲，与被继承人也未形成具有抚养关系的继子女关系，故不能享有代位继承权。经审理后判决：一、对林某某遗留的银行存款8000元及法定利息、房屋（砖瓦木结构，占地面积91.90平方米）一幢，认定为无人继承又无人受遗赠的遗产，归原告所有；被告林某乙于判决生效之日起五日内，将其代管的属林某某遗留的银行存款8000元的存单及房屋所占范围内的土地使用权证书交给原告，以便办理转户、过户手续；二、驳回原告要求将本案的死亡补偿费 15020 元认定为无人继承又无人受遗赠的遗产收归其所有的诉讼请求。

专家点评

本案中，被告林某甲既不是被继承人林某某子女的晚辈直系血亲，也没有与林某某形成收养关系或具有抚养关系的继子女关系。因此，其对林某某的遗产不享有代位继承权。同时，由于被告不能提交证据证明其对林某某在吃、穿、住、医及葬方面给予了生活的照顾和物质帮助，而原告提供的证据证明自林某某的母亲于 1993 年 1 月病故后，林某某就过着自食其力的单身汉生活，故其主张与林某某已形成事实上的扶养关系不成立。案中交通事故责任者已支付各项必要费用，被告在该事故中所受到的损失已得到适当的补偿，故其要求参与分得林某某适当遗产的辩解不成立。原告作为农村家庭承包经营发包单位，即村民委员会或村民小组，属于农村集体所有制经济组织，是法律规定的可以作为民事诉讼当事人的"与本案有直接利害关系的公民、法人和其他组织"，故其在本案中具有诉讼主体资格。而案中林某某，生前是原告的村民，与被告林某甲是同源祖父的堂兄弟关系。其生前未婚，无妻儿、兄弟姐妹，父母、祖父母、外祖父母已先于其死亡。自其母病故后，就过着自食其力的单身汉生活。林某某生前既没有与他人形成收养或扶养关系，也没有设立遗嘱或遗赠扶养协议。这些事实充分说明，林某某死亡后既无法定继承人，又无遗嘱继承人或受遗赠人。因此，应认定其遗产为无人继承又无人受遗赠的遗产。林某某的遗产应当归其生前所在的集体所有制组织，即原告苍梧县某某村某某组所有。

**第一千一百六十一条**　继承人以所得遗产实际价值为限清偿被继承人依法应当缴纳的税款和债务。超过遗产实际价值部分，继承人自愿偿还的不在此限。

继承人放弃继承的，对被继承人依法应当缴纳的税款和债务可以不负清偿责任。

## 【条文释义】

本条是对限定继承和放弃继承的规定。

限定继承也叫限定承认，是指继承人附加限制条件地接受被继承人的全部遗产的意思表示，一般的限定条件是以因继承所得之遗产偿还被继承人债务。如果继承人采取限定承认，则意味着继承人只对被继承人生前所欠债务负有以其所继承的被继承人的遗产为限的清偿责任，对超出部分不负责清偿，故以继承人承担有限责任为原则。

限定承认与单纯承认的最大区别，在于责任承担上的有限性。在限定承认条件下，即便被继承人的债务超过遗产，继承人亦无需以其自己原有的财产清偿。虽然放弃继承也可达成此目的，但于继承开始之际，继承人未必能确切明了被继承人的债务是否超过遗产，若盲目为放弃的表示，后又发现遗产尚有剩余，则将悔之无及。不如自始即为限定承认，则可于承担有限责任与接受剩余财产之间两全。另外，同单纯承认相比，限定承认必须为要式行为，在一些立法例中规定限定承认必须在法定期限内以明示的方式，并且还要按照法律规定将限定承认的意思表示出来。我国以继承人承担有限责任为原则，不认可单纯承认。而且在继承权的承认方面，无论明示还是默示方式均可。如果在继承开始后、遗产分割前继承人未作出明确的表示的，视为接受继承。

对继承权的承认采取限定承认方式，其效力主要体现于以下三个方面：

1. 继承人参与继承法律关系。继承人作出限定承认的意思表示后，其取得继承既得权，法律地位可以确定，可以实际参与继承法律关系，对遗产进行占有、管理，并有权请求分割遗产。由于我国采取当然继承主义，继承人还须履行一定的义务，如在继承遗产的限度内清偿遗产债务。继承权的限定承认须由本人实施，不得代理。不过，如果继承人是无民事行为能力人或限制民事行为能力人的，其法定代理人可以代理，但不得损害无民事行为能力人与限制民事行为能力人的权益。如果在继承开始时有胎儿继承人的，则由其母代为进行继承权的承认。

2. 继承人责任的限制。在限定承认时，继承人仅需以因继承所得的积极财产为限，对全部遗产债务承担清偿责任。即继承人唯就遗产负物的有限责任。[①] 对于遗产债权人而言，其债权额并未因继承人的有限责任而减少，债权人仍可以就其债权额之全部请求继承人偿还，只不过继承人享有以遗产为限承担责任的抗辩而已。倘若继承人以自己的固有财产清偿遗产债务，则由于债权为有效存在，遗产债权人的受偿并不构成不当得利，继承人事后不得以其不知享有抗辩为由请求返还。在限定承认下，继承人虽可就遗产债务承担有限责任，但遗产债务的保证人或连带债务人则不得享受此待遇，保证人与连带债务人仍须对全部遗产债务负

① 参见史尚宽：《继承法论》，中国政法大学出版社 2000 年版，第 278 页。

偿还责任。[1] 保证人与连带债务人负清偿责任后，依法享有对继承人的追偿权。

3. 继承人固有财产与遗产分离。由于限定承认使继承人仅负物的有限责任，为公平保护遗产债权人和继承人的权利，充分实现遗产上的物的责任，必须对继承人的固有财产与遗产进行分离，使其各自享有独立的法律地位。此种分离，一方面体现遗产与继承人财产的区分，即物质形态上的分别管理与处置，故继承人不得侵吞、隐匿或非法处分遗产；遗产债权人亦不得申请法院就继承人的固有财产为强制执行，否则继承人可以第三人身份提出异议。另一方面还体现在继承人对于被继承人的权利义务，不因继承而消灭。[2] 这些规定都有必要，否则，如果继承人对被继承人享有债权，该债权将因混同而消灭，不能从遗产中求得清偿，其结果无异于将继承人的固有财产用于清偿遗产债务；反之，如继承人对于被继承人负有债务，该债务也将因混同而不能归入遗产，亦无异于侵害了遗产债权人的利益。这两种情形皆与限定继承的本意不合，故应特设例外规定，以阻止混同效果的发生。[3] 我国现行法对后一种分离虽无明确规定，但从法理角度而言，亦应为同一解释。此外，还需强调的是，前面所说的不因继承而消灭的权利义务，不仅包括债权，亦应包括用益物权及担保物权。在因继承清算完毕而使遗产丧失独立法律地位之前，继承人与被继承人之间的一切财产上的权利和义务，均不因混同而消灭。

按照限定继承原则，对超过遗产实际价值的部分，唯继承人自愿偿还的不受限定继承原则的限制，继承人对遗产债务均负有限责任。任何人都不能强迫继承人偿还超过遗产实际价值的遗产债务。即使共同继承人中的某个继承人承担无限责任，亦不对其他继承人发生效力。

限定继承的效力是：

1. 继承人参与继承法律关系，取得继承既得权，有权请求分割遗产。

2. 继承人责任的限制，仅以因继承所得的积极财产为限，对全部遗产债务承担清偿责任，即继承人就遗产负有限责任。

3. 继承人固有财产与遗产分离，两种财产各自享有独立的法律地位。据此，继承人清偿被继承人依法应当缴纳的税款和债务，以所得遗产的实际价值为限，超过遗产实际价值的部分，不承担清偿责任，但继承人自愿偿还的不在此限。

继承权放弃，也叫继承权拒绝、继承权抛弃，是指继承人于继承开始后、遗产分割前作出的放弃其继承被继承人遗产权利的意思表示。继承权放弃是继承人

---

① 参见陈棋炎等：《民法继承新论》，三民书局2001年版，第234页。

② 参见史尚宽：《继承法论》，中国政法大学出版社2000年版，第282页。

③ 参见陈棋炎等：《民法继承新论》，三民书局2001年版，第236页。

自由表达其意志、行使继承权的一种表现，是一种单方民事法律行为，无须征得任何人的同意。继承权放弃的方式是指继承人放弃继承权时表达意思表示的方式。各国对于继承权放弃的方式规定不一，概括起来，可分为明示与默示两种方式。我国民法典继承编第1124条已明确规定，继承开始后，继承人放弃继承的，应当在遗产处理前，以书面形式作出放弃继承的表示。没有表示的，视为接受继承。放弃继承必须是继承人真实的意思表示，否则不能发生放弃继承的效力。继承人放弃继承，也就丧失了参加继承法律关系的资格，应当退出继承法律关系。

自继承人放弃继承权时开始，对被继承人依法应当缴纳的税款和债务，可以不承担清偿责任，税务部门或者被继承人的债权人不得强制其承担清偿责任，但继承人自愿清偿的不在此限，也不得继承被继承人生前的财产权利。继承人放弃继承权的效力，溯及自继承开始之时，并非其放弃之时。

## 【案例评注】

### 吴某某诉米某甲被继承人债务清偿纠纷案[①]

**基本案情**

2008年11月18日，原告与被告之父米某某开始同居生活，但一直未办理结婚登记。2010年9月，米某某患气管癌，先后在重庆、巫溪住院治疗，其间米某某与原告口头约定，由原告照顾米某某，米某某给付原告100000元。2011年3月18日，米某某将巫溪县城厢镇水洞子26号、巫溪县城厢镇广场街17号过户给被告米某甲。2011年6月15日，米某某出具书面材料："大吴（即吴某某）现在莫谈那些条件，我手里的钱和产权证都有安排……如果我这几个月死你的钱我不会差你一分，未死之前，十万如数交到你的手里……房子大吴没有要，你现在只需要钱，我这样处理对三方都有好处，我是这个屋里的当家人，不会乱处理事情，更不会让你和华女子发生矛盾……"次日，米某某再次写下："今天她找我要十万，现金卡、报的药费、和我社保局15个月工资、我跑湖北的存款单二万……"后原告吴某某到邮政银行兑现米某某跑湖北的20000元存款，发现该存款单已挂失，无法支取。2011年7月8日，米某某死亡。另查明，2011年2月12日、3月2日、3月21日，陈某共偿还米某某100000元，并存入米某某农行账户，其中40000元已用于米某某在重庆治病，剩下60000元已分三次被取出，其中第三次

① 审理法院：重庆市巫溪县人民法院；案号：（2012）巫法民初字第00035号。

是2011年6月14日取出的20000元，该笔存款取款人虽为“米某某”，但实际取款人是吴某某，现该账户余额为0元。以及原告吴某某已领取米某某死后的社会补助24000元。现原告以被告继承了米某某财产为由，起诉来院要求被告支付76000元。

原告吴某某诉称：原告与被告之父米某某于2008年11月18日开始共同生活，一直没有办理结婚登记。2010年9月米某某开始患重病住院，先后在重庆、巫溪住院治疗，在重庆治疗的费用是米某某自己给付的，没有报到相应的医保。2011年6月8日，回巫溪治疗，米某某自己给付了30000元医疗费，同时原告垫付了近40000元，之后原告领取医保22385元。因米某某是患气管癌，需长期插导管入口吸痰，要照顾米某某很脏很累，虽出高薪聘请保姆，却无人应聘，米某某唯一的亲人即被告米某甲也不回来，也不愿照顾，米某某生病期间一直是由原告照料。2011年6月15日，米某某书面承诺给付原告吴某某100000元现金。次日，米某某写明“十万”，由现金卡、报销的药费、社保局15个月工资、20000元邮政银行存单组成，虽然该字条写明“老吴的十万她说的已如数给了”，但被告并未出示由原告出具的相关领条，因此该句文字不能证明米某某已兑现了承诺。2011年7月7日，原告到邮政银行兑现20000元的存单，但发现已被挂失。2011年7月8日米某某在医院跳楼自杀，并未实际给付原告100000元。另，米某某生病期间，侄女陈某先后偿还米某某100000元债务，并将该款打入米某某农行账户，其中有40000元支付了米某某在重庆的医疗费。现原告起诉米某某女儿米某甲，是因为米某某已死亡，被告继承了米某某在城厢镇广场街17号、水洞子26号两处房产，但原告已经在社保局领取米某某死后的相关补助24000元，故现起诉被告，要求被告给付剩下的76000元。

被告米某甲辩称：原告称米某甲未回来，是因为米某甲回来看米某某，原告便百般阻挠，米某甲考虑到父亲的身体，避免与原告发生冲突才回避。原告在米某某生病期间照顾他动机不纯，不是真心实意，但在米某某生病期间确是由原告进行了照顾，也应按照米某某说的办。关于原告称陈某偿还100000元以及在重庆花了40000元是事实，但该银行卡现由原告掌握，被告不清楚，不过法院可以到银行查清楚。

## 法院判决

法院审理后认为：原告吴某某与米某某系同居关系，两人并无法律上的权利义务关系，因米某某生病期间，一直由原告吴某某照料，米某某才书面承诺给付原告100000元，原告与米某某之间形成了债权债务关系。现米某某已死亡，其继承人即被告米某甲继承了米某某两处房产，故原告主张由被告米某甲继续履行米某某生前的债务，本院予以支持。另，原告吴某某主张垫付了米某某医疗费，以及支取米某某农行存款20000元给付了医药费，均未向本院出示相应的证据予以证实，本院不予采信。原告的陈述能证明其已取得医保22385元、存款20000元以及米某某死亡补助款24000元，共计66385元。因此，原告主张被告给付76000元，部分予以支持。判决如下：一、被告米某甲于本判决生效后十日内给付原告吴某某33615元；二、驳回原告吴某某的其他诉讼请求。

**专家点评**

本案中，因原告吴某某与米某某系同居关系，两人并无法律上的权利义务。米某某生病期间，米某某与原告口头约定，由原告照顾米某某，米某某给付原告100000元，原告与米某某之间形成债权债务关系。米某某死亡后，原告吴某某所享有的100000元债权中米某某未曾支付的部分便属于米某某的债务。继承人继承米某某遗产时，应以所得遗产实际价值为限清偿被继承人米某某依法应当缴纳的税款和债务。原告吴某某所享有的100000元债权即属于被继承人米某某所欠债务，该债务应直接以米某某的遗产进行清偿，清偿完该债务后遗产的剩余部分才能由米某某的继承人继承。按限定继承原则，该债务的清偿仅以米某某的遗产为限。如果米某某的遗产不足以清偿该债务，米某某的继承人无义务以其自有财产对此债务进行清偿。原告吴某某主张由被告米某甲在所继承遗产价值范围内清偿米某某的债务，此请求自当得到法院支持。故法院根据双方提供的证据计算出米某某所欠原告而仍未偿还完的债务，并判决由被告米某甲继续清偿正确。

## 第一千一百六十二条　执行遗赠不得妨碍清偿遗赠人依法应当缴纳的税款和债务。

### 【条文释义】

本条是对执行遗赠不得对抗清偿遗产债务的规定。

遗赠符合有关要件，即发生法律效力。遗赠发生效力并不意味着受遗赠人实际取得遗赠物，还存在遗赠的执行问题。遗赠的执行是指在受遗赠人接受遗赠后，有关的遗嘱执行人按照遗嘱人的指示将遗赠的遗赠物移交给受遗赠人的制度。

在执行遗赠的制度中，受遗赠的义务人是遗赠执行的义务人，也就是遗嘱执行人。在遗嘱执行前，继承人尽管为被继承人遗产的承继人，但在遗嘱执行前，继承人并不能处分遗产，而遗赠属于遗嘱的内容，有遗嘱就有遗嘱的执行。因此，应以遗嘱执行人为遗赠执行的义务人。遗赠执行的权利人为受遗赠人。受遗赠人在知道受遗赠后60日内，向遗嘱执行人作出接受遗赠的意思表示的，即享有请求遗嘱执行人依遗赠人的遗嘱将遗赠物交付其所有的请求权。遗赠执行人应依受遗赠人的请求交付遗赠物。

在我国民法体系中，受遗赠权不是物权。因为在遗赠未执行前，受遗赠人对遗赠的标的物不享有物权权能，不处于物权人地位，其所享有的只是请求有关的遗嘱执行人或继承人交付遗赠标的物的权利。同时，受遗赠权也不是债权。对于被继承人的一般债权，应当进行清偿，而对于遗赠，如果被继承人的遗产在清偿债权后没有剩余遗产的，则不执行遗赠，受遗赠人不能基于债权人的地位请求清偿。遗赠人的债权人依法应当缴纳的税款和债权的请求权优于受遗赠人的受遗赠权，受遗赠人不能与税务部门和受遗赠人的债权人平等地分配遗产，故遗赠执行人不能先以遗产用于执行遗赠。遗赠执行人应于清偿完被继承人生前所欠的税款和债务后，才能在遗产剩余的部分中执行遗赠。在清偿被继承人生前应当缴纳的税款和债务后没有剩余遗产的，遗赠不能执行，受遗赠人的权利消灭，遗赠执行人没有执行遗赠的义务。受遗赠权具有自身的特殊性，不能简单等同于物权或债权。如果遗赠人是以特定物为遗赠物的，而该物又已不存在时，则因遗赠失去效力，遗赠执行人也就无执行的义务。

## 【案例评注】

### 潘某甲诉董某某及第三人段某某、沈阳市某某区某某村民委员会遗赠、被继承人债务清偿纠纷案[①]

#### 基本案情

遗赠人潘某乙系潘某甲的次子，曾因盗窃罪于1982年10月被判刑，1998年12月刑满释放。自1999年7月起，潘某乙与董某某同居生活。2000年10月13日，潘某乙书写“郑重声明”一份，内容为：“我自1999年8月建房以来，无论在资金上，还是在劳力方面，我的朋友董某某都给予了大量的支援和帮助，特在此郑重声明，如果我以后在人身安全方面出现过重的伤或亡，我的朋友董某某将

① 一审法院为辽宁省沈阳高新技术产业开发区人民法院，案号为（2002）沈高新法民初字第49号；二审法院为辽宁省沈阳市中级人民法院，案号为（2004）沈民（1）合终字第237号。

享有我的全部家产，全部归她所有，其他兄弟姐妹均无权占有，为以防后顾，特此声明。2000年10月13日潘某乙。”2001年8月8日，董某某与其前夫邓某登记离婚后，与潘某乙继续同居生活。2001年10月9日，潘某乙驾车与他人相撞死亡，其个人负事故的主要责任，潘某甲从肇事对方处得到死亡赔偿金6000元。潘某乙生前有存款人民币1000元，平房7间（房内无间壁墙、192平方米），门市房、厢房各2间（均无产籍证明），上述3处房屋位于同一院落。潘某乙死亡后，董某某一直居住在潘某乙遗留的2间无产籍厢房内，并在农村信用社提取了潘某乙生前存款人民币1000元。

另查明：潘某乙因建房于1999年1月22日、6月17日分两次向村委会借款人民币10000元。2001年5月13日，潘某乙在段某某处购买水泵件，欠货款人民币699元未付。在审理中，潘某甲对董某某出示的潘某乙所写的“郑重声明”提出异议，认为该份声明并非潘某乙本人所写。为此，法院委托沈阳市中级人民法院诉讼证据鉴定中心，以潘某甲提供的潘某乙生前所留笔迹为样本，对该份“郑重声明”中的签名进行笔迹鉴定，结论为：检验材料中“潘某乙”签名是其本人所写。潘某甲对此鉴定结论不服，本院又委托辽宁省高级人民法院技术处再次鉴定，结论为：“郑重声明”中的两组“潘某乙”签名及正文均为潘某乙本人所写。潘某甲仍不服，再次要求对“郑重声明”进行指纹鉴定，本院又委托辽宁省公安厅刑事技术处，对“郑重声明”上的两枚指纹与沈阳市东陵区人民法院（1982）刑字第128号潘某乙刑事卷宗中的指纹进行比较鉴定，结论为：（1）“郑重声明”中的两枚指纹与刑事卷宗中的5枚指纹不同，不是同一手指遗留；（2）“郑重声明”中的指纹与刑事卷宗中的4枚指纹均不具备同一认定条件，无法确定它们之间是否相同。同时，本院委托沈阳市房信房地产评估有限公司，对争议遗产进行了评估，2间无产籍门市房估价人民币8638元，7间平房估价人民币17918元。厢房2间，经潘某甲、董某某协商估价为人民币3000元。

原告潘某甲诉称：我儿潘某乙于2001年10月9日因交通事故去世，留下财产被董某某占用，故要求继承潘某乙全部遗产，判令董某某退还所占用的房屋。

被告董某某辩称：潘某乙生前写有“郑重声明”，将其全部财产遗赠给本人，原告的诉讼请求应予驳回。

第三人段某某述称：潘某乙于2001年5月13日在我处购买水泵件，欠货款人民币699元未付，应以其财产偿还。

第三人沈阳市某某区某某村民委员会述称：潘某乙因建房于1999年1月22日、6月17日分两次向村委会借款人民币10000元，还欠其他电费，应以潘某乙的房产处理价款，偿还其生前所欠债务。

## 法院判决

一审法院经审理认为：公民有立遗嘱处理个人财产的权利，遗赠人潘某乙生前自书的“郑重声明”虽然在名称上不叫遗嘱，但该“郑重声明”载明了“如果我以后在人身安全方面出现过重的伤或亡，我的朋友董某某将享有我的全部财产”等内容，应推断出董某某是其遗产的唯一继承人。“郑重声明”有具体内容及遗赠人潘某乙本人的签名，并注明了形成的时间，符合自书遗嘱的形式要件和实质要件，且法院在审理过程中又经有关部门鉴定系其本人所写，可见遗赠人潘某乙此份自书遗嘱系其真实意思表示，合法、有效。根据法律规定，遗嘱继承的效力优于法定继承，虽然潘某甲有继承权，但在继承开始后，有遗嘱的，先要按照遗嘱进行继承，遗嘱中指定继承人对遗产的继承，不受法定继承时法律对继承顺序、继承人应继承份额规定的限制，故对潘某甲要求确认其是遗赠人潘某乙生前遗产的唯一合法继承人的诉讼请求，不予支持。但考虑到潘某甲是遗赠人潘某乙的亲生母亲，现又年老体弱，缺乏劳动力，生活确有困难，可适当分得遗赠人潘某乙的遗产份额。根据本案的具体情况，即遗赠人潘某乙共有遗产折合人民币30546元，在审理过程中，董某某明确表示同意偿还第三人的债务后可给予潘某甲人民币10000元，予以准许。对于村委会、段某某要求从潘某乙的遗产中偿还其生前欠款人民币10000元、人民币699元的主张，证据充分且符合法律规定，予以支持，但对于村委会主张潘某乙生前欠其电费款人民币4543.60元，因证据不足，不予支持。

据此，判决：一、遗赠人潘某乙的遗产平房7间、门市房2间、厢房2间、存款人民币1000元归被告董某某所有；二、被告董某某于本判决生效之日起10日内，给付原告潘某甲人民币10000元；三、被告董某某于本判决生效之日起10日内，给付第三人沈阳市某某区某某村民委员会人民币10000元；四、被告董某某于本判决生效之日起10日内，给付第三人段某某人民币699元；五、鉴定费人民币3600元，由原告潘某甲承担人民币2050元，被告董某某承担人民币1550元；六、驳回原告潘某甲及第三人沈阳市某某区某某村民委员会的其他诉讼请求。

一审判决后，当事人不服，提起上诉。

上诉人潘某甲诉称：（1）潘某乙生前只会签写自己的名字，“郑重声明”不是其亲笔所写，而是伪造的；（2）建7间平房的宅基地是村委会批给我和潘某乙二人的，2间无产籍房屋是我出资购买的，潘某乙无权处分应属于我的份额；（3）董某某是有夫之妇，与潘某乙是非法同居关系，“郑重声明”是一种恶意串通的遗赠，是违反公序良俗的民法基本原则的无效行为，不应受到法律的保护。

在对方当事人答辩期内，潘某甲于2004年6月22日因病去世。

被上诉人辩称：（1）“郑重声明”是潘某乙亲笔所写，是其真实意思表示，且遗赠物合法，遗赠的效力与受赠人的身份无关；（2）7间平房的产权证上的产权人是潘某乙本人，没有其他共有人的记载，建设用地使用证上土地使用者仅为潘某乙一人，购买两间无产籍房屋的契约中买受人是潘某乙本人，所以，现存遗产没有潘某甲的份额。原审认定事实清楚，判决正确，且我方能够按一审法院判决履行，二审法院应予维持。

原审第三人段某某辩称：对一审法院判决没有异议。原审第三人村委会未作答辩。

二审法院受理后，经审理查明一审法院认定事实正确。另查明：潘某甲于1920年4月3日出生，系农民，生有三儿一女，在潘某乙生前，潘某甲在其女儿家居住，由潘某乙的两个哥哥给付生活费。潘某甲生前分别于2002年5月25日、2004年5月15日留有内容大致相同的代书遗嘱2份。2004年5月15日的代书遗嘱明确：“如果我去世，我把我生前的一切财产都给我儿子潘某丙、儿媳孙某。”故法院按潘某甲的遗嘱，更换其长子潘某丙、儿媳孙某为本案上诉人，法院在审理中，二人没有提出新的上诉主张。

二审法院经审理认为：潘某乙所写的“郑重声明”，涉及其个人财产的处理问题，应按自书遗嘱对待，现无任何事实和法律依据证明该遗嘱无效。因此，在该遗嘱生效且董某某以自己的行动表明接受遗赠时，对潘某乙的遗产应按遗嘱内容处理，但应给潘某甲留下必要的份额，剩余的财产由董某某清偿潘某乙生前所欠债务后接受遗赠。因一审法院宣判后，潘某甲提出上诉后去世，其生前已以代书遗嘱的形式确定了其遗产的继承人、受赠人，故本院按照其遗嘱内容，对原判决部分条款予以变更，判决潘某甲所享有的必留份财产由潘某丙继承、孙某受赠，潘某甲在本案中应承担的义务，由潘某丙、孙某承担。最终判决：一、维持一审民事判决的第一项、第三项、第四项；二、变更一审民事判决的第二项为：董某某于本判决生效之日起10日内给付潘某甲的遗产继承人潘某丙、遗产受赠人孙某人民币10000元；三、变更一审民事判决的第五项为：鉴定费人民币3600元，由潘某丙、孙某承担人民币2050元，董某某承担人民币1550元；四、变更一审民事判决的第六项为：驳回潘某丙、孙某及第三人沈阳市某某区某某村民委员会的其他诉讼请求。

## 专家点评

该案是一起较为复杂的遗赠、债务清偿纠纷，涉及遗赠的效力、必留份权利人的确定及份额、被继承人债务的清偿、遗嘱继承等法律问题。

案中潘某乙所写的“郑重声明”，虽无遗嘱名称，但其内容实为对自己财产的身后处分，无论形式还是内容均符合自书遗嘱的要求，应按自书遗嘱对待。潘某乙去世后，对其遗产应按该自书遗嘱的内容分配。然而，在该遗嘱生效时，潘某乙的生母潘某甲已 81 岁高龄，年老体弱，生活确有困难，自己也没有诸如养老金、退休金等收入，需依靠子女赡养而生活，属于缺乏劳动能力又没有生活来源的继承人，其虽然还有其他 3 名子女赡养，但也有权依法从潘某乙的遗产中得到适当的必留份。潘某乙所立的该份遗嘱，无论从他本人的行为能力、意思表示、遗嘱形式，还是其处分的财产，均符合法律规定，除未给潘某甲保留必要的遗产份额而应该受到部分限制外，未侵害国家、集体或者其他任何人的利益，故遗嘱的其余部分应认定有效。依《最高人民法院关于贯彻执行〈中华人民共和国继承法〉若干问题的意见》第 61 条及原《继承法》第 34 条的规定，在本案执行遗赠时，法院应先确定给潘某甲留下必要的遗产份额，剩余的遗产依本条规定还需先用于清偿遗嘱人生前所欠的债务，即先清偿村委会所主张的遗嘱人生前向其所借去的现款 10000 元、段某某主张的遗嘱人所欠的货款 699 元，最后剩余的遗产才能由董某某作为遗赠接受。对于村委会所主张的潘某乙生前欠其电费款，因村委会始终不能提供证据予以证明，法院不予支持正确。

关于本案的遗产范围，虽然潘某乙的农村居民建房用地批件上家庭人口一栏填写为二人、二辈，但没有具体写明另一人是谁，因此不能以此认定七间平房的宅基地是潘某甲和潘某乙二人共有。相反，潘某乙的集体土地建设用地使用证上土地使用者仅为潘某乙一人，七间平房的所有权证上所有人也为潘某乙一人，故法院只能以该房屋所有权证认定该七间平房的所有权人为潘某乙。至于两间无产籍房屋的所有权问题，根据购买该 2 间房的契约上资产购买人为潘某乙，没有潘某甲的名字，而且至开庭审理结束，潘某甲本人及潘某丙、孙某均未提供出资购买该房的任何证据，所以法院认定该两间无产籍房屋为潘某乙所买。故潘某乙所留房产为其一人所有，其遗嘱并未处分潘某甲的财产。另，本案中潘某甲提起上诉后，因病去世，其生前留有两份代书遗嘱。根据该遗嘱，潘某丙为遗嘱继承人，孙某为受遗赠人。故二审法院按其代书遗嘱确定潘某丙、孙某为上诉人，判决潘某甲在本案中所享有的必留份财产由潘某丙继承、孙某受遗赠，潘某甲在本案中所应承担的案件受理费、鉴定费，由潘某丙、孙某承担，该判决正确。

**第一千一百六十三条** 既有法定继承又有遗嘱继承、遗赠的，由法定继承人清偿被继承人依法应当缴纳的税款和债务；超过法定继承遗产实际价值部分，由遗嘱继承人和受遗赠人按比例以所得遗产清偿。

## 【条文释义】

本条是对法定继承、遗嘱继承和遗赠同时存在时清偿遗产债务顺序的规定。

在一个被继承人的遗产上，既发生了法定继承，又发生了遗嘱继承、遗赠的，究竟先由哪一部分继承的遗产承担遗产债务，既涉及对不同的继承和遗赠的效力认识问题，也涉及对被继承人的债权人的债权保护问题。本条规定的规则是：

1. 首先由法定继承人清偿被继承人依法应当缴纳的税款和债务。这是因为，遗嘱继承和遗赠的效力优先于法定继承，在清偿遗产债务时，当然应当先用法定继承人继承的遗产部分清偿被继承人依法应当缴纳的税款和债务。

2. 被继承人依法应当缴纳的税款和债务的数额超过法定继承遗产实际价值的部分，由法定继承人继承的遗产部分清偿税款和债务仍有不足的，再由遗嘱继承人和受遗赠人按比例以所得遗产予以清偿。所谓按比例，就是遗嘱继承人和受遗赠人接受遗产的效力相同，不存在先后顺序问题，因而应当按比例以所得遗产清偿债务。这个比例，是遗嘱继承人和受遗赠人各自所得遗产的比例。

无论是法定继承还是遗嘱继承、遗赠，超过其所得遗产部分，不承担清偿责任。

## 【案例评注】

### 李某甲诉刘某某债务纠纷案[①]

#### 基本案情

李某甲的母亲徐某于1996年11月11日去世，其生前系个体工商户北乐园酒

① 原审法院为黑龙江省大庆市中级人民法院，案号为（2000）庆民终字407号；再审法院为黑龙江省大庆市中级人民法院，案号为（2002）庆民再字62号。

家业主。徐某老人共养育四个儿子、四个女儿，均已成人并分家另过。1995年11月28日徐某老人立遗嘱一份，指定由其长子李某甲继承北乐园酒家的财产及债权。徐某于1996年11月11日去世，众子女李某甲与李某波等七人因继承问题发生纠纷，诉至法院。法院经审理作出（1999）庆民初字第2号民事判决，确认遗嘱有效，李某甲一人继承和经营了北乐园酒家，并继承了该酒家的债权。徐某生前居住的位于大同区同城路南同春街东的楼房，建筑面积55.94平方米，在遗嘱中并未提及。众子女经协商，由徐某的长女李某乙以法定继承人的身份继承，其他子女自愿放弃继承权，并由大同区公证处于1999年2月10日予以公证。李某乙于1999年9月23日办理了房屋所有权证书。

徐某在经营北乐园酒家期间先后从刘某某处赊购海鲜等共欠款3335.40元，在徐某于1996年11月11日去世后的一个月内，刘某某曾向李某甲索要欠款未果。1999年4月20日，刘某某向原审法院提起诉讼，请求李某甲偿还欠款。

## 法院判决

一审法院在继承案件审结后恢复审理并认为，李某甲在继承遗产的同时，也在遗产范围内负有清偿被继承人债务的义务。故判决李某甲向刘某某偿还徐某所欠款及利息。

李某甲不服该判决，以刘某某的主张超过诉讼时效为由上诉。

二审法院认为：刘某某的主张并未超过诉讼时效，因该债务系北乐园酒家经营中的欠款，原审法院在继承案件审结后恢复审理，可认为诉讼时效中断。该债务系北乐园酒家经营之债，且该酒家房屋和经营权以及债权均由李某甲继承，所以该债务亦应由李某甲负责清偿。判决：驳回上诉，维持原判，即李某甲于本判决生效三日内偿还刘某某欠款3335.40元，案件受理费146元由李某甲负担。

判决后，李某甲不服，向黑龙江省检察院提出申诉。黑龙江省人民检察院抗诉认为，徐某独立经营大同区北乐园酒家，属个体工商户，《中华人民共和国民法通则》第二十九条规定："个体工商户……的债务，个人经营的，以个人财产承担"。徐某在经营北乐园酒家期间的债务应由其个人偿还。因其已去世，根据《中华人民共和国继承法》第三十三条规定，应由继承人在继承遗产实际价值内清偿被继承人的债务。另根据《最高人民法院关于贯彻执行〈中华人民共和国继承法〉若干问题的意见》第六十二条"遗产已被分割而未清偿债务时，如有法定继承又有遗嘱继承和遗赠的，首先由法定继承人用其所得遗产清偿债务；不足清偿时，剩余的债务由遗嘱继承人和受遗赠人按比例用所得遗产偿还；如果只有遗嘱继承和遗赠的，由遗嘱继承人和受遗赠人按比例用所得遗产偿还"的规定，此笔债务应首先由法定继承人李某乙偿还，不足部分才由遗嘱继承人李某甲偿还，判决由李某甲偿还适用法律不当。

再审法院认为：徐某系北乐园酒家个体业主，其个人独立经营，故其对外经营所负债务，应以其个人财产承担。徐某死后，北乐园酒家的债务便成为其遗产债务。《中华人民共和国继承法》对遗产债务规定了限定继承原则，即继承遗产应当清偿被继承人依法应当缴纳的税款和债务，缴纳税款和清偿债务以遗产的实际价值为限，超过遗产实际价值的部分，继承人自愿偿还的不在此限。继承人放弃继承的，对被继承的依法应当缴纳的税款和债务可以不负偿还责任。本案中北乐园酒家的财产和债权已作为遗嘱财产由李某甲以遗嘱继承人的身份继承，徐某生前所居住的楼房已由其长女李某乙以法定继承人的身份继承，其他子女未继承遗产，故对徐某生前所负债务应由李某甲、李某乙负责清偿。关于遗产债务的清偿办法，《最高人民法院关于贯彻执行〈中华人民共和国继承法〉若干问题的意见》第六十二条规定："遗产已被分割而未清偿债务时，如有法定继承又有遗嘱继承和遗赠的，首先由法定继承人用其所得遗产清偿债务；不足清偿时，剩余的债务由遗嘱继承人和受遗赠人按比例用所得遗产偿还；如果只有遗嘱继承和遗赠的，由遗嘱继承人和受遗赠人按比例用所得遗产偿还。"故此笔债务应首先由法定继承人李某乙负责清偿。不足部分，应由李某甲负责清偿，在债权人未请求李某乙依法清偿债务之前，李某甲有权拒绝其清偿债务之请求。检察机关的抗诉理由成立，应予以支持。判决如下：一、撤销本院（2000）庆民终字第407号民事判决；二、驳回原审被上诉人刘某某的诉讼请求。

## 专家点评

本案中，被上诉人李某甲的母亲徐某生前所立遗嘱有效，故遗嘱涉及的相关遗产应依遗嘱分配，即由其长子李某甲继承北乐园酒家的财产及债权，遗嘱中未涉及的遗产依法应按法定继承分配。因被继承人的其他部分子女自愿放弃了继承权，故遗嘱中未涉及的遗产均由徐某的长女李某乙以法定继承人的身份继承。被继承人徐某生前作为个体业主对外经营所负债务为个人债务，徐某死后得以其遗产清偿其个人债务。依原《继承法》第33条继承遗产与清偿债务的规则，继承遗产应当清偿被继承人依法应当缴纳的税款和债务，缴纳税款和清偿债务以遗产的实际价值为限，超过遗产实际价值的部分，继承人自愿偿还的不在此限。继承人放弃继承的，对被继承的依法应当缴纳的税款和债务可以不负偿还责任。故放弃继承权的子女对徐某的个人债务可不负偿还责任。依《最高人民法院关于贯彻执行〈中华人民共和国继承法〉若干问题的意见》第62条对法定继承、遗嘱继承和遗赠同时存在时清偿遗产债务顺序的规定，此笔债务自当首先由法定继承人李某乙负责清偿，如李某乙依法定继承取得的遗产不足以清偿被继承人的个人债务，超过法定继承遗产实际价值的部分，将由遗嘱继承人即长子李某甲以所得遗产清偿，在债权人未请求李某乙依法清偿债务之前，李某甲有权对其清偿债务的请求予以拒绝。

**图书在版编目（CIP）数据**

中华人民共和国民法典释义与案例评注．继承编／杨立新主编．—北京：中国法制出版社，2020（2020.7重印）

ISBN 978－7－5216－1092－5

Ⅰ．①中…　Ⅱ．①杨…　Ⅲ．①继承法－法律解释－中国②继承法－案例－中国　Ⅳ．①D923.05

中国版本图书馆CIP数据核字（2020）第080223号

策划编辑　谢　雯　　责任编辑　谢　雯　赵律玮　　封面设计　杨泽江

**中华人民共和国民法典释义与案例评注·继承编**

ZHONGHUA RENMIN GONGHEGUO MINFADIAN SHIYI YU ANLI PINGZHU ·JICHENGBIAN

主编/杨立新

经销/新华书店

印刷/三河市国英印务有限公司

开本/730毫米×1030毫米　16开　　印张/16.75　字数/261千

版次/2020年6月第1版　　2020年7月第2次印刷

中国法制出版社出版

书号ISBN 978－7－5216－1092－5　　定价：65.00元

北京西单横二条2号

邮政编码100031　　传真：010－66031119

**网址：http：//www.zgfzs.com**　　**编辑部电话：010－66071862**

**市场营销部电话：010－66033393**　　**邮购部电话：010－66033288**

（如有印装质量问题，请与本社印务部联系调换。电话：010－66032926）